만난다

우리는 하느님을 거리에서 만난다
— 이정배의 거리 설교

2019년 5월 15일 초판 1쇄 인쇄
2019년 5월 22일 초판 1쇄 발행

지은이 | 이정배
펴낸이 | 김영호
펴낸곳 | 도서출판 동연
등 록 | 제1-1383호(1992. 6. 12)
주 소 | 서울시 마포구 월드컵로 163-3
전 화 | (02)335-2630
전 송 | (02)335-2640
이메일 | yh4321@gmail.com

ISBN 978-89-6447-508-9 03040

이정배의 〈거리 설교〉

우리는 하느님을 거리에서 만난다

이정배 **지음** | 현장(顯藏)아카데미 **기획**

동연

이 책을 고통받는 현장에서 현실을 바꾸고자
애쓰는 기독교 활동가들에게 바칩니다.

머리말

봄비가 살포시 내리는 4월 하순이다. 4.27 평화 손잡기 행사 이틀을 앞두고 이곳 횡성, 현장아카데미를 오래 비운 탓에 걱정되어 잠시 다니러 왔다. 밭일도 생각하고 왔으나 비도 오고 날씨도 추워 엄두를 못낸 채 책상에 앉아 이 글을 쓰고 있다. 순간 습관처럼 만지작거리던 페이스 북을 통해 기막힌 소식을 접했다. 감리교 한 연회에서 NCCK 탈퇴 선언서를 제출했다는 것과 여기서 활동하는 감리교 목사들을 실사하겠다는 소식이었다. 몇 년 전에도 한 목사에 추동되어 연회 장로들이 탈퇴서를 돌린 적이 있었고 이에 나는 불가함을 밝히는 장문의 반박 글을 써 보낸 바가 있다. 당시 나는 NCCK 신학위원장 자격으로 부탁을 받아 그런 글을 썼던 것으로 기억한다. 그때가 아마도 종교개혁 500년을 기념하던 때였으리라. 그로부터 2년도 지나지 않은 2019년, 3.1 독립운동 백주년을 막 지난 시점에서 다시 한기총 세력과 손잡겠다는 발상이 시작되었다니 감리교단이 제정신을 잃고 있는 듯싶다. 영적 치매에 빠져 감리교 정체성을 잃었고 영적 자폐증에 걸려 현실적 감각을 지속적으로 잃고 있기에 벌어진 사단이라 생각한다.

이 글을 쓰고 있는 지금 이 땅은 100년 전처럼 그렇게 민(民)이 주도하여 외세가 만든 70년 분단의 장벽을 허물고 DMZ 500킬로를 생명과 평화의 장(場)으로 만들고자 '평화 손잡기 운동'으로 분주하다. 종교, 이념, 신분, 노소, 성별 차(差)를 뛰어넘어 잘라진 허리를 이어 곧게 세우자는 열망으로 가득 차 있다. NCCK 활동에 가장 열심인 이웃 교단은 전국에서 수백 대의 버스에 교우들을 싣고 DMZ 접경지역으로 올라온다고 하니 그 모습이 얼마나 황홀할지 상상해 본다. 500마리 소떼를 차에 싣고 북으로 향했던 당시보다 훨씬 더 아름다울 것이다. 50만 민(民)들이 모이는 자리, 그때 그 자리에 부재했던 기독교, 감리교를 장차 누가 귀하게 여겨 줄 것인가? 이 일에 앞장서는 것이 기독교 미래를 위한 투자이자 선교일 터, 분단체제에 기생, 안주하는 세력과 손잡고자 하는 발상이 어찌 가당키나 한 일이겠는가? 강화를 비롯하여 경기도, 강원도 접경지역이 모두 감리교 우세지역이란 장점을 살리지 못한 것이 너무도 안타깝다. 부산, 광주, 전북, 대구 등 한반도 남쪽에서 올라온 수많은 민(民)들, 낯선 이웃들을 교단 차원에서 환대할 계획을 세웠더라면 우리 미래는 더욱 탄탄해졌을 것이다. 그래야 마땅할 한 지역 연회에서 NCCK 탈퇴를 청원했다니 할 말을 잊는다. 그나저나 이 책, 이 글이 세상에 나올 쯤 이면 4.27 손잡기 행사가 한참 지나있을 것이다. 본 행사를 위해 만들어진 각 지역 단위의 조직들, 이들이 앞으로 평화체제를 위해 어떤 역할을 할지 기대가 크다. 이런 역사적인 일에 감리교가 힘을 보태지 못하고 오히려 역행하고 있으니 이 행사를 이끌었던 추진/운영위원의 한 사람으로서 많이 안타깝다. 그래도 다행인 것은 감리교 선교국을 중심으로 이웃종단들과 함께 DMZ에 묻힌 뭇 영혼들께 사죄하고 위로하는 추모예배를 주관했으니 말이다. 피아를 막론하고 백마고지에 묻힌 분들이 크게 기뻐하였으리라.

　이 책『우리는 하느님을 거리에서 만난다』는 지난 3년 동안 거리에서, 교회에서 행했던 설교문을 모은 것이다. 3.1 운동을 이끈 민족대표 33인을 생각하며 33편의 글을 선정하여—그러나 35편이 되어 버렸다— 1,2부로 나눠 편집했다. 학교를 떠난 지 벌써 3년하고도 절반의 해가 더 지났다. 이 기간에 고통의 현장, 거리에서 설교할 수 있는 기회를 얻었으니 참으로 감사하다. 한 장로교 여성 목회자에 의해 어느 자리에서 '거리 신학자'로 호명된 이후 그 말이 줄곧 나를 따라 다녔다. 사실 30년을 강단 신학자로 살아왔던 내게 '거리 신학자'란 말은 가당치 않다. 그럼에도 그렇게 불린 이후 더 많이 거리에서, 현장에서 설교할 기회들이 주어졌으니 그 호칭을 예사롭게 여길 수 없게 되었다. 세월호 설교가 처음 시작이었고 이후 교단 문제를 비롯하여 백남기 님의 죽음 등 시대적 사안에 따른 현장 예배에서 말씀을 전해야만 했다. 기회가 주어질 때 망설인 적도 있었으나 대부분 수락했다. 난민 주제에 대해서는 설교를 자청한 적도 있었다. 아무리 분주해도 설교 전문을 활자화해 놓았다. 본문을 택할 때의 고민, 현장에 있는 분들을 상상하며 설교를 준비하던 과정, 설교한 후 함께 느꼈던 환희들이 지금도 또렷이 기억난다. 이 과정에서 설교자인 내가 더 은혜를 받았고 감동했다. 고통받는 현장에서 신학의 존재 이유를 찾았고 글 쓸 용기를 얻었기 때문이다. 이 지면을 빌어 거리설교의 기회를 내게 준 사회적 영성가들, 목회자들에게 깊이 감사한다. 거리 설교가 내 삶을 일정 부분을 달리 만들어 갔으니 내가 진 빚이 너무도 많다. 이렇듯 거리설교를 내 삶에 적극 수용하게 된 것은 이은선 교수를 통해서 알게된 이반 일리치와 겨자씨교회에서 만난 오재식 선생의 영향 때문이다. 이반 일리치 신부는 "성육신의 신비는 현장에서만 재현(再現)된다"라고 말했고 오재식 선생은 "현장(現場)이 나에게 꽃으로 다가왔다"라고 고백했다. 이들의 책을 읽으며 내게도 그런 고백이 생겨나길 바랐다. 현장에서 만난 사람들이 내겐 하느님이었다. 고통받은 이웃의 얼굴에서 하느님을 본 것이다. 이제 이 말은 본회퍼나 레비나스의 언어가 아니라 내 자신의 말이 되었다. 거듭 말하지만 이것은 현장(現場)이 내게 준 축복이었다. 내게도 현장이 종종 꽃으로 다가왔던 까닭이다. 그러나 사실 거리에서 애쓰는 수많은 분들을 생각하면 이런 말도 부끄러워 못 하겠다. 그들 앞에 서면 종종 내가 소리만 요란한 빈 수레처럼 느껴질 때가 있다. 그렇게 되지 않기 위해서 내 자리에서 나를 더 성찰할 것이다. 금번 4.27 손잡기 행사가 이런 면에서 내게 소중한 경험을 안겨주었다. 본 행사 취지문과 당일 발표할 '평화선언문'을 쓰면서 이런 행위 자체가 신학행위라 거듭 확신했다.

이 책『우리는 하느님을 거리에서 만난다』2부는 이런 시각을 갖고 교회에서 설교했던 글들 모음이다. 하느님 선교(Missio Dei)의 시각을 적용했다고 말할 수 있을 것이다. 거리의 설교가 강단의 설교가 되지 못할 이유가 없다고 생각했다. 주지하듯 하느님은 그간 교회를 통해서 수없는 말을 세상에 쏟아 놓았다. 그러나 세월호 참사 이후 교회는 하느님 말씀을 담을 수 있는 그릇이 되지 못했다. 심하게 말하면 하느님 말뜻을 감(感)하여 지(知)할 능력을 잃은 것이다. 그렇기에 하느님은 이제 세상을 향해 직접 자신의 말씀을 전한다. 인문학 전성시대가 도래한 것이 그 징표라 하겠다. 하지만 사실 인문학이 별거던가? 사람을 사랑하고 이해하는 길을 가르치는 학문일 것이다. 하지만 정작 교회는 사람을 사랑할 줄 모르고 소통을 불가능하게 만드는 집단이 되어 버렸다. 필자가 앞서 치매와 자폐증세로 한국교회를 진단한 것도 이런 맥락에서다. 그럴수록 한국교회는 세상을 통해 말씀하는 하느님 행위를 겸손히 수용해야 옳다. 성육신의 신비가 현장(現場)에서만 재현된다고 했으니 그곳의 소리를 들어야 교회는 스스로를 회복할 기회를 얻을 것이다. 그래서 나는 거리에서 만난 하느님 이야기를 힘써 교회에 전했다. 그러나 이런 기회는 사실 흔치 않다. 다수의 교회들이 거리의 이야기를 듣고자 하지 않기 때문이다. 허나 老신학자 존 캅은 이런 증세를 일컬어 '영적 파산'이라고 했다. 이 말뜻은 로마서 8장 18절 이하를 통해 즉시 확인할 수 있다. 로마서는 "모든 피조물이 도처에서 신음하고 있다"라고 말한다. 이것은 오늘의 현실이고 현장을 중시할 이유가 된다. 사람들 고통이 너무 커서 탄식조차 할 수 없을 때에 이들을 대신해서 '성령께서 탄식한다'는 것이 본문의 핵심내용이다. 그렇다면 이 땅에서 소리치는 뭇 탄식 소리, 거리의 외침을 듣는 것이 성령체험일 터, 이런 체험을 거부하는 한국교회에게 '영적 파산'을 말해도 결코 과하지 않다. 이런 맥락에서 필자는 현장의 소리를 교회로 가져갔다. 거리의 소식을 전할 수 있도록 장(場)을 허락한 소중한 교회들이 있어 감사했다. 겨자씨교회, 새길교회. 새맘교회, 향린교회 등이 기억난다. 때론 심적으로 갈등하며 설교를 들었을 교우들도 있었을 것이다. 그래도 다수는 설교에 공감을 표해 주었다. 특별히 겨자씨교회에서 부활절, 종교개혁주일, 추수감사절 그리고 대림절, 성탄절 설교를 통해 거리서 재현된 육화의 신비를 많이 풀어냈다. 최근에는 통일 주제까지 설교에 담았으니 설교에 정치색이 담겼다는 평가도 받는다. 하지만 정작 나의 고민은 '현실공부'가 충분치 못한 데 있다. 더욱 치열하게 현실을 공부하여 '거리 설교자'로 불리는 일에 부끄럼이 없도록 할 것이다. 맨 마지막 글은 일아(一雅) 변선환 교수의 종교해방신학을 주기도문의 시각에서 풀었던 설교이다. 용인 소재 묘소에서 최초 발설한 초안을 종교개혁 500주년 주간에 확대 재구성해 새길교회에서 전했다. 이 글을 책 말미로 뺀 것은 설교의 틀을 살짝 벗어났다는 판단 때문이었다. 당시 교회가 신학적 설교를 요구하여 길어진 것도 한 이유가 될 것이다.

이 책『우리는 하느님을 거리에서 만난다』가 교회 강단에 그리고 목회자들에게 얼마나 읽힐지 모르겠다. 그러나 많이 읽히고 토론되기를 소망한다. 바젤 유학 시 나는 내 선생께서 예배 종료 후 원하는 이들과 함께 자기 설교에 대해 한 시간 이상을 토론하는 모습을 목도했다. 설교 역시도 얼마든지 토론거리가 될 수 있다는 평소 지론이 이로부터 비롯했다. 이 책과 함께 '신앙과 지성사'에서『수도

원 독서』를 출간한다. 필자가 전한 설교와 필자가 읽은 책들이 한 쌍을 이뤄 설교가 토론되는 문화를 만드는 데 일조하기를 바란다. 갈수록 4월을 지나기가 힘겨워진다. 그래도 "실패한 과거를 구원하는"(벤야민) 일이 조금씩 진척되니 고마운 일이다. 4.27 판문점 선언 1주기를 맞아 계획된 'DMZ 민(民)+평화 손잡기' 행사가 아무 탈 없이 마무리되길 두 손 모아 기도하며, 그 하루 전날 이 글을 쓴다. 책 출판을 위해 애써준 '동연'의 식구들에게 감사드린다.

2019년 4월 26일, 손잡기 행사 바로 전날에

횡성 현장(顯藏)아카데미에서

이정배 두 손 모음

차 례

1부

대학에서 거리로

성육신의 신비는
거리에서 재현된다

우리의 미래를 빼앗지 말라 | 누가 무덤의 돌덩이를 치웠는가? | 왜 아기 예수는 비방 받는 자의 표증이었는가? | 세월호는 우리 시대의 자화상이다 | 시대를 향한 예수의 불편한 지적질, 그것이 사회적 영성이다 | 팽목항에서 읽는 로마서 | 참으로 그가 하느님 아들이었다! | 잔치 자리가 아직도 비어있는 이유 – 옥바라지 길에서 하느님 나라 비유를 읽다 | 거짓으로 세상을 덮는 정부, 하늘이 버릴 것이다 | 한국교회여, 저주받은 무화과나무를 기억하라! | 소성리 비극에서 가룟유다를 보다 | 너무도 감사한 죄(罪) – 비상시국 상황에서 추수감사절을 맞다 | 예수 족보 속에 '난민' 있다 | 이 땅의 근본을 다시 세우라! | 정말 보기를 원하는가? – 비상시국에 생각해 본 대강절의 한 뜻 | 그대 가슴에 빈틈, 빈방을 허(許)하겠는가? | 태극기와 촛불 – All for One에서 One for All로 | 그대여, 평화의 새 술을 담는 그릇이 되겠는가? | 우리는 '스스로 섰'(獨立)는가?

우리의 미래를 빼앗지 말라

로마서 5: 1-5

그러므로 우리가 믿음으로 의롭다 하심을 받았으니 우리 주 예수 그리스도로 말미암아 하나님과 화평을 누리자 또한 그로 말미암아 우리가 믿음으로 서 있는 이 은혜에 들어감을 얻었으며 하나님의 영광을 바라고 즐거워하느니라 다만 이뿐 아니라 우리가 환난 중에도 즐거워하나니 이는 환난은 인내를 인내는 연단을, 연단은 소망을 이루는 줄 앎이로다 소망이 우리를 부끄럽게 하지 아니함은 우리에게 주신 성령으로 말미암아 하나님의 사랑이 우리 마음에 부은 바 됨이니(로마서 5: 1-5).

이 더위에 신학생들이 자신들 교단 지도자들을 향해 하소연하기 위해 모였습니다. 교파와 교단은 다르나 신학도로 부름받은 그 뜻과 사명이 같기에 기독교와 교회 그리고 신학대학의 미래를 염려하며 거리에 선 것입니다. 500번째 맞을 종교개혁일, 그 숫자가 주는 무게감이 크건만 복음을 초라하게 만든 책임을 누구도 통절히 회개하지 않습니다. 교단마다 송사로 빌라도 법정에 예수 세우기를 반복하며 신학교마다 총장 선거로 내홍을 겪고 있으니 세상이 조롱합니다. 죽어야 사는 길을 가르쳤으나 정작 제자들은 죽음을 앞둔 예수의 마지막 일주일 여정에서처럼 '누가 더 높은가'를 다투고 있으니 기막힌 노릇입니다. 이를 기록했던 성서 기자 마가는 그런 제자를 눈멀었다고 말했습니다. 그렇다면 지금 교계의 지도자들은 예외 없이 소경된 자들일 것인바, 우리들 미래를 이들에게 맡길 수 없는 노릇입니다. 돈으로 권력을 사서 자주색 옷 입고 뽐내는 종교권력자들 그들이 우리의 지도자가 될 수 없습니다.

1.

한 노(老) 신학자는 이런 실상을 일컬어 '영적 파산'이라 했습니다. 작은 자되어 우리들 중에 섬기러 오신 예수를 잊었기에 영적 치매일 것이고 세상과의 소통을 접고 자신들 만의 동굴 속에 갇혀 있기에 영적 자폐라 할 것이며 하느님 대신 돈과 권력을 앞세웠으니 영적 방종이라 할 것인바 이를 영적 파산이라 총칭한 것입니다. 어느덧 우리들 의식 속에도 교회가 크고 권력이 많은 이를 큰 목사로 여기는 훈습(薰習)이 생겼습니다. 생각하지 않고 사는 대로 생각하다 보니 우리 역시도 그 물에 젖어 버린 탓입니다. 권력을 갖고 상전인 척 허세를 부리는 이들이 많을수록 그들에게 빌붙어 생존을 구하는 노예 같은 존재 양식도 생겨나는 법입니다. 어느덧 노예의식이 젊은 우리들의 삶을 점령하고 있습니다. 신학생다운 패기, 얼, 의지를 잃은 채 권력자들의 입맛을 좇는 젊은 친구들이 의외로 많습니다. 하지만 상전과 노예는 영적 파산의 실상일 뿐 그리스도의 길일 수 없습니다. "내가 너희를 자유케 했으니 다시는 종의 멍에를 메지 말 것"을 성서는 요구합니다. 세상이 종교인들에게 기대하는 것이 바로 이런 자유입니다. 이런 자유함이 있는 한 우리에게 소망이 있고 미래가 있습니다. 진리로 자유롭게 된 사람을 오히려 세상이 보살피고 지켜낼 것입니다.

2.

다수 목회자들이 영적 파산된 교회를 모른 척 외면하며 파멸의 길을 걷고 있을 때 홀연히 신학생 연합회가 일어났으니 하늘의 은총이자 성령의 사건입니다. 큰 교회를 바라보고 교회 권력에 해바라기 되지 않고 처음 자신을 불렀던 예수만 바라보자고 뜻을 모았습니다. 종교개혁 500주년이 지척인데 아직도 자리다툼, 기득권 싸움, 법정 송사, 편 가르며 이전투구를 일삼는 기성세대를 향해 '자신들의 미래를 빼앗지 말 것'을 엄중히 경고하며 '그만하라' 소리치기 시작한 것입니다. 수천만 원의 빚과 함께 교문을 나서야 하는 다수의 신학생들, 그들의 미래를 염려치 않고 총장 자리를 위해 다투고, 권력 하수인을 자처하는 교수들을 보며 이들은 지금 인내의 한계에 이르렀습니다. '거룩'이란 옷을 입고, 신앙을 들러리 삼아 돈과 권력을 탐하는 기성 목회자들, 감독과 총장, 교수들을 향해 학생들은 마치 돌이 소리치듯 말했습니다. 기독교계, 자신들 교단 내에 의인 열 사람이 없어 누구도 소리 내지 못할 때 길가에 나뒹구는 돌처럼 흔하고 값없는 이들 신학생들이 나섰습니다. 소리치는 이들, 젊은 예언자들은 예수만 바라볼 것을 수차례 다짐하며 오늘 이 예배를 시작했습니다. 예수만 바라보려는 이들의 순수한 열정을 누구도 이길 수 없을 것입니다. 교단 권력으로도, 돈의 힘으로도, 교수란 자격으로도 이들의 외침을 잠잠케 할 수 없습니다. 가장 약한 이들의 소리를 듣고 자신들 죄악을 그치지 못한다면 하늘은 기독교를, 우리들 교단을 그리고 신학대학을 역사의 심판에 이르게 할 것입니다. 문재인 정권의 적폐청산 다음 대상이 사학비리 척결이라 하니 신학대학들 역시 두려워 떨 일입니다.

3.

오늘의 본문 로마서는 믿음으로 의롭게 된 우리에게 하느님 영광에 이를 소망을 자랑하라고 말합니다. 루터 종교개혁의 핵심 주제인 칭의(稱義)는 여기서 그 자체가 목적이 아닙니다. 하느님의 영광된 미래를 소망하며 그 소망을 자랑하며 사는 데에 그 본질이 있습니다. 오늘 말씀에 근거한다면 복음을 지속적으로 조롱거리로 만들었던 종교권력자들은 이런 소망을 빼앗은 존재로서 결코 칭의의 존재들이라 말할 수 없습니다. 하느님 영광을 자랑할 수 없도록 만든 이들은 오히려 기독교 신앙을 해치는 적폐의 대상이라 하겠습니다. 정치에만 적폐가 있지 않고 종교에도 적폐가 있으니 종교권력을 탐하는 자들은 이를 두렵게 여겨야 합니다. 하지만 하느님 미래에 대한 소망을 지닌 자들은 그 소망 때문에 환난을 당하며, 당할 수밖에 없습니다. 그리스도안의 존재(Sein in Christo)란 세상과 다른 가치관을 갖고 다른 방식으로 살아야 하는 까닭입니다. 그렇기에 그 환난까지도 자랑하라고 성서는 말합니다. 왜냐면 이 희망은 우리를 결코 실망시키지 않을 것이기 때문입니다. 이 희망을 붙들고 환난 중에도 인내하고 우리들 인격을 단련시켜 우리 자신을 하느님의 사람으로 만들라 했습니다. 그러나 고급 차 타고 교회 대물리는 종교인들 그들 행동거지가 얼마나 세상을 닮았는지 가관입니다. 이들 욕망은 더욱 천박하고 일천합니다. 이웃 사랑을 말하나 자기 자식밖에 안중에 없고 자기 패거리들 외엔 친구가 없으니 말입니다. 이들 권력자들이야말로 믿음 없음의 전형적 모습입니다. 이들에겐 하느님 미래에 대한 소망도 없습니다. 모든 것 다 가진 이들에게 하느님은 의례적인 언사일 뿐입니다. 오늘 이 자리에 모인 신학생들이여, 비록 힘없어 길가의 돌처럼 소리치고 있으나 당신들이야말로 하느님 미래를 기다릴 자격이 있습니다. 그 소망을 품고 환난을 견디며 그 환난을 자랑할 자격이 있습니다. 이 자격을 값없게 포기하지 말고 빼앗기지도 맙시다.

4.

이 설교를 준비하는 중에 감신대 이사회가 파행적으로 끝났다는 소식을 소셜 미디어를 통해 접했습니다. 이사와 교수들 잘못을 지적하며 16일간을 단식한 학생이 있고 종탑에서 그 기간만큼 정상화를 외치며 기도한 여러분의 친구가 있었습니다. 그러나 자신들 욕심을 위해 이들의 수고와 고통 그리고 순수한 절규를 한순간에 무력화시켰습니다. 3년이나 끌어온 학내 사태가 멋지게 종결되어 새로운 감신 만들 기회 되기를 그리도 원했건만 우리들 미래를 송두리째 무너트렸습니다. 갓 태어난 아기 생명처럼 여리나 살아있던 모교 감신을 죽여서라도 자신들 몫으로 챙겼습니다. 하지만 생명을 빼앗기고 탈취당했으나 120년 감신의 얼은 이들을 그냥두지 않을 것입니다. 그 옛날 일아(一雅) 선생이 말했듯 최병헌, 이용도 그리고 정경옥이 지켜볼 것이기 때문입니다. 이 땅의 기독교를 함께 염려했던 김재준을 비롯한 안병무, 서남동의 혼(魂)도 이들과 함께할 것을 믿는 탓입니다. 돈으로 샀던 법으로 신앙을 짓밟으며 권력의 정상에 섰기에 이들의 권력은 하느님의 인정을 받을 수 없습니다. 어린 신학생의 꿈을 짓밟고 수백 수천 감신 동문들의 바람을 저버린 종교권력이기에 이들 권력자들은 결국 하느님마저 내쳐 버릴 것입니다. 하지만 향후 하느님이 어떻게 악한 영을 추방하시는 지를 똑똑히 지켜볼 일입니다. 하느님 물레방아는 서서히 돌지만 어느 순간 모든 것을 완전히 갈아엎을 것이기 때문입니다.

어찌 이런 파행이 감신대만의 일이겠습니까? 교파를 막론한 한국 교계와 신학대학 모두 이렇듯 사악해졌습니다. 옛적 성직자들처럼 예수를 또다시 법정에 세우면서까지 자신들 이익을 얻고자 신앙을 맘껏 모독하고 있는 중입니다. 500주년 종교개혁이 눈앞인데 하느님의 미래이자 우리 신학생들 미래를 빼앗아 현실을 암담하게 만들고 있습니다. 그러니 누가 이런 기독교가 주는 물에 목말라 하겠습니까? 교회(계) 내 복음이 없기에 세상의 복음화는 꿈도 꾸지 못할 일이 되었습니다. 말에 삶이 실리지 않았기에 힘을 잃었습니다. 목사들 설교가 공허한 말(虛言)이 되었고 교수들 논문은 연구비 얻기 위한 수단이 되었으니 이들의 말을 듣고 글을 읽는 후학의 삶도 어느덧 이들을 닮아가 하느님 미래는 물론 우리 미래도 실종시켜가고 있습니다. 신학대학 내에 진골, 성골이란 말이 공공연히 회자되는 바, 어찌 용납되는 일이겠습니까?

5.

이렇듯 모두가 침묵하며 암묵적으로 동조할 때 잃을 것 없는 여러분들이 '신학도 연합회' 이름으로 일어났고 말하기 시작했으니 이는 분명 성령의 역사입니다. 엠마오 도상의 제자들이 삶의 방향을 바꾼 사건이기도 합니다. 여러분들이 종교권력자의 편에 서는 한, 상전인 척하는 그들에게 노예처럼 삶을 의탁하는 한 하느님의 영광된 미래는 물론 여러분 자신들의 미래도 없습니다. 피로, 눈물로 지켰던 신앙 선배들의 유산을 탕진하며 흥청거리는 오늘의 영적 타락을 바로 잡을 힘이 여러분에게 있습니다. 과거 신앙유산을 탕진하고 미래 주역들의 삶을 빼앗는 종교권력자들에겐 신학생들이 보잘것없는 무지렁이처럼 보이겠으나 여러분들은 들판의 풀처럼 밟혀도 다시 일어나는 풀과 같은 존재들입니다. 밟히고 또 밟혀도 다시 곧게 일어나 외치길 바랍니다. 그것이 '예수만 바라보자'는 표제어의 본뜻일 것입니다. 여러분의 앞날, 하느님의 영광된 미래를 소망하며 딴 곳으로 눈 돌리지 말고 예수만 바라봅시다.

종교개혁 500주년 2017년에 바로 여러분들이 마틴 루터입니다.

웜스 국회에 홀로서 자기 신앙을 굽히지 않았던 루터처럼 우리도 각 교단 본부 앞에서 이렇게 기도하십시다. "주님 내가 여기 섰습니다. 나를 도와 주십시오"라고. 지금도 저 종탑 고공에서 대학 정상화를 위해 홀로 기도했던 학우를 생각하여 우리 모두 용기를 내봅시다. 이들의 열정과 고통과 희생을 무가치하게 만들지 맙시다. 내가 그 사람이고 그가 우리인 까닭입니다. 우리들 미래는 우리에게 달려있습니다. 지금 힘쓰지 않으면 여러분 후배들 역시 여러분을 향해 소리치지 않겠습니까? 그때 무엇 했느냐고 말입니다. 우리는 지난겨울 정부를 향해 촛불을 들었습니다. 이제는 교회를 향해서, 교회를 위해 촛불을 들어야 할 때입니다. 다른 기독교, 다른 교회를 만들기 위해서 말입니다. 죽을힘을 다해서 그리하십시다. 그것이 이 시대에 신학생된 여러분들 사명입니다.

누가 무덤의 돌덩이를 치웠는가?

마가복음 15:42-47, 16:1-8

이 날은 준비일 곧 안식일 전날이므로 저물었을 때에 아리마대 사람 요셉이 와서 당돌히 빌라도에게 들어가 예수의 시체를 달라 하니 이 사람은 존경 받는 공회원이요 하나님의 나라를 기다리는 자라 빌라도는 예수께서 벌써 죽었을까 하고 이상히 여겨 백부장을 불러 죽은 지가 오래냐 묻고 백부장에게 알아본 후에 요셉에게 시체를 내주는지라 요셉이 세마포를 사서 예수를 내려다가 그것으로 싸서 바위 속에 판 무덤에 넣어 두고 돌을 굴려 무덤 문에 놓으매 막달라 마리아와 요셉의 어머니 마리아가 예수 둔 곳을 보더라(마가복음 15:42-47).

생명의 기운이 넘치는 봄은 참으로 아름답습니다. 잿빛 대지를 뚫고 오르는 새싹들을 보노라면 생명이 진정 신비요 은총이란 것을 믿게 됩니다. 부활절이 본래 봄의 축제와 무관치 않았던 것도 이런 이유에서일 것입니다. 봄에 피는 첫 꽃들은 대개 소박한 노랑의 빛깔을 띠고 있습니다. 높은 나뭇가지의 산수유가 그렇고 낮은 울타리의 개나리가 바로 그런 모습입니다. 그 뒤를 이어 온갖 형형색색의 꽃들이 앞다퉈 피고 지지만 역시 봄의 전령으로서 노란 꽃만한 것이 없습니다. 추위를 이겼고 단단함을 뚫었으며 굳은 것을 풀었기에 처음 핀 봄꽃은 결코 예사롭지 않습니다. 보고 느끼며 생각할수록 참으로 신비하고 거룩할 뿐입니다.

1.

얼마 전부터 우리 주변에 노란색을 띤 '새로운' 봄꽃이 만개했습니다. 그 꽃은 나무에서 피지 않고 사람들 가슴에서 피어나는 꽃, 세월호 참사를 상징하는 노랑 리본이었습니다. 이 꽃 역시 삶의 욕망에 휘둘려 감각이 무뎌졌고 마음이 겨울 땅처럼 굳은 우리들 삶 한가운데서 피어났기에 신비며 기적임이 틀림없습니다. 더욱이 자연의 노랑 빛은 쉽게 사라지겠으나 사람의 꽃(人花)이 된 세월호 리본은 진실이 승리하는 날까지 세상과 더불어 피어있을 것입니다. 두 차례의 세월호 청문회가 끝난 이 시점까지 온갖 법(法) 앞세워 기억을 지우고, 진실을 묻고자 했으나 홀연히 '무덤의 돌문'이 열렸듯 '사실'은 밝혀질 것이며 밝혀지고 말 것입니다. 최초 세월호 참사가 부활절 3일을 앞두고 일어났던 사건이었던 탓에 우리에게 세월호와 부활은 결코 둘이 될 수 없는(不二) 운명이 되었습니다.

2.

그럴수록 부활절 아침 304명을 바닷속 깊은 곳에 수장한 채로

'예수 다시 사셨다'는 부활 찬송을 부를 수 없어 눈물짓던 2년 전, 세월호 참사 후 첫 주일에 대한 기억이 새롭습니다. 후일 접한 사실이지만 이들 중 70여 명이 교회를 다녔고 물이 턱밑까지 차오르는 순간까지 살고 싶다고, 하느님 살려달라고 기도했었답니다. 주검으로 부모들 품에 안긴 자식들, 퉁퉁 부어오른 그들의 두 손이 하느님을 향해 모아졌음을 알게 된 것입니다. 얼마나 절실하게 부모들 얼굴 떠올리며 하늘 아버지께 기도하였겠습니까? 그럼에도 이들은 죽었고 혹자는 그래서 이들을 아우슈비츠 수용소에서 억울하게 죽어간 유대인들을 닮았다 했습니다. 우리 어른들 탐욕의 희생양이었으며 더구나 마지막 순간 구조될 수 있었던 목숨들이었기에 이들 죽음에 대해 아우슈비츠 재판에서처럼 시시비비가 옳게 가려지길 바랐을 뿐인데 정부는 이들 유족을 욕보였고 교회는 그들에게 '그만하라' 했습니다. 침몰되는 세월호 곁으로 그 2/3 크기의 '둘라 에이스호(號)'가 지나가며 구조 의사를 밝혔으나 선상의 누구도 응답하지 않았고 선장까지 탈출한 이후에도 학생들에게는 왜 '가만히 있으라' 했는지 그리고 좌초 직후 3분에 걸친 본사와의 긴 통화에서 승객 구조를 일언반구 언급조차 안 했는지를 물어 알고 싶었으나 관계자들 모두가 모른다고만 하니 참으로 기막힌 노릇입니다. 유족들에게 막 말하던 몇몇 정치인들마저 버젓이 공천을 받아 총선에서 표 구걸을 하고 있으니 그 안하무인(眼下無人)은 우리들 가슴에 피어난 꽃(人花)을 무참히 짓밟고 있습니다. 십자가 사건과 부활을 역사적 사실(fact)로 믿는 한국교회가 세월호 진실을 홀대하고 천국 신앙을 강요했으니 자식 잃은 부모들의 고통, 즉 단장지통(斷腸之痛)을 옳게 감각하고 있는지 참으로 의심스럽습니다. 평생 신앙을 지키며 살았으나 자식들 죽음을 하늘 뜻으로 받아들이라는 교회 가르침이 유족들에게는 가장 큰 상처였습니다. 불행하게도 다수의 유족들이 평생을 섬기던 교회를 떠나고 말았습니다. 하지만 자신들 곁에서 진실을 함께 찾고 더불어 울어주는 사람만 있다면 아이를 살리지 못했을지라도 하느님을 떠나지 않을 것이라 했습니다. 그렇기에 그들은 교회 아닌 거리에서 새롭게 하느님을 경험하고 있다고 말합니다. 그들의 고통스러운 질문이 외려 새로운 설교가 되었고 그것이 강단의 말씀보다 우리 가슴을 더욱 저리게 합니다. 아우슈비츠 이후처럼 세월호 以後의 하느님을 새롭게 만났기 때문입니다.

3.

오늘 우리는 4월 둘째 주를 세월호 참사 2주기 희생자들을 추모하는 세월호 주일로서 지키고자 합니다. 세월호 가족들의 마음이 되어 세월호 2년의 역사를 돌아볼 목적에서입니다. 주지하듯 세월호 참사는 이 땅의 과거만이 아니라 현재이며 나아가 미래를 가늠하는 척도라 할 것입니다. 사실(fact)이 묻히면 세월호 참사는 과거사가 아니라 언젠가 다시금 우리 혹은 후손들의 현재가 될 수도 있기 때문입니다. 그렇기에 총선의 절기에 여전히 경제를 말하고 새 정치를 운운하는 정치인들에게 우리는 오히려 세월호의 진실을 되물어야 합니다. 이를 거부하고 방해하는 이들을 예수와 민족의 이름으로 내쳐야 옳습니다. 그것이 바로 민족과 국가를 사랑하는 이 땅 그리스도인의 삶의 방식일 것입니다. 도덕적 진실 없는 나라와 백성의 미래는 모래 위에 쌓은 성(城)과 같을 수밖에 없습니다. 하여 이 땅이 세월호와 같은 운명을 피하고자 한다면 세월호 참사 앞에 정직해져야 마땅합니다. 이런 마음으로 우리는 최초의 복음서 마가가 전한 부활 후(後) 첫날의 기록을 찾아 읽습니다.

4.

예수 처형 이후 십자가에 달린 그의 시신을 바라보기가 불편했던 서로 다른 두 사람이 있었습니다. 한 사람은 상처투성이인 예수의 주검이 너무 안타까워 가능한 한 시신을 십자가로부터 내려 편한 곳에 묻고자 했던 아리마대 사람 요셉이었고 다른 이는 행여나 예수의 죽음과 그 주검이 항차 민란과 소동의 요인이 되지 않을까 염려하여 이를 빠르게 치워버리고자 했던 빌라도였습니다. 저마다 목적은 달랐으나 한 사람은 청(請)했고 다른 이는 허(許)하는 방식으로 비어있는 한 무덤에 예수의 시신을 급하게 묻을 수 있었습니다. 두려움 많은 빌라도는 예수 죽음을 주도면밀하게 재차 확인한 후에 아리마대 요셉에게 시신을 내주었던 것 같습니다. 이 두 경우를 세월호 참사에 견줄 때 상상력의 과한 부분이 없지 않겠으나 다음처럼 유추할 수 있겠습니다. 의당 빌라도는 대한민국의 민낯을 보여준 세월호 참사를 백성들 기억에서 지워버리고 싶은 이 땅의 위정자들을 빼닮았습니다. 억울한 죽음의 이유가 밝혀질 때까지 슬픔을 허락했어야 함에도 자신들 권력 유지를 위해 백성들의 의분(義憤)

을 잠재우려 했기 때문입니다. 시체장사란 말을 비롯한 유족들을 폄하하는 온갖 험한 언사들이 쏟아져 나온 것도 이때였습니다. 국가 경제를 위해 백성을 더 이상 상(喪)중에 두지 않겠다는 명분을 내세우면서 말입니다. 반면 아리마대 요셉은 하늘나라를 대망하며 예수를 좋아하고 따르던 의로운 자였습니다. 세월호 유족들의 '곁'이 된 우리들처럼 죄 없는 예수 죽음에 한없는 아픔을 느끼며 십자가 주변에 누구보다 길게 머물렀던 사람이었습니다. 유대 의회 의원이었던 그로서는 결코 쉬운 일이 아니었을 것입니다. 하지만 그 역시 어느 순간 예수, 그의 일그러진 몸을 바라보는 일이 고통스러웠기에 예수 주검이 눈앞 현실에서 사라지기를 원했습니다. 그런 그에게서 세월호 참사 2주기를 맞으며 동정 피로감에 젖어있는 우리들 모습을 보는 것은 지나친 상상일까요? 노란 리본(人花)을 보는 뭇 사람의 시각이 날로 차디차지는 것을 느끼며 세월호 현실에서 멀어지고 싶은 우리들 말입니다. 이만큼 했으면 되었다며 지친 자신을 위로하고 있는 우리들 모습을 닮지 않았을까? 아직도 남아있는 슬픔이 크고 많은데 안팎의 요인들로 인해 스스로를 단속(斷續)하기 시작한 우리가 바로 그때 그였습니다. 그래서 우리도 언제부터인가 유족들에게 그만하라고 말하기 시작하였던 것이지요. 하느님의 뜻, 천국 신앙이란 말로 위로받으라 했던 것입니다. 그것이 유족들에게 얼마나 큰 상처인 줄 알면서도 말입니다. 그러나 다시 묻습니다. 예수의 죽음이 그토록 은폐되어야 했고 주검이 그토록 빠르게 묻혀야만 했을까요? 십자가 사건은 세월호가 그러하듯 세상 죄, 불의를 고발하는 불편한 진실이었습니다. 고통스러워도 바라봐야 할 하느님의 진실, 새로운 하느님의 실재였던 것입니다. 십자가에 달린 예수를 보며 그가 참으로 하느님의 아들인 것을 고백한 로마 백부장을 기억해 보십시다. 제국신학의 하수인인 빌라도가 예수를 처형했으나 정작 죽은 것은 예수가 아니라 로마라는 것이 마가의 확신이었습니다. 모두가 피하고 싶은 십자가, 하지만 그를 끝까지 응시하고 그 곁에 머무는 것이 구원의 길이란 것입니다. 그렇기에 유족들 역시도 우리 신앙인들에게 자신들 고통에 함께 머물러 줄 것을 애타게 청원하였습니다. 그것만이 자신들의 위로요 치유의 길이라 믿으면서 말입니다. 그럴수록 십자가에 달린 예수는 쉽게 치워지고 묻힐 어떤 것이 아니라 우리의 민낯(죄)을 밝힐 역사의 징표로서 확연히 드러나야 할 구원의 길이라 하겠습니다.

5.

이어진 성서 말씀처럼 예수의 주검은 묘지에 묻혔고 큰 바위덩이로 봉인되었습니다. 모두가 안심했을 것입니다. 정치적 장애물이 치워졌으니 빌라도의 걱정이 사라졌을 것이고 고통스러운 예수 시신을 잊을 수 있으니 요셉의 마음도 편해졌을 듯싶습니다. 유족들에게 막말하던 이들이 목하 금번 총선에 활개 치며 표를 구걸하고 있는 것을 앞서 말씀했습니다. 예수의 주검이 큰 바위로 봉인되었듯이 세월호 진실 역시 영원히 밝혀지지 않을 것을 확신했기에 가능한 일입니다. 기독교인 된 우리 역시도 세월호 기억을 지웠고, 잊었다 오판한 모양입니다. 너무도 큰 돌덩이 같은 권력을 가졌기에 진실을 감출 수 있다고 확신한 것 같습니다. 하여 거짓 눈물을 흘린 이 나라 대통령을 십자가에 달린 예수로 비견할 정도로 몰염치해졌으니 세월호 유족은 물론 이 나라 기독교인들이 맘껏 모욕, 조롱받고 있는 듯합니다. 그래서 한 앵커는 이런 말을 뉴스 끝에 남겼답니다. "보이는 것이 한심해도 투표는 바르게 하자"라고 말입니다.

6.

부활 후 첫날 모두가 십자가, 예수의 죽음과 멀어졌으나 예수의 '곁'이 되고자 무덤가를 찾았던 사람이 있었습니다. 권력이 아무리 크고 무섭다 해도, 모두가 동정 피로감에 절어 있을지라도 마치 애벌레의 생리처럼 십자가 곁에 있고자 했던 몇몇 여인들이 바로 그들입니다. 그런데 웬일입니까? 무덤을 막았던 육중한 돌덩어리가 치워져 있음을 목도한 것입니다. 사람의 힘으로 할 수 없는 실로 엄청난 일이 일어났습니다. 부활 후 첫날 있었던 이 사건은 다음 두 가지 의미를 담고 있습니다. 진실(fact)은 결코 감춰질 수 없다는 것, 하느님이 사랑이듯 진실 역시 하느님을 닮았기에 어떤 권력으로도 막을 수 없다는 것이 첫 뜻이며 진실을 찾고자 하는 이들, 고통의 곁이 되고자 하는 이들이 있었기에 돌문이 열렸다는 것이 나중 뜻일 것입니다. 하느님이 인간의 희망이듯 인간 또한 하느님의 희망인 까닭입니다. 우리가 하느님의 역사개입을 바라듯 그분 역시 우리들 참여를 바라고 있었던 것이지요. 가냘픈 여인들, 무덤으로 향한 그들의 발걸음이 없었다면 돌문이 열렸을지 모를 일입니다. 분명 이들로 인해 바윗덩어리가 치워졌다는 것이 우리들 확신입니다. 이렇듯 예수가 더 이상 무덤 속에 갇혀, 묻혀 있지 않다는 것이 마가가 전한 부활의 첫 메시지였습니다. 돌문을 열고 나온 예수는 우리 시대의 갈릴리, 세월호 참사의 현장 속에서 '진실'을 외치고 있습니다. 이것이 첫 번째 부활이었습니다. 우리 역시도 금번 총선을 통해 돌덩이를 옮길 수 있는 힘을 드러내면 좋겠습니다. 제자들마저 예수의 죽음과 멀어졌을 때 무덤가를 찾았던 여인들 속 단장지통(斷腸之痛)의 마음과 용기가 필요한 것입니다. 이것이 부활하신 이가 제자들에게 갈릴리로 가라 했던 이유입니다. 슬픔을 그칠 수 없는 유족들 곁에서 동정 피로는커녕 더욱 알고 싶은 마음으로 지친 그들의 입이 되어 소리치고 발이 되어 곳곳을 누빌 수 있다면 세월호 진실을 막는 돌덩어리는, 설령 그것이 법이며 무소불위의 권력(權力)이라 할지라도, 흔적 없이 치워지고 사라져 버릴 것입니다. 아마도 이것이 부활절과 맞물린 세월호를 통해 아팠지만 하늘이 이 땅에 베푸시는 축복이라 믿습니다. 노란 봄꽃들과 함께 우리들 가슴으로 피운 사람 꽃(人花), 세월호 리본이 부활의 또 다른 상징이 되기를 간절히 소망합니다. 마음으로 낳은 아픈 꽃을 가슴에 매단 우리가 정녕 세월호 유족의 마음과 하나 되기 위함입니다. 이를 일컬어 우리들 삶 속의 부활, 구원이라 할 것입니다.

왜 아기 예수는 비방 받는 자의 표증이었는가?

마태복음 2:7-10, 누가복음 2:33-35

이에 헤롯이 가만히 박사들을 불러 별이 나타난 때를 자세히 묻고 베들레헴으로 보내며 이르되 가서 아기에 대하여 자세히 알아보고 찾거든 내게 고하여 나도 가서 그에게 경배하게 하라 박사들이 왕의 말을 듣고 갈새 동방에서 보던 그 별이 문득 앞서 인도하여 가다가 아기 있는 곳 위에 머물러 서 있는지라 그들이 별을 보고 매우 크게 기뻐하고 기뻐하더라(마태복음 2:7-10).

304명의 영전에서 세월호 유족들과 더불어 성탄예배를 드리는 오늘 12월 20일, 이날이 본래 어떤 날이 되었을지 기억하시겠습니까? 만약 지난겨울 촛불혁명이 없었다면 오늘은 본디 대통령 선거날로 정해져 있었습니다. 어쩌면 이명박, 박근혜 그리고 이들과 유유상종한 그 누가 다시 대통령 되는 끔찍한 날이 되었을지도 모를 일입니다. 그렇고 보니 오늘 성탄예배는 우리가 셀 수 없을 만큼 불렀던 세월호 노래, '어둠은 빛을 이길 수 없다'는 말이 현실이 된 것을 축하할 자리입니다. 고통받는 사람들 앞(위)에 멈춰 선 하늘의 작은 별, 짙은 어둠을 몰아낸 아기 예수의 탄생이 실로 오늘처럼 고맙고 감사한 적도 그리 많지 않습니다. 그럴수록 촛불혁명의 동력이자 토대였던 세월호 유족들의 고통과 수고에 머리를 숙입니다. 고인이 된 세월호 아이들이 이 땅, 대한민국에 멈춰선 하늘의 별이 되었고 비난의 표증이던 유족들이 촛불혁명의 기적을 선사한 까닭입니다. 누구의 어머니요 아버지들, 그러나 자식을 평생 가슴에 품고 살아야 할 유족들의 아픈 저항이 이 백성들에게 큰 위로를 선물한 것입니다. 하여 2017년 성탄을 세월호 성탄이라 불렀으면 좋겠습니다. 대한민국을 바꾼 위대한 사건으로 기억되기를 바라서입니다.

1.

오늘 본문은 수백 년간 외세로 인해 고통받아온 이스라엘 백성에게 하늘의 위로가 내리기를 구하며 살았던 한 노인 시므온의 이야기입니다. 어느 날 불현듯 마리아 품에 안긴 채 종교의식 수행차 성전에 들어온 아기 예수를 보며 시므온은 그가 바로 이스라엘의 '위로자' 될 것을 알아차렸습니다. 이 민족에게 임할 하늘 위로를 보았기에 이제 죽어도 좋다는 말까지 남길 정도로 감격했습니다. 하지만 이어지는 본문이 말한 백성들이 받을 위로와 구원의 성격은 전혀 예상 밖이었습니다. 어머니 마리아에게 전한 민족의 위로자가 될 예수의 운명과 미래는 백성들의 기대와 크게 달랐습니다. "이 아기는 이스라엘 사람들을 넘어지게 하며 일으켜 세우기도 할 것인바, 한마디로 '비방 받는 표증'이 될 것"이라 했으니 말입니다. 이스라엘 민족이 기다리던 위로와는 참으로 상관없는 말이었습니다. 그리곤 이에 대한 부언설명을 다음처럼 이어갔습니다. "이 아이가 사람들 마음을 칼로 찌르듯 아프게 하여 마음속 생각들을 다 드러낼 것"이라고 말이지요. 비방 받는 자로서의 예수, 그가 진정 민족의 위로자가 될 것이란 말뜻을 생모인 마리아조차 의아하게 생각했습니다.

2.

여러 성탄의 이야기들이 있으나 '비방 받는 자의 표증'으로서의 예수, 이 말을 옳게 이해하지 않고서는 성탄의 신비가 온전히 해명되지 않을 듯싶습니다. 위로자가 '비방 받는 자'가 될 것이란 말이 도대체 무슨 뜻이겠습니까? 가늠하시겠으나 예수가 줄 위로는 세상이 주는 위로와 같지 않기 때문입니다. 예수가 이룰 평화가 세상의 평화가 동일할 수 없는 까닭이겠습니다. 인간들의 숨은 생각까지 다 밝혀내서 우리들 양심을 아프게 한다 했으니 그것이 진실로 위로가 될지 모르겠습니다. 하지만 이것이 예수의 운명이자 감당할 사명이었고 그것 때문에 고통을 받았으며 이런 지난한 과정을 통해서만 위로자, 구원자가 될 수 있다는 것이 성서 전체의 가르침입니다. 그렇기에 예수는 우리에게 있어 걸려 넘어지는 돌(스캔들)입니다. 그 돌에 걸려 넘어지는 자들은 하늘의 위로가 그들 몫이 될 수 없습니다. 이 돌을 발로 딛고 일어서는 자에게 예수는 구원자가 되십니다. 이것이 시므온이 아기 예수에게서 보았던 민족의 구원이자 이스라엘의 영광이었습니다.

3.

왜 위로자 예수가 걸려 넘어지는 돌이자 우리들 마음을 후벼 파는 칼이 되어야만 했을까요? 왜 시므온의 예언이 성탄절에 읽어야 할 핵심 텍스트 중 하나가 되었을까를 생각해 봅니다. 세 가지 점에서 그 이유를 찾고 싶습니다. 첫째는 이스라엘 민족의 의식 둔화 탓입니다. 구원을 기다렸으나 실상 그들 속에는 패배의식이 짙었습니다. 아무리 기다려도 새로운 세상은 오지 않을 것이라 절망했던 것이지요. 포로기가 길어졌고 강력한 로마 폭정하에서 자신들 조상들의 기대, 하느님 약속은 허울 좋은 이름(명목)뿐이었습니다. 둘째로 그럴수록 이들은 자신을 망가트린 외세, 이방 족속들에 대한 적개심을 키웠습니다. 절망의 또 다른 이름은 분노였고 이는 급기야 동족들 간 적대로까지 발전되었습니다. 이스라엘은 더 이상 과거 이스라엘이 아니라 로마의 축소판처럼 변했던 것이지요. 셋째로 이런 정황에서 로마에 빌붙어 자기 개인적 영달과 안위만을 생각하며 사는 특권층이 생겨났습니다. 민족의 고통과 절망 그리고 그 앞날은 상관할 바 아니었습니다. 힘에 종속되어 조그만 권력이라도 행사하며 사는 것에 만족하는 이들도 적지 않았던 것입니다. 예수를 민족을 위로할 구세주로 알아챈 시므온은 이런 백성들 정황을 정확히 꿰뚫었습니다. 그렇기에 그가 보았던 구원은 세상의 위로와 달랐습니다. 이스라엘뿐 아니라 적대적 이방인에게도 구원을 선포한 탓입니다. 기억 투쟁에서 실패하여 현실에 안주한 인간 의식을 깨우고자 때론 이들을 곤혹스럽게 몰아쳤고 화나게 만들었습니다. 그래서 시므온은 아기 예수를 칼로 비유하였고 그가 우리들 가슴(양심)을 찌를 것이라 말한 것입니다. 이렇듯 구원자 예수는 결코 값싼 위로 자가 아니었습니다. 그를 따랐던 제자들조차 등질 정도로 예수의 십자가는 오히려 '비난의 표증'이 되었습니다. 하지만 이것이 구원이었음을 2천 년 역사가 증거 하고 우리가 고백합니다. 세상의 구원을 위해 세상으로부터 비난받은 자, 그가 바로 예수였습니다.

4.

세월호도 그랬습니다. 정확히 세월호 유족들 역시도 이런 예수를 닮았습니다. 모두가 확인했듯이 세월호는 대한민국이 거짓된 국가였음을 밝히는 징표였습니다. 공의를 허물었고 양심을 속였으며 끼리 집단, 마피아들의 먹잇감으로 전락한 이 땅의 실상을 여실히 밝혀 보여준 것입니다. 법을 지키지 않을 만큼, 사람을 무고하게 짓밟아도 좋을 듯이, 더 많이 배웠다는 이유만으로, 무소불위 권력을 가졌기에 세상을 쥐락펴락했던 위정자들 탓에 이 나라는 민주공화국일 수 없었습니다. 권력에 기생한 대형교회 정치 목사들도 결코 예외가 아니었지요. 신도들을 향해 천국 신앙, 거짓 위로를 선포하며 온갖 영화를 누리며 군림했습니다. 세월호 참사를 가볍게 여기는 정치적 선동을 종교적 이념으로 뒷받침하며 '잊으라' 했고 유족들을 교회 밖으로 내몰았습니다. 정치에 종속된 언론, 그 하수인 된 방송 탓에 유족들은 더더욱 세상으로부터 버림받는 고통을 당해야 했습니다. 경제를 앞세워 세월호 진실을 덮은 국가, 천국 신앙을 말한 교회들 그리고 정부의 입이 된 언론은 모두 거짓된 위로를 확대 재생산하는 공범자들이었습니다. 이들은 모두 자신들 방식으로 우리들 속의 속물근성과 헛된 욕망을 감췄고 포장했으며 애써 부정했던 것입니다. 하지만 이곳 세월호 분향소에서 무릎 꿇은 정치인들, 언론 및 방송인들의 눈물을 얼마 전 목도했으니 세월호가 세상을 이겼고 구원한 것이 명백합니다.

5.

이렇듯 세월호는 인정하기 싫은 우리들 현주소, 이 땅의 현실을 드러냈습니다. 거짓된 실상을 덮고 감추고자 한 위정자들, 이들의 권력 욕심 탓에 세월호는 비방 받았고 조롱당했습니다. 경제, 거짓된 위로에 심취하여 자기밖에 모르던 우리들 삶이 폭로될까 두려워 우리들 역시 참사가 조속히 잊히길 바랐습니다. 이 땅의 종교가 얼마나 허울뿐인지도, 종교가 얼마나 아편처럼 역할했는가도 밝혀졌습니다. 관료, 행정가란 존재들이 얼마나 무책임한 존재들인지도 알게 되었지요. 이렇듯 세월호는 사회적 병폐를 파헤치고 우리들 양심을 찌르는 아픈 칼이 되었습니다. 그럴수록 세월호와 유족들은 비방 받는 표증으로서의 예수의 운명을 닮았습니다. 좋다, 평안하다, 문제없다던 이 땅, 대한민국의 적폐적 실상을 온 천하에 밝혔으니 거짓된 나라가 이들 유족들을 인격적으로 살해했습니다. 비난받고 조롱받았던 3년 남짓한 기간, 이들이 어떤 삶을 살았는지 어떻게 삶을 버텨왔는지 가늠할 수 없습니다. 분명한 것은 그 조롱과 비난

이 거짓된 위로를 벗겨내고 진실된 구원을 이 땅에 선물로 가져왔다는 사실입니다. 아이들 죽음과 유족들 고통이 너무 죄송스럽게도 우리에겐 위로이자 구원이며 축복이 되었습니다. 너무 죄송하나 동시에 너무 고맙습니다. 그래서 감히 말씀드립니다. 304명의 유족들이야 말로 새 세상을 위해 태어난 구세주입니다. 2017년 아기 예수를 인도하던 별이 이곳 안산 추모관 위에 멈춰 섰습니다. 만질 수는 없으나 유족들 가슴속에 품은 304명 아이들을 우리는 시므온의 마음으로 쳐다볼 것입니다. 유족들이 가슴에 묻은 아이들이 우리의 구원자가 될 것이고 그리되었다고. 저들이 우리 가슴을 아프게 하는 예리한 칼날이 되었기에 이 나라에 희망이 생겼고 구원의 길이 열렸습니다. 이제는 우리가 이들을 중히 여겨야 할 시점입니다. 2000년 이후 역사는 세월호 이전과 이후로 나뉠 것입니다. 이후(以後)의 역사를 세월호의 고통과 위로와 더불어 살아갈 책임이 우리에게 있습니다.

세월호는 우리 시대의 자화상이다

마태복음 16:1-4

바리새인과 사두개인들이 와서 예수를 시험하여 하늘로부터 오는 표적보이기를 청하니 예수께서 대답하여 이르시되 너희가 저녁에 하늘이 붉으면 날이 좋겠다 하고 아침에 하늘이 붉고 흐리면 오늘은 날이 궂겠다 하나니 너희가 날씨는 분별할 줄 알면서 시대의 표적은 분별할 수 없느냐 악하고 음란한 세대가 표적을 구하나 요나의 표적 밖에는 보여 줄 표적이 없느니라 하시고 그들을 떠나가시니라(마태복음 16:1-4).

강추위가 몰아치는 대한의 절기에도 세월호 광장을 지키는 선한 벗들이 있어 고맙고 감사합니다. 잊지 않겠노라 다짐했으나 일상을 살아야 하는 탓에 함께했던 우리들 발걸음이 뜸해졌기에 4.16 가족들에게 많이 미안합니다. 그럼에도 세월호 청문회를 통해 거짓과 변명을 일삼는 관계자들을 보면서 이 땅에는 탐욕스런 정권만 있을 뿐 운명공동체로서의 국가 부재를 재차 처절하게 확인했습니다. 하여 세월호 참사 2주기를 앞둔 지금 우리에겐 모든 것이 다시 의심스럽습니다. 그럴수록 진실을 덮고자 하는 국가 권력이 도대체 용서되질 않습니다. 이 정권 앞에 '독재'란 말이 붙어 다녀도 어색치 않을 만큼 자신들 권력을 위해 온갖 수단 방법을 동원하고 있습니다. 이들에게 민주화는 '종북'과 같고 약자에 대한 관심은 '좌빨'로 이해될 뿐입니다. 쌍용차, 용산, 밀양, 강정 그리고 세월호를 거쳐 노동법 개악에 이르기까지 국가 권력은 민중들에 대해 폭력집단이 되고 말았습니다. 이렇듯 역사를 후퇴시키면서도 뻔뻔스럽게 정권 연장을 위한 총선 승리에 목매고 있으니 이들 정치가 참으로 가증스럽습니다. 역사를 퇴행시키는 이들을 우리 시대의 '정신적 기형아'라 일컬어도 좋을 것입니다.

1.

지금 우환의식을 갖고 시대를 성찰하는 지식인들 중 몇몇은 이 정부가 영구집권을 목적한 수구세력들의 '신종 쿠데타'를 일으키는 중이라 하였습니다. 이것은 유사 파시즘으로서 백성들과 시민들을 이렇듯 반복되는 폭력에 무감각 내지 길들여지게 하는 방식이라 했습니다. 벌써 수차례 거듭되는 국가 폭력에 대해 사람들이 길들여져 있는 듯 보입니다. 불의에 대한 저항과 항거가 예전만 못하다는 이야기도 사실인 것 같습니다. 여기에는 시장 권력도 일조하는바, 경제적 위기감을 힘껏 부추겨 삶의 불안을 고조시킴으로 백성들의 생각을 움츠리게 만들었던 것이지요. 늘 그렇듯이 북한도, 분열된 무능한 야당도 이런 정세를 돕고 있으니 앞날이 참으로 걱정입니다. 분명한 것은 우리들 거룩한 분노가 표출되지 않을 시(時), 이들 수구세력들의 쿠데타는 금번 선거를 통해 금번 4월 총선에서 가시화될 수도 있겠습니다. 4.16 세월호 참사 2주기를 앞둔 시점에서 치러질 총선에서 수구세력들이 다시금 힘을 얻는다면 세월호 진실은 바닷속 깊은 곳에 영원히 묻혀 버릴 것입니다.

2.

세월호 참사 이후 우리 기독교인들은 본 사건이 옳게 해명되지 않는 한 이 땅의 미래는 없다고 단언하며 거리투쟁에 임했습니다. 세월호 사건이야말로 이 땅의 총체적 부실을 알리는 징표라 여겼기 때문입니다. 만약 이 말이 허언(虛言), 빈 소리가 아니었다면, 이를 영원히 기억할 것이라 약속했다면 우리 미래를 진실을 묻는 수구세력들에게 넘길 수는 없는 노릇입니다. 우리가 뜻을 찾는 기독교인들, 아니 생각하는 종교인들이라면 우리를 대표하겠다는 이들에게 명확하게, 정확히 물어야 옳습니다. 세월호를 잊고자 하는지, 아니면 그 진실을 죽을힘을 다해 파헤칠 것인지를. 한 번 가슴 아프고 말 것인지, 영원히 이런 사건을 만들지 않도록 할 것인지를, 대통령 안위에만 관심할 것이지 아니면 세월호 가족들의 아픔에 한발자국 더 다가설 것인지를 말입니다. 세월호 2주기와 시기적으로 맞물린 금번 총선에 세월호 진실이 다시금 이슈(Issue)가 되어야 옳습니다. 그래야 이 나라가 한 치라도 앞으로 나갈 수 있는 멋진 나라가 될 수 있습니다. 누구도 역사를 되돌리려는 쿠데타를 꿈꿀 수 없는 나라를 만들어야 하지 않겠습니까? 이는 정치적 편들기를 하자는 것이 아닙니다. 여야 막론하고 국회의원이란 그 삶의 자리가 권력이 아닌 백성들의 고통 한가운데 있어야 하기 때문입니다. 하여 세월호 가족들의 '곁'되고자 노력하는 영혼 있는 정치가들을 선택할 엄중한 과제가 우리들 몫이 되었음을 함께 다짐하십시다.

3.

이런 우리들 상황에 비추어 오늘의 성서 본문을 살펴봅니다. 앞서 부활 논쟁을 일으켰고 모세의 율법으로 예수를 시험했던 사두개파, 바리새파 사람들이 이제는 하늘의 징표를 보이라고 예수께 요구하고 있습니다. 예수가 하느님 아들을 자칭하는 까닭에 하늘로부터 왔다는 가시적 표징이 있어야 이를 믿겠다는 것이었습니다. 사실 예수가 행했던 기사 이적이 그간 적지 않았습니다. 뭇 병자를 고쳤고 5천 명을 먹였으며 물 위를 걸었던 이야기들이 이미 앞에 있었습니다. 그럼에도 그들은 하늘로부터의 표징을 여전히 억척스럽게 바라고 있습니다. 자신들 눈앞에서 재차 기사 이적을 행해 보라는 강요였습니다. 하지만 이렇듯 '하늘의 징표'를 바라는 이들에게 예수는 '시대의 징표'로서 맞섰습니다. 하늘로부터 표징을 구하는 현실을 '악하다'고 하면서 오히려 시대를 옳게 보라고 하였습니다. 하늘의 징표보다 중하고 귀한 것이 바로 누구나 경험할 수 있는 시대의 표증이라 여겼기 때문입니다. 하늘의 변화를 보고 그날의 날씨를 가늠할 수 있듯이 시대의 징표가 명백함에도 그를 보지 않고 헛된 것을 구하는 이들을 질책했습니다. 이로써 예수를 올무에 빠뜨

리려 했던 이들은 이전처럼 예수에 의해 할 말을 잃고 말았습니다. 부활을 논쟁거리로 삼는 이들에게 하느님이 죽은 자가 아닌 산자의 하느님을 말하였듯, 모세의 십계명을 들이댄 이들에게 사람을 사랑하는 것이 하느님을 사랑하는 것이라 답했듯이 예수는 시대의 징표를 하늘의 징표라 여기며 시대를 옳게 보는 것의 중요성을 역설한 것입니다.

4.

오늘 우리가 살고 있는 세상도 마찬가지입니다. 정치와 종교가 우리들 현실을 빼앗고 있는 탓입니다. 정부는 장밋빛 미래의 청사진을 알 수 없는 수치로 제시하며 종교들 역시 죽은 이후 천국행을 소망하라고 가르치고 있습니다. 곳곳에서 모든 이들이 고통받으며 신음하고 있는데 미래를 위한 고통이니 참으라 했고 내세의 축복을 위해 이 땅의 현실을 감내하라는 말뿐입니다. 저 깊은 바닷속에 아직 '사람이 있음'에도 말입니다. 이 땅의 정치와 종교가 저마다 아픈 시대의 징조 대신 먼 미래, 하늘의 징표를 쏟아 놓고 있습니다. 동성애자와 이슬람을 자신들 최대의 적이라 말하는 것도 같은 이유입니다. 타자를 희생시켜 자신의 잘못을 감추고자 할 뿐입니다. 이 점에서 세월호 가족들을 향해 자녀들이 천국에 갔으니 잠잠할 것을 요구하는 교회들이나 허울 좋은 보상금으로 이들 가족들의 입을 막고자 했던 정부는 너무도 빼닮았습니다. 세월호 참사가 이 시대의 징표이자 이 땅의 실상인 것을 애써 외면하고 부정하려던 결과입니다. 하늘의 붉고 흐린 것이 비올 것의 징조였듯 세월호 참사가 명백한 시대의 징표였건만, 권력자들은 지금 당시의 사람들처럼 하늘의 표징을 앞세워 시대의 고통을 덮고, 묻고자 할 뿐입니다.

5.

이렇듯 시대의 징조에는 눈감고 하늘의 징표를 요구하는 현실을 예수는 악하고 음란하다 여겼습니다. 있는 그대로의 현실을 정직하게 살피지 않는 정치가, 종교지도자들을 향한 예수의 분노가 하늘에 닿았던 것입니다. 그렇기에 예수는 하늘의 징조를 보려는 이들에게 요나의 표징밖에 줄 것이 없다고 단언했습니다. 예수가 말한 요나의 표징이란 무엇을 말하는 것일까요? 자신의 시대를 요나의 사건으로 진단했던 예수의 의도가 궁금합니다. 그것은 피리를 불어도 춤추지 않고 고통 하는 이들과 더불어 눈물을 흘리지 못하는 연민의 부재, 공감력이 실종된 사회에 대한 예수의 질타이자 분노라 하겠습니다. 따라서 요나의 징표란 니느웨성 사람들을 향한 하느님의 연민을 뿌리치고 그들의 구원을 내쳐버린 요나, 그래서 고래 뱃속에서 삶과 죽음의 기로에 서 있던 정황을 일컫습니다. 요나는 자신의 편견과 판단으로 하느님 사랑과 연민을 부정했던 사람이었습니다. 유대적 우월의식 속에서 니느웨 사람들이 멸망하기만을 바랐던 것입니다. 함께 살기를 바랐던 하느님 뜻을 스스로 저버렸기 때문입니다. 공감력을 잃은 우리 사회도 고래 뱃속의 요나처럼 풍전등화의 위험사회가 되었습니다. 함께 울고 웃을 수 없는 사회가 되었으니 이 땅이 한 치의 미래도 예견할 수 없을 만큼 불행해졌습니다. 불행하게도 여성 대통령 박근혜가 옛적 요나를 닮은 탓입니다. 바닥짐 한 번 제대로 져본 적 없었기에 세월호 가족들의 고통에 연민과 공감을 표할 수 없었습니다. 진박, 친박 싸움을 하는 정치가들 역시 한 여인만을 쳐다보며 이 땅을 위험사회로 만들고 있는 중입니다. 세월호 조사위원들마저 국민이 명한 책무를 방기하고 선거판에 뛰어들었습니다. 이들에게 세월호는 결코 시대의 징조가 아니었습니다. 참사를 사건으로 키운 것도, 이를 지우고자 하는 것도 권력 유지를 위한 것이었습니다. 따라서 이들 모두는 고통에 둔감한 정신적 기형이라 할 것입니다. 삶이 아닌 죽음의 본능(타나토스)으로 시대를 퇴행시키는 시대의 패륜아라 불러도 좋겠습니다. 민주화를 위해 자기 생명 바친 이들이 부지기수임에도 영구 집권을 위해 신종 쿠데타를 꾀하고 있으니 기막힌 노릇입니다. 민족의 자존심을 미국과 일본에 바치면서 이 땅의 백성을 돈과 권력으로 길들이려는 유사 파시즘의 망령이 2016년 이 땅을 가득 메울 것 같습니다. 총선에 이르기까지 국가적 폭력에 익숙해지기만을 바라며 자신들 폭력의 강도를 높여갈 것입니다. 백성들에게 희망이 아닌 절망을 떠넘기면서 말입니다. 그럴수록 우리의 할 일은 절망감과 맞서는 일입니다. 사람들 모두가 폭력에 길들여질지라도 우리 기독교인들은 세상과 맞서야 하겠습니다. 지난 연말 기독교 단체가 주관한 한 성탄예배에서 '두려워 말라, 내가 세상을 이겼다'는 예수의 말씀을 찾아 읽고 힘을 얻지 않았습니까?

6.

　세월호는 우리 시대의 징표이자 표증입니다. 그것이 이 땅의 총체적 부실 또는 사람의 생명을 하찮게 여기는 권력의 실상을 폭로했다고 믿는다면 이 정권에게 우리 미래를 맡길 수는 없는 노릇입니다. 세월호 참사를 잊지 않겠다는 우리의 다짐은 금번 총선을 통해 그 의지가 표출되어야 할 것입니다. 세월호 진실을 묻은 채 정권을 달라는 이들을 우리는 용서할 수 없습니다. 이에 세월호 가족들을 대신해 40일을 금식했고 세월호 관련 책자를 펴낸 에큐메니칼 단체인 생명평화마당은 총선을 통해 진실이 밝혀지고 이 땅의 미래가 밝아질 수 있도록 세월호 가족들, 시민단체들과 더불어 힘껏 노력할 것입니다. 이 예배에 참석하신 모든 분들 역시 힘을 보태주십시오. 우리들 뜨거운 가슴이 대한 추위를 녹여냈듯이 진실을 향한 열정이 수구세력들의 시대 퇴행적인 변종 쿠데타를 저지할 수 있을 것입니다.

시대를 향한 예수의 불편한 지적질, 그것이 사회적 영성이다

누가복음 2:22-33, 고린도전서 15:12-16

그리스도께서 죽은 자 가운데서 다시 살아나셨다 전파되었거늘 너희 중에서 어떤 사람들은 어찌하여 죽은 자 가운데서 부활이 없다 하느냐 만일 죽은 자의 부활이 없으면 그리스도도 다시 살아나지 못하셨으리라 그리스도께서 만일 다시 살아나지 못하셨으면 우리가 전파하는 것도 헛것이요 또 너희 믿음도 헛 것이며 또 우리가 하나님의 거짓 증인으로 발견되리니 우리가 하나님이 그리 스도를 다시 살리셨다고 증언하였음이라 만일 죽은 자가 다시 살아나는 일이 없으면 하나님이 그리스도를 다시 살리지 아니하셨으리라 만일 죽은 자가 다 시 살아나는 일이 없으면 그리스도도 다시 살아나신 일이 없었을 터이요(고린 도전서 15: 12-16).

종교개혁 500주년과 대선이 중첩된 2017년을 사는 우리 기독교 인들의 마음이 참으로 무겁습니다. 성공신화에 도취되어 예수의 삶 을 잊었고 촛불 민심과도 불통했으며 예수 팔아 돈과 권력을 탐하 는 한국교회 민낯을 세상도 알고 우리도 알기 때문입니다. 태극기 와 십자가, 심지어 성조기까지 들고 나와 탄핵 반대 외치는 다수가 대형교회 성도들이라 하니 시대의 징조와 왜 이렇듯 역행하는지 묻고 싶습니다. 사순절이 시작되는 지금 세월호 3주기와 겹치는 금번 부활절 예배에서 세월호 참사를 일체 거론 않기로 했다는 최근 교계 보도는 기독교의 끝을 보여줍니다. 세월호는 물론 탄핵정국, 종교개혁 500주년, 이 모든 것이 지엽, 말단적이기에 오로지 부활만을 선포하기로 했답니다. 아마도 그들에겐 교리로서의 부활, 죽음 이후의 부활만이 중요할 뿐 지금 이곳에서 '삶 속의 부활'은 생각조차 없는듯합니다. 오늘 본문은 우리가 다시 살지 못하면 예수의 부활도 없다고 단언했습니다. 부활신앙이 본래 생물학적 죽음(sterben)에 대한 반대개념이 아니라 총체적인 사회적 죽음(Tod)에 대한 저항인 것을 기억해야 옳습니다.

1.

교회 사랑이 남달랐던 老신학자 존 캅의 책『영적 파산』을 접해 읽었습니다. 이 땅 교회들은 미국 교회를 힘써 배우려 하지만 평생 교회를 사랑하며 신학 했던 老신학자의 눈에 정작 미국교회는 '영적 파산'상태로 보였습니다. 축복, 나아가 심리, 상담이란 이름으로 교회가 사적 개인의 문제만 관심한 채 공론의 장인 사회를 망각했기 때문입니다. 모두가 상호 연결된 장(場)에서 공존하나 모래알처럼 흩어진 개인들만을 관심, 주목하는 현실에 대한 절망입니다. 여기서 우리는 '영적 파산'의 뜻을 다음 세 차원에서 풀어 생각할 수 있습니다. 영적으로 파산된 한국교회의 실상을 적실하게 표현하고 인지하기 위함입니다. 시대(역사)의 징조와 자연을 보며 하느님 깨닫기를 바랐던 예수와 그의 마음을 잊었으니 '영적 치매'이고 하느님을 교회 속에 가뒀으니 '영적 자폐'일 것이며 그 하느님 이름으로 권력, 명예, 돈을 탐했으니 '영적 방종'이라 할 것인바, 이 셋이 '영적 파산'의 실상이자 내용입니다. 아직도 다수 대형교회들은 이런 자화상에 아픔을 느끼기보다 불황속 헌금 감소를 더 중시하고 있으니 누가 교회가 주는 물을 선뜻 마시려 하겠습니까? 고통 하는 현장 곳곳에서 '곁'이 되고자 힘썼던 '작은교회'들 덕에 세상은 아직도 교회를 바라보고 있습니다. 사순절 절기에 탄핵 정국하의 교회들은 이런 '불편한 지적질'을 인내하며 아프게 받아야 할 것입니다.

2.

종종 잊고 있으나 교회 개혁과 세상 개혁은 동전의 양면처럼 언제나 공존해야 옳습니다. 우리는 흔히 초대교회로 돌아갈 것을 열망합니다. 그러자면 근대의 산물인 개신교회와 중세의 가톨릭교회를 거슬러 올라가야만 할 것입니다. 근대 개신교가 세상 권력을 움켜진 중세교회를 비판한 것은 잘한 일이었습니다. 교회가 세상권력을 능가하는 정치제도가 될 수 없는 까닭입니다. 하지만 루터의 '두 왕국' 설을 근거로 정교(政敎)분리를 선언한 개신교는 탈(脫)정치화되고 말았습니다. 로마서 13장을 오독함으로 국가(정치) 잘못을 비판할 수 없었고 오히려 권력에 편승했습니다. 히틀러 정권 당시 그에 동조한 독일교회들이 바로 그 역사적 실상입니다. 탄핵 반대를 지지하는 대형교회 목사들 역시 '두 왕국'설의 신봉자로서 정교분리. 영육 분리의 희생양들이라 하겠습니다. 하지만 우리가 열망하는 초대교회는 매우 다양했으나 '복음의 정치학'을 공통의 과제로 여겼습니다. 로마제국 치하에 머물면서도 그와는 다른 세상을 만들고자 힘썼던 까닭입니다. 하여 그들에겐 세상 안에 있으나 세상 밖을 상상하는 힘이 있었습니다. 그것이 신앙이었고 그것으로 하늘나라를 줄곧 바랐습니다. 죽어서 가는 공간이 아니라 그것을 지금 여기서 가시(구체)화하고자 했습니다. 성서에 언급된 하느님 나라 비유들 역시 거지반 체제 밖의 이야기들입니다. 어느 때에 일하러 오든지 동일 품삯을 준 포도원 주인 이야기, 되갚을 능력이 없는 자들을 초청하여 잔치를 벌이자는 주인의 제안, 이것이 예수의 하느님 나라 비유였습니다. 예나 지금이나 이것은 감당키 어려운 말씀입니다. 하지만 이렇듯 낯선 것을 상상하여 삶 자체를 달리 만들라는 것이 바로 '복음의 정치학'이었습니다. 겨자씨의 빠른 성장으로 주변이 감내할 수 없을 만큼 불편해지듯이 기존 체제를 흔들어 그를 힘겹게 만들라고도 했습니다. 그렇기에 초대교회로의 열망은 기존 체제를 향한 '불편한 지적질'과 맥을 같이합니다. 아마도 예언자란 불편한 지적질에 능한 사람일 것이고 그것을 고상하게 사회적 영성이라 일컬어도 좋을 것입니다. 그럴수록 박근혜-최순실의 국정농단으로 국격(國格)이 무너지고 '헬조선'이 되는 현실에서 촛불 민심에 반(反)하는 교회 꼴이 우습고 비참합니다.

3.

탄생한 예수를 품에 안고서 늙은 현자 시므온은 아주 감격해했습니다. 이스라엘을 위로할 자가 태어났으니 죽어도 여한이 없다고 했습니다. 예수를 보며 하느님께 주님의 구원을 보았다고도 말하였습니다. 그러나 정작 그 어머니인 마리아를 향해 험한 말을 쏟아 놓았습니다. 이 아이가 이스라엘 민족에게 '비방받는 표증'이 될 것이라고 말입니다. 앞서 말한 이스라엘 구원자란 기대와 '비방받는 표증'이란 말이 상호 모순되는 것 같습니다. 이어진 마지막 글에서 그 의미가 분명해집니다. 예수께서 이스라엘 사람들 마음을 칼로 찌르듯 아프게 해서 그들 숨은 생각들을 노출시키고 그 공간을 전혀 다른 생각으로 채울 것이라 한 것입니다. 민족의 구원을 갈망했던 老현자는 예수의 삶을 정말 옳게 예견했습니다. 예수가 세상의 걸림돌이 될 것을 꿰뚫어 본 것입니다. 이것은 성령으로 예수를 잉태한 마리아가 자기 인생을 복되다 여기며 불렀던 찬가의 내용과도 맥이 같습니다. "제왕들을 권자에서 끌어 내리고 비천한 자를 높였다. 주린 사람을 배부르게 하고 부한 사람을 빈손 되게 했다." 한마디로 예수의 3년 공생애는 시대를 향한 '불편한 지적질'로 점철될 것이란 예언이었습니다. 예수야말로 '불편한 지적질'을 자기 사명으로 여길 존재라는 것입니다. 성전 안팎의 구분을 폐했고 안식일과 일상의 구별을 없이했으며 유대인/이방인의 간격을 소멸했으니 그는 비방 받을 수밖에 없었습니다. 사람대접 받지 못한 당대의 흙수저, 무(無)수저(암하렛츠)들을 하느님 아들이라 불렀기에 정치, 종교적 기득권자들이 그를 불편해했고 용납할 수 없었던 것입니다. 새로운 세상을 품고 보았기에 그에게 있는 그대로의 현실은 용납되지 않았습니다. "하느님이 일하시니 나도 일한다"라는 말은 하느님의 마음으로 세상을 보고 달리 만들겠다는 예수의 자기 선언일 것입니다. 그래서 그가 말할 때마다 사람들 마음이 크게 아팠습니다. 그들 속 허망한 욕심, 알량한 기득권을 노출했기 때문입니다. 간음한 여인을 향해 "죄 없는 자가 먼저 돌로 치라" 했으니 누가 감히 돌을 들 수 있었겠습니까? 그렇기에 그는 '비방 받은 표증'이었고 급기야 하느님 나라 열정 탓에 그들 손에 죽고 말았습니다. 이런 예수를 볼 때 우리들 무사 안일함이 많이 부끄럽습니다. 예수가 꿈꾼 세상에 둔감한 채 오히려 그 이름을 헛되이 부르며 자기 살길만 찾는 까닭입니다. 예수의 하느님 나라는 세상을 향한 '불편한 지적질'을 통해 실현될 수 있음을 사순절 절기가 일깨웁니다. '헬 조선'을 만든 위정자들에 대해, 박근혜-최순실 농단으로 국격이 상실된 이 나라를 향해 맘껏 지적질을 하라 명하고 있습니다. 이런 '불편한 지적질'이야말로 체제 밖 사유에서 비롯한 사회적 영성의 실상인 탓입니다.

4.

이제 이 민족을 위한 하느님 구원의 때가 이르렀습니다. 박근혜 정권에 대한 탄핵이 막바지에 이르렀고 대선을 향한 발걸음이 분주해 졌습니다. 새로운 기준으로 새 대통령을 뽑아야 할 절대적 책무가 우리들에게 있습니다. 앞선 두 차례 대통령 선거를 치르면서 우리 교회는 큰 잘못과 실수를 범했습니다. 대형교회들은 장로 대통령 만들고자 선동했고 자신들 기득권 지키려 박근혜 현 정권을 탄생시켰던 까닭입니다. 이것 자체가 한국교회가 자초한 영적 파산의 실상이라 할 것입니다. 지난 10년간 이들의 행악은 놀라울 정도였습니다. 4대강 사업과 자원외교를 통해 엄청난 빚을 남겼고 대한민국을 절망의 나락에 빠트렸던 것입니다. 국가와 국민을 상대로 사익을 추구한 흔적들이 도처에서 밝혀지지 않았습니까? 그럼에도 정신 못 차리고 태극기를 흔들며 종북/좌빨 이념 부추기는 기독교 지도자들의 허언(虛言)과 망언이 지속되니 제대로 된 지적질이 더없이 필요합니다. 그들에게 혹독하게 비방 받을지라도 예수 제자인 우리는 시대를 위해, 민족의 앞날을 위해 예수처럼 비방 받는 자의 표증이 되어야만 합니다. 그것은 민족을 구하는 길로서 2017년 기독교인들이 사는 방식이자 살아야 될 이유일 것입니다. 우리들의 '불편한 지적질'은 대선 후보자들을 향해서도 멈출 수 없습니다. 국격을 회복하고 '헬조선'을 치유할 수 있는 머슴을 찾기 위해 백 번 죽고 천 번 고통받는(百死千難) 수고를 감당하십시다. 후보자들의 정책을 성서적 시각에서 묻고 또 물어 그들 숨은 생각을 만천하에 드러내십시다. 3.1 독립선언서가 말하듯 도의(道義), 곧 정의의 시대를 열어젖혀 정권교체 이상의 국민주권 시대를 이루기 위해서 말입니다. 이런 책무는 사순절을 맞는 기독인에게 있어서 사회적 영성의 차원입니다. 더 이상 상전을 부러워 말고 노예처럼 살지도 맙시다. 권력자들, 법조인, 정치가들이 얼마나 하찮은 존재였는지 여실히 경험하지 않았습니까? 국민주권, 신앙주권의 힘으로 사악한 정치가, 종교인들을 추려냅시다. 기름진 성직자들의 감언이설에 결코 속지도 마십시다. '비방 받는 표증'으로서의 예수 삶에 근거하여 정직하게 움직이는 만큼 세상은 달라질 것입니다. 바로 이것이 우리들 부활 없이 예수의 부활도 없다는 성서의 본뜻일 수도 있겠습니다. 엠마오 도상에서 방향을 바꾼 제자들이 있었기에 세상이 달라졌으며 예수 부활이 확연해졌던 것을 기억하십시다. 전혀 다른 세상, 체제 밖을 향한 꿈을 꾸면서 교회와 사회를 향해 우리들의 '불편한 지적질'을 멈추지 맙시다. 기독교 신앙을 개인적 취향으로 삼지말고 민족에게 위로와 구원을 선사할 힘이라 여깁시다. 정치개혁과 종교개혁을 함께 이루라는 하늘의 뜻이 2017년 대선을 앞둔 이 땅의 기독교인들에게 강력하게 임재하고 있습니다. 2017년 사순절 절기에 민족의 앞날을 위해 기꺼이 비방 받는 존재가 될 것을 결단하십시다. 우리들 불편한 지적질이 이 땅을 구원의 땅으로 만들 것이기에 말입니다.

팽목항에서 읽는 로마서

로마서 3:10-18, 4:17-21

기록된 바 의인은 없나니 하나도 없으며 깨닫는 자도 없고 하나님을 찾는 자도 없고 다 치우쳐 함께 무익하게 되고 선을 행하는 자는 없나니 하나도 없도다 그들의 목구멍은 열린 무덤이요 그 혀로는 속임을 일삼으며 그 입술에는 독사의 독이 있고 그 입에는 저주와 악독이 가득하고 그 발은 피 흘리는 데 빠른지라 파멸과 고생이 그 길에 있어 평강의 길을 알지 못하였고 그들의 눈 앞에 하나님을 두려워함이 없느니라 함과 같으니라(로마서 3:10-18).

성탄절을 열흘 앞둔 대림의 절기에 팽목항의 어머님들을 찾았습니다. 잊히는 것을 제일 두려워하면서도 사람들 시야에서 멀어진 사건 현장을 외롭게 지켰던 분들입니다. 자식들의 주검을 손수 거둬주려는 간절한 마음을 갖고 오로지 세월호 인양만을 기다렸던 어머니들, 세 번째 겨울을 맞는 지금까지 이곳에서 천 번의 낮과 밤을 지나야 했습니다. 실종자 가족이 아니라 세월호 유족으로 불리기만을 소원하며 자신의 중병을 숨기고 수술을 미룬 채 남겨진 자식의 흔적을 기다리는 어머니들의 마음이 2016년, 아기 예수가 태어날 말구유가 될 것입니다. 지금 이 땅에서 가장 낮고 슬픈 곳이 바로 팽목항을 지켜온 어머니 마음인 까닭입니다.

1.

대통령 탄핵 후 맞았던 7차 촛불집회에서 광장에 모인 사람들 모두는 정확히 7시에 촛불을 껐고 함께 미수습된 9명의 이름을 불렀습니다. 앞뒤 좌우의 사람들 모두가 마음 아파 흐느꼈고 정부에 분노하며 대통령의 하야를 목청껏 외쳤습니다. 촛불집회를 마친 후 집에서 보았던 SBS 방송은 더욱 팽목항의 어머니를 생각토록 했습니다. 뭔가를 숨겼기에 화물칸 수색을 금지했던 해경과 국정원의 민낯이 드러났던 탓입니다. 배가 뒤집혀 바닥의 화물칸이 천장이 되었을 때 최후까지 공기를 품었던 그곳으로 사투 끝에 도달한 사람들이 더러 있었을 것입니다. 민간 잠수사들이 힘써 그곳을 탐색코자 했으나 해경은 허락지 않았습니다. 살아있는 아이들을 구하지 않은 것으로도 모자라 시신조차 가족에게 돌려보낼 생각이 없었다는 생각에 분노가 치밉니다. 그렇기에 본 방송은 애초 계획에 없었던 수십 개의 구멍을 뚫어 화물칸의 비밀스런 것을 옮기느라 인양이 미뤄졌을 것을 의심하였습니다. 비용을 이유로 중국 회사에게 인양을 맡긴 것도, 밤에만 작업하는 이유도, 무엇 탓에 민간 잠수사가 죽었는지도, 왜 세월호만이 그 난기류를 뚫고 출항했어야 했는지도 방송은 앞으로 밝힐 것이라 했습니다.

2.

그렇습니다. 대통령 탄핵을 지켜보던 40여 명의 세월호 유족들이 기뻐 눈물 흘리며 얼싸안았던 것도 어둠이 빛을 이길 수 없는 현실을 마침내 목도하게 된 탓입니다. 얼마나 기다렸던 일이겠습니까? 얼마나 많은 눈물을 흘렸던 결과일까요? 하늘을 향한 원망과 기도 역시 헤아릴 수 없을 만큼 많았겠지요. 별별 험한 말을 듣고 삼켰어야 했기에 어머니들 마음은 지금 너무도 시커멓게 타버렸을 것입니다. 사실 대통령 탄핵에 이르는 6차에 걸친 촛불은 세월호 가족들의 모진 싸움이 없었더라면 켜질 수 없었습니다. 이들의 희생과 고통이 오늘의 촛불을 점화시켰습니다. 이에 백남기 농민의 억울한 죽음이 더해져 오늘의 국민주권 시대가 열린 것이라 믿습니다. 그래서 우리는 세월호 가족들이 이 땅을 살렸다고 고백해야 옳습니다. 안산, 팽목항 그리고 광화문을 오가며 '진실' 하나만을 외쳤던 이들로 인해 우리들 정신이 깨어났고 현실을 옳게 볼 수 있는 눈을 뜨게 된 까닭입니다. 이들이 없었다면 박근혜-최순실의 적폐를 보고도 이처럼 용기를 내지 못했을 것입니다. 그들의 고통으로 우리가 힘을 받고 구원을 얻었으니 참으로 고맙고 감사합니다. 아기 예수를 잉태한 마리아의 자궁처럼 시커멓게 타버린 안산 어머니들의 가슴팍이 이 시대를 위해 예수가 임하고 거할 공간이 되었습니다.

3.

　하지만 사악한 대통령 박근혜를 보십시오. 탄핵 직전 마지막 권한으로 그녀는 자신을 보호할 새 민정수석을 임명했습니다. 그가 바로 세월호 특조위의 불법성을 주장하며 부위원장 자리를 박차고 나간 조대환이란 자였으니 이는 유족들 가슴에 재차 대못을 내리친 것입니다. 민족에게 희망을 선사하는 아기 예수의 탄생 처인 어머니 가슴에 대못을 박았으니 박근혜는 메시아를 죽이려 했던 당시 헤롯왕을 빼닮았습니다. 17~8세의 미숙한 소녀로 성장이 멈춰있는 박근혜의 머릿속엔 국민은 없고 온통 자기 살 궁리만 있습니다. 조대환이란 이름 앞에서 세월호 가족들 그리고 수백만의 촛불은 대통령 박근혜를 완전히 버렸습니다. 옛적 故 노무현 님에게 내뱉었던 '나쁜' 대통령이란 말이 수백 배의 강도(强度)로 이제 그녀에게 되돌려지고 있습니다. 중고생은 물론 초등학생조차 그의 하야를 말하고 하옥시키라 노래하는 지경에 이르렀기 때문입니다. 정치도, 양심도 실종시킨 채 오로지 법을 앞세워, 그것도 법 정신을 헌신짝처럼 버리고 메말라 빠진 자구(字句)에 매달린 채로 온갖 거짓을 일삼고 있기에 그가 청와대에 머물수록 이 땅의 미래는 없습니다. 그렇기에 그녀가 믿는 법 그리고 이 법을 악하게 사용하는 기득권자들—헌법재판소장, 대통령대행 그리고 정무수석—을 향해 우리들 촛불을 일층 드높여야만 합니다. 다가올 성탄, 아기 예수의 밝은 빛이 촛불과 합세하여 법 너머의 세계, 하느님 의(義)가 드러나는 2017년의 새 세상을 우리 민족에게 선사할 때까지 말입니다.

4.

이렇듯 수백만의 촛불을 잉태한 팽목항의 어머니 가슴팍에 대못을 박는 현실에서 오늘 두 곳의 본문이 큰 의미로 다가옵니다. 3장의 말씀은 율법지상주의에 빠진 자들에 대한 바울의 진단이자 경고이며 4장 본문은 믿음으로 새로운 역사가 시작될 것을 알리는 내용입니다. 여기서 율법은 이 시대의 위정자들이 말하는 법과 다르지 않습니다. 그 속에 담긴 하느님 마음은 잊고 기득권 유지 수단이 된 율법은 강자들을 위해 봉사하는 우리 시대의 법과 같습니다. 예나 지금이나 법을 말하는 자들의 목구멍은 열린 무덤처럼 독설로 가득 차 있습니다. 말하는 것마다 거짓이며 남에게 무거운 짐 지우고 자기 살길만 모색합니다. 이들은 평화를 위해 일하지 않고 곁길, 권력과 사욕만을 탐할 뿐입니다. 법을 내세우나 정작 양심과 하느님을 두려워할 줄 모릅니다. 이들이 가는 길은 그래서 파멸뿐이라 했습니다. 법의 이름으로 거짓을 감췄고 법을 지킨다는 명목으로 빠져나갈 구멍들을 만들어 놓기 때문입니다. 이 땅의 국격을 이처럼 초라하게 만든 이들도 대부분 법을 다루는 율사 출신 정치인들입니다. 김기춘, 우병우, 이정현들이 바로 그런 존재들 아니겠습니까? 거짓을 감추고 보호한 대가로 그들이 누린 혜택은 실상 백성들의 누혈(漏血)이었습니다. 이렇듯 법이 지배하는 세상은 더 이상 우리 미래를 옳게 만들 수 없습니다. 이들은 약자의 눈물을 결코 멈추지 못하며 백성들을 지켜줄 수 없습니다. 그래서 성서는 법(율법)으로는 새로운 세상을 만들 수 없다고 말합니다.

5.

그렇기에 로마서 4장에서는 법 대신 하느님 의(義)가 다스리는 새로운 세상이 존재함을 천명합니다. 희망이 사라진 때라도 믿음으로 원하는 실상을 만들어 낼 수 있다는 것입니다. 아브라함과 그의 아내는 태(胎)가 말라 더 이상 후손을 기대할 수 없는 백세의 나이가 되어서도 민족의 어버이가 될 것이란 하느님 약속을 굳게 믿었습니다. 육체적으론 후손을 볼 수 없는 형편이었으나 '복의 근원'이 될 것이란 하느님의 약속을 믿은 것입니다. 다른 세상이 올 것이란 이 믿음을 하느님께서 아름답게 보았습니다. 절망적 현실에서 체제 밖의 다른 세상을 꿈꾸는 일은 결코 쉽지 않습니다. 세월호 진실 규명도 그런 유형의 일이었습니다. 특조위도 무산되었고 세월호 인양의 지연으로 증거도 인멸되었다 여겼습니다. 사람들 기억에서 멀어져갔고 새누리당에게 차기 대권이 넘어갈 수도 있는 정황이었습니다. 그러나 자식 잃은 부모는 "어둠이 빛을 이길 수 없다"라고 믿고 율법처럼 화석화된 법조인(정치인)들과 투쟁했습니다. 아이들 죽음을 헛되이 않겠다는 다짐만으로 천일에 달하는 긴 시간을 견뎠습니다. 이들로부터 새로운 대한민국이 시작되었습니다. 거짓으로 진실을 덮을 수 없는 세상을 만들어 낸 것입니다. 그러고 보니 세월호 가족들이야말로 아브라함의 후손들로서 믿음의 계보를 잇고 있습니다. 교회 안에 머물며 율법의 잣대로 유족들을 폄하하던 소위 신앙인들이 아니라 세월호 가족들이 바로 성서가 말하는 믿음의 사람들, 즉 복의 근원이 된 것입니다. 우리들 앞날이 세월호 가족들의 믿음 덕분인 것을 크게 감사하십시다. 이들의 믿음이 법을 무력화시켰습니다. 아무리 대통령이 청와대에 머물며 법적 다툼을 불사한들 어둠을 몰아내는 유족들의 믿음을 당해낼 재간이 없을 것입니다. 더 이상 백성들을 괴롭히지 않기를 바라며 무릎 꿇고 그곳에서 기어 나올 때가 곧 이를 것입니다. 세월호 가족 여러분들이 모진 고통 속에서도 '복의 근원'이 되어 주신 것을 기독교인의 이름으로 감사드립니다.

6.

그럼에도 팽목항의 찬바람을 맞으며 또한 겨울을 보내셔야 할 9분의 가족을 또 다시 생각합니다. 수백만의 촛불과 성탄의 빛 그리고 2017년 새해의 기운이 이들 미수습자 가족을 유족으로 만들 것을 믿습니다. 하지만 이 믿음은 이곳에 있는 가족들뿐 아니라 우리들 몫이 되었습니다. 이 믿음을 팽목항 어머니께 전하기 위하여 우리가 온 것입니다. 이제 우리 소리쳐 보십시다. 저 깊은 바다의 세월호 속에 있는 이들, 그들이 들을 수 있도록 함께 소리쳐 보십시다. 이제 곧 가족 곁으로 돌아오라고 말입니다. 남철현, 조은화, 함지현, 허다운, 고창석, 양승철, 권재근 이명수 그리고 어린 혁규를 목 놓아 불러봅니다!

참으로 그가 하느님 아들이었다!

마가복음 15:33-41

제육시가 되매 온 땅에 어둠이 임하여 제구시까지 계속하더니 제구시에 예수께서 크게 소리 지르시되 엘리 엘리 라마 사박다니 하시니 이를 번역하면 나의 하나님, 나의 하나님 어찌하여 나를 버리셨나이까 하는 뜻이라 곁에 섰던 자 중 어떤 이들이 듣고 이르되 보라 엘리야를 부른다 하고 한 사람이 달려가서 해면에 신 포도주를 적시어 갈대에 꿰어 마시게 하고 이르되 가만 두라 엘리야가 와서 그를 내려 주나 보자 하더라 예수께서 큰 소리를 지르시고 숨지시니라 이에 성소 휘장이 위로부터 아래까지 찢어져 둘이 되니라 예수를 향하여 섰던 백부장이 그렇게 숨지심을 보고 이르되 이 사람은 진실로 하나님의 아들이었도다 하더라 멀리서 바라보는 여자들도 있었는데 그 중에 막달라 마리아와 또 작은 야고보와 요셉의 어머니 마리아와 또 살로메 이들은 예수께서 갈릴리에 계실 때에 따르며 섬기던 자들이요 또 이 외에 예수와 함께 예루살렘에 올라온 여자들도 많이 있었더라(마가복음 15:33-41).

세월호 선체가 조금씩 움직이고 있다는 소식을 듣습니다. 하여 세월호광장이 외롭지 않게 되었습니다. 미수습자 가족들이 유족이 될 수 있다는 기쁨 아닌 기쁨에 가슴이 설레기도 합니다. 그럴수록 사회적 무관심 속에서도 외로웠던 광장을 지켜준 숨은 의인들이 많이 고맙습니다. 사실 지난 총선의 결과를 생각하며 안도의 한숨을 내쉰 적도 많았습니다. 총선 결과는 세월호 진실을 밝히라는 하늘의 명령이자 민심의 표현이었습니다. 그렇기에 이 순간까지 우리 기독교인들은 잊으라, 그만하라 말하는 이들에게 저항했고 잊히기를 두려워하는 유족들과는 끝까지 공감하면서 세월호 광장을 지켰습니다. 땡볕을 맞으며 광장에서 소리쳐 서명을 받으셨던 분들, 리본을 만들기 위해 늦은 밤에도 불을 밝혔던 분들, 광장을 찾는 이에게 커피 한 잔 대접할 목적으로 긴 세월 천막을 지켰던 카페지기들의 노고가 컸습니다. 이들이야말로 그리스도의 남은 고난을 채웠던 거룩한 존재들입니다. 조만간 세월호가 인양되고 진실이 밝혀진다면 그것은 오로지 하늘 향한 유족들의 절규와 그 곁에 머물러 공감을 표했던 여러분들의 덕분입니다.

1.

오늘 저는 광장 천막 교회가 주관하는 '시대를 공감하는 목요예배'에 설교자가 되었습니다. 자격이 없음에도 여러분들께 감사하고픈 심정으로 용기를 낸 것입니다. 그간 목요일마다 이 아픈 공간이 그리스도의 말씀, 사랑으로 많이 치유를 받았습니다. '우는 자 곁에서 함께 우는 것', 공감만으로도 우리 역할의 절반은 감당한 것입니다. 시대의 아픔을 함께 느끼는 일, 공감, 그것만으로도 세상은 달라질 수 있습니다. 공감의 다른 말로 '역지사지'(易地思之)란 것도 있습니다. 서로 상대방의 입장이 되어 살아내라는 것입니다. 고통받는 인간을 위해 하느님도 인간이 되었듯이 말입니다. 인간이 되지 않고서는 신(神)도 인간을 구원할 수 없었던 것이지요. 우리가 그(예수)의 제자라 한다면 역지사지의 신비가 언제든 우리의 몫이 되어야 옳습니다. 그렇기에 우리들 옷깃에 달린 노란 리본은 성육신의 신비를 재현하는 선한 사마리안의 징표입니다. 시대를 공감하는 예수 제자 됨의 표증인 것이겠지요. 세월호 진실이 모두 밝혀질 때까지 팽목항을 대신한 광화문광장의 신학적 상징성은 어마어마하게 큽니다. 이 현장(現場)을 떠나서는 결코 교회를 말할 수 없기 때문입니다. 성육신의 신비가 재현될 곳도 바로 이곳 세월호 광장일 것입니다.

2.

이제 오늘의 본문을 보겠습니다. 본 예배의 설교 텍스트로 마가서(書)에 기록된 예수의 마지막 순간을 택했습니다. 외롭고 고독한 예수의 최후 순간을 눈으로 보듯이 생생하게 기록하고 있습니다. 33년의 짧은 생애, 그 생애 마지막 순간이 이렇듯 고통스러울 줄 몰랐습니다. 하지만 이 자리에 그와 함께했던 사람들이 보이질 않습니다. 홀로 남은 예수는 고통에 몸서리치며 하늘 아버지를 향해 어찌하여 자신을 버렸는가를 묻습니다. 자신을 하느님 아들로 불렀고 그의 나라를 전하게 했던 자신에게 이렇듯 외롭고 두려우며 아픈 종말이 찾아왔는지 알고 싶었습니다. 지젝 같은 좌파 신학자는 이런 예수의 죽음을 욥의 시각에서 읽어야 한다고 했지요. 출구가 보이질 않는 절망적인 상황임을 강조할 목적에서였습니다. 이렇듯 절망하는 예수 주변에 온통 구경꾼들, 말 지어내는 사람들이 몰려들었습니다. 예수의 절규를 듣지 못한 채 그가 엘리야를 부르고 있다 했고 신포도주 적신 막대기를 예수 입에 대고 먹는가를 살폈으며 십자가에서 어떤 기적이 일어날 수 있겠는가에 관심했습니다. 한마디로 예수 고통을 여실하게 느끼지 않았으며 공감 없이 각기 자기들 이야기를 하고 있었습니다. 역지사지하는 마음이 전혀 없었던 것이었지요. 저는 이 광경을 상상하며 다시 세월호 참사 현장을 떠올렸습니다. 죄 없는 아이들, 이 땅 탐욕스런 어른들 욕망 탓에 죽음으로 내몰리며 살고 싶다 외쳤던 아이들, 그 아이들의 절규와 외침은 '엘로이 엘로이 레마 사박다니'의 소리와 너무도 닮았습니다. 두 손 모아 기도하는 상태로 부모 곁에 주검으로 돌아온 아이들이 여럿이라 하지 않습니까? 손톱이 다 뭉겨지도록 살고자 했던 아이들의 고통이 못 박힌 손과 발의 고통과 얼마나 다르겠습니까? 하느님 아들로 부름받아 뜻을 세워 다른 세상을 가르쳤던 청년 예수와 엄마 아빠 아들딸 된 것을 기뻐하며 부모들과는 다른 세상에 살고 싶어 했던 세월호 아이들의 꿈은 또 얼마나 닮았는지요? 하지만 세월호 어른들은 안일했고 비겁했으며 요행을 바랐고 책임회피에 급급했습니다. 죽음에 직면한 화급한 순간에 어찌 '가만히 있으라'는 말을 수차례 반복할 수 있었는지 모를 노릇입니다. 엘리야가 내려 줄 것을 기대했듯이 해경이 구조할 것을 믿었던 까닭일까요? 하지만 이들의 말이 허언(虛言)인 것이 온통 드러났습니다. 살려내고자 하는 의지가 없었습니다. 아이들 목숨보다는 자신들 과오를 숨기려

했고 자기 목숨 귀한 줄만 알았을 뿐입니다. 두 번에 걸친 청문회를 통해 세월호 참사는 이 땅의 총체적 부실로 인한 학살인 것이 희미하나 드러났습니다. 그렇기에 이 땅의 권력은 세월호 흔적을 빠르게 지우고자 했고 이에 동조한 종교는 유족의 관심을 천국으로 돌렸으며 정의로워야 할 法조차 유족들에게 멍에를 씌우고 말았습니다. 이제 조만간 끌어 올려질 세월호, 그것이 어떤 진실을 말해줄지 궁금합니다. 그 속에서 사실이 밝혀질 때 비로소 이 땅에서 살 이유가 다시 생길 것입니다. 하지만 얼마나 많은 것이 은폐된 채 나타날지 걱정스럽습니다. 9명 미수습자들의 시신을 찾고 참사의 진실과 옳게 대면할 수 있기를 기도하고 또 기도할 뿐입니다. 이 일을 위해 수고하는 특조위 위원들의 노고가 정말 고맙습니다.

3.

모두가 예수의 고통을 외면할 때 그 초라한 청년의 주검을 목도하며 그 속에서 진실을 발견한 사람이 있었습니다. 저마다 외면했고 조롱했던 십자가에 달린 인물이 하느님 아들이었음을 뜻밖의 사람이 고백한 것입니다. 제자들조차 진실과 애써 멀어지려고 했을 때 한 이방인(로마 사람)이 고통 속에 숨을 거둔 참혹한 그에게서 하느님 아들을 보았습니다. 로마 백부장의 이런 고백이 없었다면 더욱 멀리서 지켜본 예수의 여인들도 부활 후 첫날 무덤가로 발길을 옮길 수 없었을 것입니다. 하느님 아들을 십자가상의 죄수로 만들고자 했으나 그는 결코 은폐되지 않았습니다. 뜻밖의 사람, 이방인의 눈을 통해 재차 하느님 아들로 고백된 것입니다. 그래서 성서학자 M. 보그는 말합니다. "로마가 예수를 죽였으나 이 백부장으로 인해 정작 죽은 것은 로마였다"라고 말입니다. 정부가 세월호 진실을 묻고, 잊고자 했으나 조만간 사라질 것은 이 땅의 사악한 권력이란 말이겠지요. 세월호 참사의 진실을 잊고 묻고자 하는 사람은 제아무리 큰 교회에서 주일 성수하더라도 예수의 제자가 될 수 없습니다. 예수의 고통에 눈감지 않고 그가 내쉰 마지막 호흡까지 가슴 저리게 지켜보았기에 한 이방인이 진실을 접했습니다. 이제 우리에게 세월호의 진실은 하느님 아들의 발견과 다르지 않습니다. 죄 없이 죽은 아이들, 그들이 바로 하느님 자녀인 까닭입니다. 죄 많은 어른들, 권력자들이 희생양으로 만든 안산의 아이들, 그들의 한을 풀지 않고서는 이 땅 대한민국은 한 치도 앞으로 나갈 수 없습니다. 이 진실이 밝혀져야 구의역 아픔, 강남역의 참사, 옥바라지 골목길의 고통, 옥시로 인한 억울한 죽음들 그리고 이/저곳 고공에서 생사를 건 투쟁이 사라질 수 있습니다. 그래서 세월호 진실을 발견하는 일은 너무도 중요합니다. 십자가에서 죽은 청년을 하느님 아들로 발견했기에 이후 기독교 역사가 생겼듯이 세월호의 진실이 밝혀질 때 대한민국의 미래 역시 존재할 수 있습니다. 십자가에서 험한 몰골로 죽은 청년에게서 하느님 아들, 구세주를 보았던 것처럼 녹슬고 상처투성이인 세월호에서 미수습자를 찾고 세월호 진실이 밝혀지는 순간이 찾아올 것입니다. 이를 믿으며 우리는 지금 역지사지의 마음으로 예배하고 있습니다.

잔치 자리가 아직도 비어있는 이유
— 옥바라지 길에서 하느님 나라 비유를 읽다

누가복음 14:15-24

함께 먹는 사람 중의 하나가 이 말을 듣고 이르되 무릇 하나님의 나라에서 떡을 먹는 자는 복되도다 하니 이르시되 어떤 사람이 큰 잔치를 베풀고 많은 사람을 청하였더니 잔치할 시각에 그 청하였던 자들에게 종을 보내어 이르되 오소서 모든 것이 준비되었나이다 하매 다 일치하게 사양하여 한 사람은 이르되 나는 밭을 샀으매 아무래도 나가 보아야 하겠으니 청컨대 나를 양해하도록 하라 하고 또 한 사람은 이르되 나는 소 다섯 겨리를 샀으매 시험하러 가니 청컨대 나를 양해하도록 하라 하고 또 한 사람은 이르되 나는 장가 들었으니 그러므로 가지 못하겠노라 하는지라 종이 돌아와 주인에게 그대로 고하니 이에 집주인이 노하여 그 종에게 이르되 빨리 시내의 거리와 골목으로 나가서 가난한 자들과 몸 불편한 자들과 맹인들과 저는 자들을 데려오라 하니라 종이 이르되 주인이여 명하신 대로 하였으되 아직도 자리가 있나이다 주인이 종에게 이르되 길과 산울타리가로 나가서 사람을 강권하여 데려다가 내 집을 채우라 내가 너희에게 말하노니 전에 청하였던 그 사람들은 하나도 내 잔치를 맛보지 못하리라 하였다 하시니라(누가복음 14:15-24).

사실 이들이 아니었으면 저는 옥바라지 길을 몰랐을 것입니다.

이들, 교파를 막론한 여러 신학생들의 지속된 투쟁 덕분에 서대문 형무소 건너편에 그 이름에서 드러나듯 역사의 애환이 담긴 '옥바라지 길'이 있었다는 사실을 알게 되었습니다. 그렇고 보니 이들이 선생이고 나중 온 우리가 학생이 되었습니다. 제도권에서와 달리 그 밖에서는 먼저 알고 소식 전한 이들이 앞선 자들이고 지식, 나이의 높고 낮음과 무관하게 배운 자들이 후배들입니다. 하여 우리들 선생이 되어 준 제자들에게 머리 숙여 고마움을 전합니다.

1.

바로 얼마 전 우리들 역사를 상상해 봅니다. 사랑하는 남편과 자식을 건너편 형무소로 보내고 맞은 편 이곳에서 그들 뒷감당을 했던 우리들 어머니들의 고통이 얼마나 컸던가를 말입니다. 이곳에서 눈물을 흘리며 남겨진 자식들 위해 죽도록 고생했던 어머니들, 그래서 형무소가 남성의 장소였다면 이곳 옥바라지는 여성의 공간이라 할 것입니다. 하여 민족의 독립, 이 땅의 정의와 민주주의를 위해 기꺼이 제물이 되었던 이 땅의 남자들, 그들을 남편이자 자식으로 둔 탓에 이들 여인은 죽을 수도 없었습니다. 뭇 어머니들의 눈물이 뿌려진 곳, 가족들이 갇힌 건너편 형무소를 바라보며 애간장을 태운 곳, 그 공간을 지켜낼 수 없는 국가는 더 이상 '우리들 나라'가 될 수 없습니다. 형무소가 기억, 존치되는 한, 옥바라지 길 역시 어떤 이유로도 사라질 수 없습니다. 세월호 참사를 보며 '이것이 국가인가'를 물었던 우리가 다시금 옥바라지 길을 지키기 위해 국가와 자본의 힘과 맞서고 있는 현실이 참담할 뿐입니다.

2.

몇 해 전부터 우리는 인문학의 위기를 말해왔습니다. 인문(人文)
이란, 그 한자어가 지시하듯 사람의 무늬결을 뜻합니다. 하지만 자
본의 힘에 휘둘려 사람다움을 잃었으니 그 위기를 느낄 만합니다.
사람다운 냄새도, 흔적도 찾을 수 없게 된 것입니다. 돈의 힘이 모든
것을 지워 버린 탓입니다. 95년 오늘 삼풍백화점 붕괴 시 무너질 조
짐을 보고받았으나 묵살한 채 영업을 지속하여 500명을 잃었고 20
년 지난 800여 일 전의 '세월號' 참사 때에도 같은 이유로 304명을
수장시켰던바, 인문이 실종된 결과였습니다. 인문을 복기(복원)시
킬 이유가 바로 여기 있습니다. 하지만 인문만큼 소중한 것이 또 있
지요. 지문(地文)이라 불리는 것으로서 땅(자연)의 결(結), 혹은 땅의
역사가 그것입니다. 인간만이 아니라 땅도 자신의 고유한 무늬결,
역사를 지녔습니다. 건축가 승요상은 이를 '터 무늬'란 말로 달리 풀
었습니다. 4대강을 통해 보듯 마구잡이로 지문을 지워버릴 때 우리
사회가 '터 무늬' 없는 공간이 될 것이란 우려에서였습니다. 옥바라
지 길에서 우리가 보고 느끼는 것 역시 바로 터 무늬 없는 세상의 모
습입니다. 민족의 역사, 인간의 애환을 담은 이 길의 역사를 무너트
린 국가는 결코 미래를 말할 수 없습니다. 터 무늬 없는 사회를 지속
시킬 뿐입니다. 그래서 人文과 地文은 함께 살고 함께 죽을 운명이
되었습니다. '살아있는 돌'(living Stone)인 예수에게서 人文과 地文

의 하나 된 모습을 떠올리며 그를(와) 통해(함께) '터 무늬' 없는 세상을 고치고 싶습니다.

3.

그렇지만 이런 작업은 항시 '지금 여기'서 시작되어야 옳습니다. 뒤로 미룰 수 있는 일이 결코 아니라는 말씀이지요. 人文과 地文의 복원은 지금 이곳이란 시공간에서 즉시 이뤄질 일입니다. '지금 여기'를 고민하지 않고서는 결코 우리 미래를 말할 수 없는 탓입니다. 옥바라지 길을 비롯하여 설악산을 지키는 일, 내성천을 살려내는 일 그리고 제주도 강정을 평화의 산실로 만드는 것이 중요합니다. '지금 여기'란 달리 말하면 현장(現場)입니다. 현장을 잃은 학문은 신학은커녕 인문학도 될 수 없습니다. 신(神)이 인간이 된 '성육신'의 신비는 오직 '지금 이곳'이란 현장 속에서만 재현될 수 있을 뿐입니다. 하늘이 땅 되었듯이 성직자가 권위를 놓을 때, 레위 사람이 율법을 버릴 때 그리고 누구라도 자신이 만들었던 장벽을 버릴 때가 바로 그 신비의 순간(영생)일 것입니다. 그래서 기독교 사회운동가로 살았던 오재식은 자신에게 '현장'이 꽃으로 다가왔다고 고백하며 세상을 떠났습니다. 달리 표현하면 그에게 현장이 성육신의 신비가 재현되는 '잔치 자리'와 같았던 것입니다.

4.

바로 이런 생각이 오늘 읽은 성서말씀과도 잘 소통되는 듯싶습니다. 저는 청년 예수가 하느님 나라를 상상하며 비유로 그 실상을 전해 준 것에 많이 놀라며 살고 있습니다. 예나 지금이나 체제 속의 삶은 고통이었습니다. 하지만 고통 하는 현장 그 한가운데서 다른 세상이 있음을 눈떠 보도록 했습니다. 세상 안에서 세상 밖을 사는 길을 제시한 것이겠지요. 이는 율법이나 양심 그리고 어떤 실정(로마)법을 능가하는 하느님 義가 세상에 나타났음을 믿으라 했던 바울의 생각과도 맥이 닿습니다. 이런 하느님 나라를 성서는 잔치 자리로 비유했습니다. 하느님 신비가 재현될 현장. 우리들에게 꽃이 되어야 할 현장의 다른 표현이 바로 잔치였던 것입니다. 오늘 우리는 후배들이 지켜온 '옥바라지' 길에 모였으나 실상 하느님의 '잔치 자리'에 초대받은 것이라 여겨도 좋을 것입니다.

5.

사실 잔칫상을 마련한 주인은 이미 우리들 이전에 여러 사람들을 초대했었습니다. 옥바라지 공간 보존을 위해 관리들, 행정가들 그리고 심지어 자본가들을 통해 해결을 시도했을 것입니다. 하지만 이들 누구도 현장을 잔치 자리로 만들 수 없었습니다. 본문에 언급된 이들처럼 수많은 핑계를 들이대면서 말입니다. 소를 사야 했고, 장가를 들어야 했기에 그리고 밭가는 일을 빌미로 잔치에 응하지 않았던 것입니다. 이 시대를 사는 기독교인들 또한 성서의 사람들이 그랬듯 정치적 사안이기에, 법으로 집행된 탓에, 개발의 미덕에 혼 빼앗긴 나머지 옥바라지 길을 보고 듣고자 하지 않았습니다. 누구보다 일차적으로 초대받았음에도 말입니다. 하여 성육신의 신비가 재현될 이곳이 지금 터 무늬 없는 곳으로 전락할 운명이 되었습니다. 이제 주인은 긴박하게 종들에게 자기 집을 채우라고 명령했습니다. 소유가 많은 사람들, 자기 할 일에 정신없는 사람들 제쳐놓고 가난하고 눈멀고 다리 저는 사람들로 잔치 자리를 채우라 했던 것입니다. 그래서 지금 힘없고 미래가 불투명하며 자기 앞가림하기도 어려운 어린 제자들이 옥바라지 골목을 지켰고 세상이 주목하는 축제의 장으로 만들고 있습니다. 부족할 것 없는 이들은 이곳을 기억에서 지웠으나 부족한 것투성이인 이 시대의 흙수저 친구들이 이곳을 다시 꽃으로 되살려 놓았습니다. '터 무늬'를 지킬 사람은, 옛적 여인들의 애가(哀歌)와 곡성(哭聲)을 오늘에 되살릴 수 있는 이들, 즉 시대의 진정한 인문학자들은 바로 젊은 신학생들이며 이곳의 주민들입니다. 유일하게 남아있는 여관 주인아주머니, 평소 기독교와 무관했던 그분께서 이들 신학생들이 교회를 시작하면 기꺼이 교인이 되겠다 하셨다니 잔치가 이미 시작되고 있는 것입니다. 우리들 역시도 이들을 좇아 온 마음을 다해 그 역할에 동참하고 싶습니다. 하늘 잔치의 맛을 온전히 느껴 알고 싶을 뿐입니다.

6.

세월호 800일을 맞은 집회에 내걸려진 슬로건이 지금도 잊히지 않습니다. 국가와 정부 그리고 재벌들을 향해 사람들을 더 이상 '죽이지 말라'는 것이었습니다. 지금이 어느 시기인데 이런 글을 들고 우리가 싸워야 하는 것일까요. 물론 총칼로 사람을 학살하는 시대는 아니겠지요. 하지만 이익은 사유화되고 손해만 공유되는 현실에서 벼랑 끝에 내몰린 시대의 약자들이 곳곳에서 죽음으로 내몰리고 있습니다. 옥바라지 골목도 결코 예외일 수 없습니다. 개발의 광풍으로 터 무늬를 상실한 이곳 주민들도 조만간 그리될 것입니다. 하여 '지금 여기서' 폐허된 옥바라지 골목을 지키는 일이 생명을 살리며 인간 무늬를 살려내는 것임을 확신하십시다. 우리에겐 아직도 이 잔치에 참여할 사람들이 필요합니다. 아직도 주인이 차린 잔칫상에 빈자리가 많습니다. 이 상을 채울 사람들이 긴급하게 필요합니다. 더 많은 사람들로 이 골목이 채워져야 이곳이 정말 축제의 공간이 될 수 있고 모두에게 꽃이 될 수 있습니다. 가서 세상을 향해 선포하십시다. 옥바라지 골목길을 지켜내야 한다고, 그래야 이 땅이 나라에 희망이 있다고 그래야 살맛나는 세상이 찾아올 것이라고!

거짓으로 세상을 덮는 정부, 하늘이 버릴 것이다

사사기 9:15

너희들이 나를 너희의 왕을 삼고자 하느냐? 그러하면 와서 나의 그늘에 와서 숨으라. 그렇게 하지 않으면, 이 가시덤불에서 불이 뿜어져 레바논의 백향목을 살라버릴 것이다(사사기 9:15).

하느님의 것을 도적질하고 자기 형제 70명을 죽여 왕좌에 오른 아비멜렉을 비판, 조롱하며 이스라엘 민족들은 그를 가시나무와 같은 존재로 여겨왔습니다. 열매와 기름과 향기를 내는 여타의 좋은 나무들과 달리 정작 백성을 위해 줄 것 없는 가시나무가 거짓과 폭력으로 자기 왕위를 정당화했고 지키려 한 탓이지요. 가시나무에게는 살아있는 존재들이 깃들 그늘과 품이 어디 있었겠습니까? 거짓을 진실로 만들기 위해 예나 지금이나 더 큰 거짓과 폭력이 난무하고 있습니다. 자기 말을 듣고 믿고 따르지 않을 경우, 백성들 터전을 불살라 버릴 것이라 말하는 가시나무에게 애당초 왕 될 자격이 없었습니다.

1.

세월호 참사를 단순 사고로 조작했으며 사드 배치를 강행코자 북한을 자극하여 이 땅에 전운(戰運)을 느끼게 만든 정부였습니다. 급기야 진실을 말하고 표현하는 예술가 입을 막고자 수천 명의 블랙리스트를 만들어 자기검열 시대를 열었으니 이 나라 위정자를 성서가 말하는 가시나무와 견줘도 손색이 없을 듯합니다. 그의 주변이 온통 권력을 앞세워 혈세를 탐하고 정치생명만을 관심하는 이들로 가득하니 '이것이 국가, 정부인가?'를 사람들이 묻기 시작하였습니다. '더 이상 사람을 죽이지 말라'가 일상의 구호가 되었고 '이익의 사유화, 손해의 공유화'란 말로서 성난 민의(民意)가 표출되고 있습니다.

2.

금번 백남기 님 사건은 또 하나의 세월호 사건이 되었습니다. 특별조사위원회를 무산시켜 세월호 진실을 덮었다 했겠으나 故 백남기 님을 대하는 정부의 민낯이 세월호 기억을 되살려냈기에 말입니다. 물대포로 인한 외인사를 병사로 몰아가는 것이 유병언에게 참사 책임을 전가시킨 술책과 닮았다 여기게 되었습니다. 이로써 정부에 대한 시민들의 절망과 분노의 촛불이 횃불 되어 활활 타오르고 있습니다. 고인의 억울한 죽음이 이 땅의 시민과 민중, 농민들 가슴에 이 정부를 더 이상 용인, 방치할 수 없음을 일깨운 것이지요. 국가의 장래를 위해 약자를 중히 여기는 정의로운 권력이 필요함을 가슴에 새길 수 있었습니다. 민족의 앞날을 위해 거짓과 어둠을 몰아내는 빛의 회복(光復)이 건국보다 중요하며 급선무란 사실을 이 나라 민초들이 절실히 공감하고 있는 중입니다.

어둠이 빛을 이길 수 없듯이 故 백남기 님의 본래 사인(死因)이 물대포로 인한 뇌출혈이었음이 재차 문서로 확인되었습니다. 폐기 처분했다고 거짓 보고된 경찰의 당시 상황속보가 발견된 것입니다. 권력의 힘이 미치지 않았다면 경찰보고서가 이렇듯 조작, 은폐될 이치가 만무합니다. 의대생들조차 시인하는 명백한 사실을, 가르치는 교수가 부정하는 추한 꼴 역시 생겨나지 않았을 것이지요. 유족과 시민들이 밤잠 설치며 고인의 시신을 지키는 현실을 하늘이 웃고 민초들이 기막혀합니다. 약속을 지키라는 농부의 정당한 요구에 폭력으로 맞섰고 죽음의 원인조차 뒤바꾸는 정부와 그의 종노릇하는 법을 민초들이 비웃고 있으니 하늘이 이를 그냥 둘 리 없습니다. 성서에 기록된 가시나무로 비유된 권력자 아비멜렉의 최후를 두렵게 알아야 할 것입니다. 정의를 음식 삼는 하느님은 이 땅의 약자들을 위해 공의를 실종시킨 위정자를 권좌에서 내치셨습니다. 성서가 전하는 비극적인 상황을 두려워하며(사사기 9:54) 자신은 물론 국가와 민족의 미래를 위해 더 늦기 전에 생각을 돌이킬 일입니다. 무엇보다 국가폭력을 인정하고 고인의 주검에 정중히 머리를 조아려야만 하겠습니다. 우리들 앞날을 위해 세월호 비극도 이런 식으로만 치유될 수 있다고 확신합니다. 이는 정권보다 국가와 백성을 앞서 생각하고 약자들의 소리를 경청함으로써 역사에 남긴 자신들 검은 족적들을 지울 수 있기를 바라서 전하는 그리스도인들의 충언입니다.

3.

이제 이 땅의 시민들은 국가폭력에 의한 희생을 병사로 둔갑, 호도하는 정부와 공권력을 보며 '내가 백남기이다'라고 선언하기 시작했습니다. 예술인들 역시 블랙리스트에 오른 이들이 진정한 예술인임을 선언하며 정부의 검열에 공공연히 맞서고 있지요. 세월호 유족들이 아픈 정서가 점차 확대되는 상황입니다. 정부는 더 이상 색깔 공세를 그치고 민심을 읽고 민의 수렴을 자신의 본분으로 삼아야 옳습니다. 이 땅의 백성 모두를 저항을 불사하는 백남기로 만들기 전에 위정자와 정부는 민의를 하늘 뜻으로 알고 그간의 오만과 불통을 끝내야만 할 것입니다. 더 이상 약자들에게서 눈물을 흘리게 해서는 아니 될 일입니다. 민주주의를 아름답게 꽃피우는 것이 어떤 이념공세보다도 한반도 통일을 이루는 길인 것을 명심하며 다가올 대선에 임해주기를 바랍니다. 종교개혁 500주년과 맞물리는 내년, 우리 그리스도인들은 보수/진보를 막론하고 민주정권의 탄생을 위해 최선을 다할 것을 다짐하며 재차 요구합니다. "우리를 더 이상 죽이지 말라. 우리를 더 이상 백남기로 만들지 말라." 거짓과 폭력으로 세상을 다스리는 가시나무와 같은 위정자를 하늘이 더 이상 용납하지 않을 것입니다.

한국교회여, 저주받은 무화과나무를 기억하라!

마태복음 21:18-19

이른 아침에 성으로 들어오실 때에 시장하신지라 길가에서 한 무화과나무를 보시고 그리로 가사 잎사귀 밖에 아무 것도 찾지 못하시고 나무에게 이르시되 이제부터 영원토록 네가 열매를 맺지 못하리라 하시니 무화과나무가 곧 마른지라(마태복음 21:18-19).

2017년 한국교회는 죽느냐, 사느냐의 기로에 서 있습니다. 이미 죽었으나 남아있는 뿌리 생명력 때문에 일말의 희망을 걸어봅니다. 더구나 종교개혁 500주년을 맞는 해이기에 숫자가 주는 의미가 중할 터, 조금은 달라질 것을 기대합니다. 그러나 정말 교회가 희망일 수 있을까를 다시 묻습니다. 탄핵정국을 지나 대선을 앞둔 시점에서 주류 한국교회 역시 적폐 청산의 대상이 된 까닭입니다.

1.

히틀러 정권과 짝하여 유대인 학살을 주도했던 독일 기독교, 당시 600만 명의 유대인들이 죽었으나 실상 그때 죽은 것은 기독교였다고 역사는 평하고 있습니다. 자유당 독재를 편들었고 박정희 신화를 추종했으며 5.18의 주범 전두환, 노태우를 복 빌어 주던 이 땅의 교회였습니다. 어디 그뿐이던가요. 이명박, 박근혜로 이어지는 한국교회의 잘못된 선택으로 국민들의 고통이 하늘을 찌르고 있습니다. 세월호 유족들을 교회 밖으로 몰아낸 교회, 태극기를 흔들며 촛불을 끄려 했던 교회, 지금도 호시탐탐 대통령 대행자 황교안을 내세워 자신들 안정된 미래를 꿈꾸는 이 땅의 주류 교회들이여, 박근혜의 탄핵과 함께 교회도 탄핵되었음을 눈떠 보고, 귀로 들으시라. 이 땅의 교회가 하느님 무덤된 것을 아프게 지켜보시길! 누구도 교회가 주는 물에 목말라 하지 않습니다. 하느님 공의가 실종된 교회는 저주받은 무화과나무의 운명처럼 곧 베어져 버리고 말 것입니다.

2.

돈과 권력 맛에 길들여진 주류 한국교회는 지금 영적 파산을 선고받아야 마땅합니다. 고통받은 이들의 친구였던 예수를 잊었으니 영적 치매라 할 것이고 교회 성장에 눈 어두워 세상과 소통 못했으니 영적 자폐라 할 것이며 하느님 이름 망령되이 일컬으며 사욕을 채웠기에 영적 방종이라 해도 과하지 않습니다. 예수가 허물었던 무수한 벽을 다시 두텁게 세운 교회여, 예수가 낮춘 문턱을 높였고 화려하게 치장한 교회여, 예수 정신은 잊고 문자의 종 되어 하느님과 인간의 자유를 속박한 교회여 이제는 정말 회개해야 합니다. 합병이란 미명하에 변칙 세습 강행하는 교회여 법적 탄핵보다 무서운 것이 영적 파산인 것을 직시해야 할 것입니다. 2017년 대선과 함께 찾아온 종교개혁 500년 역사를 더럽히지 말고 역사적 무게를 엄중히 받아들이십시오. 하느님의 날 선 도끼가 지금 그나마 생명 붙어 있는 뿌리를 향하고 있지 않습니까?

3.

이 땅의 주류 교회여 이젠 작은 교회들에게 배우시라. 영적 파산한 교회를 대신하여 광장에 나왔고 선한 사마리아인 되었던 이들 작은 힘이 기독교를 지탱하는 힘 되었기 때문입니다. 지금 이들이 죽어가는 한국교회를 살리는 그루터기들이 되었습니다. 고난 받는 이들의 '곁'이 되었기에 하늘의 능력, 복음의 역사가 이들로부터 솟구치고 있습니다. 이들을 본받아 작아지시라. 가진 것을 나누시라. 그리고 기득권을 버리시라. 기독교는 죽어야 사는 종교인 것을 다시 배우시라. 하느님 나라가 체제와 벗하지 않고 그 밖을 상상하는 것임을 기억하길 바랍니다. 태극기는 분명 세월호 리본과 짝해야 진정코 이 땅의 상징이 될 수 있습니다. 태극기로 촛불을 끄려 했던 교회들이여, 복음을 왜곡시켜 교회를 무덤 만든 성직자들이여, 극우로 변질된 자기 속 들보를 보지 못한 죄를 이 사순절 기간에 재를 뒤집어쓰고 회개하시라. 교회의 크기를 목사의 크기로 착각하여 '작은교회'에게 상처 준 과오를 참회하시라. 2017년, 이 한 해는 하느님께서 우리 민족에게 주신 절체절명의 카이로스입니다. 성장, 성공에 마음 뺏겨 대선을 그르친다면, 기독교 기득권을 위해 촛불의 민심을 거역한다면 맛 잃어 길가에 버려지는 소금이 되고 말 것입니다. 더 이상 하느님을 욕되게 하지 마시라. 우리의 부활이 없으면 예수의 부활도 없다는 말씀을 생각하며 교회의 거듭남을 진심을 다해 촉구합니다.

소성리 비극에서 가룟유다를 보다

마가복음 14:10-11

열둘 중의 하나인 가룟 유다가 예수를 넘겨 주려고 대제사장들에게 가매 그들이 듣고 기뻐하여 돈을 주기로 약속하니 유다가 예수를 어떻게 넘겨 줄까 하고 그 기회를 찾더라(마가복음 14:10-11).

싸우면서 닮는다는 말이 맞는 것 같습니다. 세월호 참사를 은폐, 조작했던 지난 정부처럼 이 정권 역시 소성리 사드 배치를 공권력으로 밀어붙였고 온갖 궤변과 거짓으로 합리화하고 있으니 말입니다. 민심을 저버리고 종교인의 충정을 짓밟는 정부치고 좋은 끝이 없었음을 명심할 일입니다. 지지하여 탄생시킨 정부를 비판하는 것이 고통스러우나 종교인들은 옳기에 말하고 잘못되었기에 지적할 뿐입니다.

1.

오늘 본문은 예루살렘 입성을 앞둔 예수의 마지막 일주일 어느 날(수요일)에 있었던 일입니다. 예수와 함께 3년을 먹고 마시며 배우며 동고동락했던 제자들이었습니다. 3년을 좇았으니 예수가 누군지를 알만도 했겠습니다. '주는 그리스도라, 살아계신 하느님 아들이라'는 고백도 있었습니다. 하지만 이들은 예루살렘 입성을 앞둔 마지막 순간까지 누가 높은가를 두고 다퉜고, 예수에게서 유혈 혁명을 기대했던 유다 같은 존재도 있었습니다. 섬기는 자로 왔고 세상 죄를 홀로 지고 십자가에 못 박혀 죽는 예수를 이 순간까지 상상도 못한 것입니다. 이렇듯 높고자 다투는 제자들을 예수는 장님이라 불렀고 폭력 혁명을 꿈꾸던 유다를 위험하다 여기며 지켜보았습니다. 급기야 예수의 길과 자기 소신이 다른 것을 알았던 유다는 실리를 택했습니다. 제국과 결탁한 대제사장에게 예수를 팔 계획을 세운 것입니다. 그래서 그의 이름은 영원히 저주받은 자의 대명사가 되었지요.

2.

금번 소성리 참사, 종교인 기도처마저 내팽개치고 사드를 배치한 이 정부에게서 유다의 체취가 풍깁니다. 경찰청장 이철승의 폭력진압도 문제겠으나 이를 승인한 문재인 대통령에게서 가룟 유다의 얼굴이 중첩되니 곤욕스럽습니다. 촛불혁명이 세운 정부였기에 시민과 국민의 뜻에 순종할 줄 알았습니다. 휴전협정을 평화협정으로 만들기를 기대했기에 주변국을 자극하는 사드 배치를 폐할 줄 믿었습니다. 평화협정을 위해선 더 이상의 전쟁 무기가 반입돼서는 아니 되었던 까닭입니다. 아름다운 제주, 강정의 해변이 전쟁 기지가 되었듯이 사드 배치 강행으로 순박한 원불교의 성지, 성주가 또다시 전쟁터로 변했습니다. 확언컨대 사드 배치는 이제 시작일 뿐 결코 끝이 아닐 것입니다. 향후 사드와 연계된 무수한 전쟁 무기들이 거듭 이 땅에 들어올 수밖에 없습니다. 시민들을 믿고 비폭력 평화의 길을 걸었어야 할 문재인 정부는 유다처럼 다른 길을 기웃거리는 듯싶습니다. 사드 배치는 촛불혁명의 주역들에게 있어 폭력이자 배신을 뜻할 뿐입니다. 북쪽 역시 앞으로 더 센 무기로 위협하며 응수할 것입니다. 폭력의 길로 나선 그 배신은 우리 종교인들에겐 예수에 대한 배신과 다르지 않습니다. '종교 돌봄이'란 이름으로 천막 성소를 무참히 짓밟은 만행을 두고두고 기억할 것입니다. '죽어야 사는 길'을 말하는 종교인을 밀쳐내고 '죽여야 산다'고 믿는 제국의 종노릇했으니 문재인 정권은 첫 단추를 크게 잘못 끼웠습니다.

3.

일찍이 함석헌은 분단극복을 민족 최대의 과제라 보았고 이는 대한민국뿐 아니라 세계를 위해서도 필히 그리되어야 하다고 역설했습니다. 세계가 흘려보낸 온갖 하수를 온몸으로 받아내며 창녀의 자궁처럼 욕망의 배설물들로 가득 찬 현실이 바로 한반도 분단의 실상이라 했습니다. 그럴수록 분단극복을 세계를 정화하고 세계를 구원하는 지름길이라 믿었습니다. 이 땅의 통일을 세상을 구원하는 길로 여긴 것입니다. 하지만 주변국 어디도 통일을 원치 않고 방해하며 오히려 어렵게 합니다. 통일을 반대하는 국내외 세력들이야말로 적폐이자 평화를 해치는 적그리스도입니다. 분단을 고착시키는 사드 배치, 그래서 그것은 적그리스도의 실상이자 현현이겠습니다. 이런 현실에서 기독교인들은 신앙적 차원에서 다음 세 가지를 요구합니다. 첫째는 남북을 하나로 품는 동족애입니다. 이방인 사도 바울이 자신을 비방한 유대인 동족을 포기치 않고 기도했듯이 북쪽 만행이 도를 넘을지라도 그들을 미국처럼 원수로 내몰 수 없습니다. 러시아 방문 중에 푸틴에게 북한에 원유중단을 구걸했던 문재인 대통령의 처신은 숨은 뜻이 있다 하더라도 품위를 잃는 일이었습니다. 대화를 요청해도 들은 척 않는 북한, 수소폭탄까지 쏘아대는 김정은이지만 외세를 등에 업고 북한과 맞서 대적하는 것은 우리의 일이 아닙니다. 그렇기에 우리는 둘째로 상대적 약자인 북한의 시각에서 세상을 바라볼 필요가 있습니다. 이/저런 미사일을 쏘아 올리지만 그것으로 이들은 자신들 약함만을 만천하에 드러내고 있습니다. 오로지 그것밖에 내세울 것 없는 북한, 그들은 약자이지 결코 강자일 수 없습니다. 무기 앞세워 살길 찾는 김정은 체제, 날로 진화해가는 그들 무기가 무섭지만 그 속에 감춰진 약함을 보는 것이 우리 기독교인의 할 일입니다. 독일 메르켈 총리까지도 미국을 향해 역지사지(易地思之)의 지혜를 요구했습니다. 그의 눈에는 북한을 상대로 무기를 팔아 경제적 잇속을 챙기려는 미국의 속셈이 보였던 것입니다. 끝으로 어느 경우든 남과 북 모두에게 비폭력적 평화의 길만이 살길이란 사실입니다. 미국의 선제공격이 필요하고 우리들 핵무장이 있어야 한다고 주장하는 적폐 정치인들이 있으나 무기는 공히 무기를 부를 뿐입니다. 이 땅이 전쟁터로 되는 것만은 죽을힘을 다해 막아야겠습니다. 이를 위해 우리 할 일은 전쟁노름이 아니라 비폭력적 통일운동입니다. 다시 함석헌의 말씀을 전합니다. 만약 북한이 다시 쳐들어온다면 우리 오천만 백성 모두는 3.8선에서 그들을 맞으며 함께 죽자고 했습니다. 폭력을 이기는 길은 비폭력밖에 없음을 역설적으로 표현한 것이겠습니다. 예수 생애 마지막 일주일에 그의 발걸음이 예루살렘을 향했던 것과 뜻이 같습니다. 죽여야 사는 세상에서 죽어야 사는 현실을 만들고 싶었던 것이지요. 지금도 외세에 의존해 북의 폭력에 폭력으로 맞서자는 가룟 유다 같은 적폐 정치인들이 문재인 정부를 많이 흔들고 있는 모양입니다. 급기야 대통령마저 가서는 아니 될 그 길을 가고 있으니 말입니다.

4.

우리 종교인들, 기독교 신앙인들은 현 정부가 지속되는 내내 세월호 리본과 함께 파란 나비를 가슴에 달고 살아갈 것입니다. 내 손으로 뽑은 대통령에게 속은 것이 너무 억울하다는 성주 소성리 할머니의 절규를 잊을 수 없는 까닭입니다. 종교인들의 예배처마저 무참하게 짓밟은 이철성 경찰청장, 그것으로 지난 정권에 빌붙었던 자신의 오점을 씻고자 했겠으나 당신은 더 큰 죄를 짓고 말았습니다. 대통령을 또다시 가룟 유다로 만들었기 때문입니다. 이처럼 공권력으로 종교인들을 내쳤으나 우리 신앙인들은 그 폐허된 공간에서 다음 날 다시 단을 쌓고 예배를 드렸습니다. 불행히도 현장에 함께하지 못했으나 페이스북을 통해 그 광경을 본 순간, 온몸이 전율했습니다. 실패가 결코 실패가 아닌 것을 보여 준 것입니다. 그것은 또 다른 차원의 부활 체험이었습니다. 우리 종교인들은 실패 속에서도 거듭 기도할 것입니다. 그것이 정치인들과 달리 나라를 사랑하는 우리 신앙인들의 방식이기 때문입니다.

5.

2017년 종교개혁 500주년을 맞는 지금, 우리는 2년 후인 2019년 3.1 독립선언 100주년을 생각하고 있습니다. 건국절을 폐하고 상해 정부를 국가로 인정했다면 헌법에 명시된 대로 남과 북은 분명 하나이고 동족입니다. 2019년 3.1 선언, 100년 되는 그해에 남북이 하나 되는 꿈을 문 대통령과 함께 실현시키고 싶습니다. 그러려면 촛불의 힘과 체제 밖을 상상하는 종교인들의 믿음을 헛되이 말아야 합니다. 우리는 유다의 최후와 대통령의 마지막이 전혀 다르기를 진심으로 기도합니다. 촛불혁명으로 세워진 이 정권이 광장 민주주의에 좀 더 익숙해지길 바랍니다. 성소를 폭력으로 진압한 이철승 경찰청장의 앞날을 두 눈 부릅뜨고 지켜보겠습니다. 이처럼 성주 소성리의 성소가 폭력으로 짓밟혔음에도 분노할 줄 모르는 다수 교회들의 무감각도 하늘이 노할 일입니다. 종교개혁 500주년을 맞는 이들 교회가 어찌 회개할지도 궁금합니다. '역사는 처음이 있어 마지막이 있지 않고 마지막이 있어 처음이 있는 것'이란 말씀을 기억하는 이 땅의 교회가 되길 바랍니다.

너무도 감사한 죄(罪)
─ 비상시국 상황에서 추수감사절을 맞다

데살로니가전서 5:16-18

항상 기뻐하라 쉬지 말고 기도하라 범사에 감사하라 이것이 그리스도 예수 안에서 너희를 향하신 하나님의 뜻이니라(데살로니가전서 5:16-18).

오늘 읽은 성서는 모든 일, 범사(凡事)에 감사하라 하였는데 설교 제목으로 '너무 감사한 것'을 죄(罪)라 했으니 행여 불경하다 생각될 것 같아 걱정입니다. 성서 본문과 너무 다른 제목이라 의구심이 능히 생겨날 수 있겠습니다. 하지만 본 제목은 한 치 앞도 내다볼 수 없는 비상시국을 맞아 감사절을 어찌 지내야 할지 고민한 결과입니다. '범사에 감사하라'는 이 당연한 말, 그러나 기성교회가 가르쳐 통념이 된 본문 뜻을 비틀어 다시 생각해 보고 싶었습니다. 그리해야만 기독교 4대 절기 중 하나인 2016년 감사절의 본뜻을 헤아릴 수 있다 여긴 것입니다.

1.

　위 설교 제목은 본래 박노해의 한 시집에 나왔던 것으로서 시인
이 특별히 자기 어머니의 기도하는 모습과 그 마음을 깊이 담아 표
현했던 것입니다. 이 어머니가 얼마 전 소천하셔서 장례식장에 다
녀온 적도 있습니다. 30대 초반 홀로되어 모진 고생 다하며 아들딸
을 신부, 수녀로 키웠고 그들 중 하나가 박노해였습니다. 너무도 가
난했기에 길거리 행상으로 생계를 꾸리며 자식들을 키웠습니다. 그
런 그를 지켜준 유일한 것은 성당에서의 기도였습니다. 하루 먹거
리를 해결할 만큼 물건을 팔게 해준 것에 대한 감사, 좋은 사람을 만
나 물건 값을 후하게 받은 일에 대한 고마움, 다른 이들은 노점상 단
속에 걸려 장사밑천 모두를 잃었는데 자신만 간신히 피할 수 있었
던 것, 없는 중에도 자식들이 착하게 잘 자라 준 일, 무엇보다 사노맹
활동 이유로 다수가 죽었는데 아들 기평(노해)이 살아남은 일…. 이
모든 일을 그녀는 감사했고 기도로 하느님께 그 마음을 표하며 성
실하게 살았습니다. 그러나 시인 박노해의 기억에 의하면 어느 순
간부터 어머니는 너무 감사하며 살았던 것을 뉘우치기 시작했답니
다. 남의 불행이 자신의 감사기도가 된 것을 깨달은 것이지요. 남의
아들은 죽었는데 제 자식 목숨 건진 것 감사했고, 옆의 사람은 물건
을 못 팔아 안달하는데 가벼워진 자기 광주리에 감사하던 모습이
괴롭게 느껴졌던 것입니다. 그런 어머니 마음을 시(詩)로 풀어낸
것이 바로 "너무도 감사한 죄"였습니다.

2.

　"범사에 감사하라"는 본문을 갖고 그간 어떤 설교들이 강단에서 전해졌는가를 처음으로 검색해 보았습니다. 대략 10여 편 정도를 살펴보았는데 다음 세 가지 유형으로 정리할 수 있었습니다. 첫째 유형은 시인의 어머니가 뉘우치기 전처럼 세상의 불행 속에서 자신을 옳게 지켜준 하느님에 대한 고마움을 말했습니다. 험한 세상 속에서 삶을 성공적으로 살아 낸 것은 분명 감사한 일입니다. 더구나 모두가 제 잘난 맛에 살고 있기에 하느님께 공을 돌리는 것은 신앙인의 태도로서 참 좋아 보입니다. 그러나 여기서는 이웃의 불행이 설명되지 않습니다. 급기야 자기중심적인 이기적 신앙인이 되고 맙니다. 이에 기복적 욕심이 더해진다면 우리들 '감사'는 세상과 격리된 감각일 수밖에 없을 것입니다. 두 번째 유형은 자신의 불행과 역경을 '감사'로 승화시키는 신앙적 태도입니다. 늘 경험하듯이 역경은 불가항력적으로 엄습합니다. 평소 깊은 신앙심을 갖고 살았으나 갑작스런 불행으로 더 큰 아픔을 느끼는 이들도 많습니다. 하느님으로부터 버려졌다는 절망감 탓입니다. 하지만 성서의 욥처럼 고통 속에서 뜻을 찾고자 하는 이들도 있습니다. 자식을 죽인 원수를 아들로 삼았던 손양원 목사님 이야기도 전해집니다. 우리들 역시도 대개 정도 차는 있겠으나 역경 속에서 뜻을 붙들고 살고 있지요. 하지만 여기서도 자기가 늘 중심이기에 다른 이의 불행이 절실히 물어지지 않습니다. 아직 전체를 볼 수 있는 눈이 없기 때문입니다. 세 번째 유형은 감사를 외적인 조건에 따른 감정표현이 아니라 인간

내면의 존재변화, 곧 자기부정에서 비롯한 것으로 보는 시각입니다. 주지하듯 종교 역시도 자본주의 가치관을 따라 재산의 많고 적음, 성공과 실패, 건강과 질병 등을 감사의 척도로 여기고 있습니다. 물질적 성공이 축복과 등가로 여겨질 정도가 된 것이지요. 하지만 신에 대한 감사란 이렇듯 외부적 여건에 좌우되지 않고 새로운 자아, '자기'가 없어질 때 비롯하는 것이라 강조합니다. 세상사 속에서 건네지는 감사와 달리 하늘을 향한 '감사'는 새 영혼의 탄생 순간에 가능하다는 것입니다. 삶의 제 조건보다 이렇듯 내면적 성찰을 강조하는 설교들이 의외로 많았습니다. 토를 달 수 없을 만큼 바른 견해이긴 하나 뭔가 허전합니다. 날로 험해지는 세상 속에서 자기부정이 세상과 등진 삶을 조장할 경우 이 역시 '범사에 감사하라'는 본뜻과 거리가 있겠다 싶습니다.

3.

오늘의 성서 본문을 갖고 자주 행해지는 세 유형의 설교들, 어느 것 하나 틀린 것은 없으나 충족해 보이질 않습니다. 감사절 예배를 드리는 우리들도 이들 중의 한 형태에 익숙해져 있을 것입니다. 그러나 정작 '너무도 감사한 죄'를 고백하고 있는 늙은 어머니의 '감사'와는 아직 닿지 못한 부분이 있습니다. 그 어머니는 적어도 주변을 돌아보고 세상을 볼 수 있는 눈을 가졌습니다. 세상을 보고 나를 보니 자신의 감사가 지나쳤고 틀렸음을 알아차린 것입니다. 얼마 전 윤순진 교수님 기사를 보았습니다. 오랜만에 정말 많은 숫자의 서울대 교수들이 시국선언을 발표하는 자리에서 우리는 그분의 눈물을 보며 공감했습니다. 그의 눈물은 이런 의미를 담았다고 생각합니다. 그가 말했듯 수많은 학생들이 다른 세상을 위해 하나 뿐인 목숨을 던져, 자신의 미래를 희생하며 우리에게 '오늘'이란 시공간을 만들어 주었는데 '이것이 국가인가?'를 물어야 할 만큼 망가진 현실을 아프게 느꼈던 탓일 것입니다. 따라서 그의 울음은 분명 '너무도 감사하며 살았던 죄'에 대한 성찰의 표현이었습니다. 민주주의란 열매를 따 먹으며 살고 있는 이 나라는 피 흘려 목숨 바친 순결한 젊은 영혼들 덕분이기 때문입니다. 그들을 잊고 감사절 절기를 지난다면 우리는 자기 속에 갇혀 '너무도 감사한 죄'를 짓고 있을 뿐입니다.

4.

'범사에 감사하라'는 성서 본문은 2016년 비상시국 상황에서 두 가지 뜻을 함축해야 옳습니다. 첫째는 이 땅에서 일어난 사건들에 대해 주목(생각)하는 것이고 둘째는 우리들 삶 역시 사건(감사)으로 만드는 일입니다. 생각하다(think)와 감사하다(thank)의 영어 표현이 참으로 비슷합니다. 깊게 생각해야 감사할 수 있습니다. 생각 없으면 감사도 없습니다. 생각은 내가 하는 것이나 감사는 하늘이 내게 주신 은혜이자 선물입니다. 좌우 사방을 살피지 못했기에, 범사를 두루 생각하지 못한 탓에 우리는 지금 '너무도 감사한 죄'를 짓고 있는 것입니다. 주지하듯 일백만 시민들이 보여준 열기는 세월호 참사와 얼마 전 백남기 농부의 억울한 죽음이 없었다면 결코 촉발될 수 없었습니다. 이 정부가 아무리 잘못했고 비리를 행했을지라도 억울한 죽음들에 대한 분노와 좌절이 축적되지 않았으면 이 같은 삶의 축제(?)가 쉽지 않았을 것입니다. 쓰레기 같은 세상 속에서 그래도 희망이란 꽃을 키워보겠다는 열의가 이들 희생자들 때문이었으니 이들을 기억치 못한 감사절이 있을 수 없습니다. 우리들 역사 속에서 이런 이들이 존재했고 그들 희생의 빛에서 오늘 나를 돌아보는 것이 바로 범사(凡事)의 또 다른 차원이겠습니다. 그래야 우리는 범사에 감사할 수 있습니다. 하지만 이것만으로 충분치 않습니다. 성서는 우리에게 '기도'하고 '기뻐'하며 '감사'하라 했고 이것을 하느님이 우리들에게 바라는 뜻이라 했습니다. 여기서 감사는 생각과 기억을 넘어서 있습니다. 기쁨과 기도가 개인의 내면적 차원이라면 감사는 그 외적인 드러남입니다. 옛적 마리아처럼 하늘 뜻이 나를 통해서 이뤄질 것(눅 1:38)을 감히 허락하는 말이기도 합니다. 생각만 하지 않고 스스로 생각거리가 되고 기억할만한 토대가 되겠다는 다짐입니다. 한마디로 네 자신을 산 제물로 드리란 것입니다. 감사란 인간이 표현할 수 있는 마지막 언어로서 자기 몸을 바치는 행위(롬 12:1)라 하겠습니다. 마치 온 산하가 인류를 위해 열매를 주고 스러져가듯 말입니다. 비상시국 하에서는 "우는 사람과 함께 울고 기뻐하는 사람과 함께 기뻐하는 것"(롬 12:3)이 감사의 본뜻이겠습니다. 우리는 이때에 어떻게 감사를 표하시렵니까? 앞서 말한 세 가지 유형의 감사, 모두 다 필요한 말이겠지만 이런 시국 하에서는 오히려 '너무도 감사했던 죄'를 자각해야 옳습니다. 우리들 시선이 밖으로 향해질 때 실로 감사의 뜻이 바르게 다가올 것입니다. 어느

해보다도 2017년 새해가 중요해졌습니다. 종교개혁 500주년과 총선이 중첩된 시기가 도래하는 까닭입니다. 종교와 국가의 운명이 함께 얽혀져 있기에 범사에 감사하는 일이 더더욱 필요하게 되었습니다. 내주부터 시작되는 대강절 그리고 성탄의 밝은 빛이 2017년을 맞는 우리들 무지를 씻겨주기를 기도합니다.

예수 족보 속에 '난민' 있다

마태복음 1:1-17

살몬은 라합에게서 보아스를 낳고 보아스는 룻에게서 오벳을 낳고 오벳은 이새를 낳고 이새는 다윗왕을 낳으니라(마태 1:5-6).

목하 우리 사회는 '종북', '동성애'를 갖고 씨름하다가 난민을 주제로 여론이 분열하고 있습니다. 세월호 참사와 견줄 때 난민 수용에 열린 시각을 지닌 사람들 숫자가 훨씬 적어 보입니다. 당시는 박근혜 정부와 태극기 세력과 씨름하면 되었으나 난민에 관해서는 노란 배지(badge)를 달고 촛불을 들었던 사람들 간에도 의견이 일치하지 않아 걱정이 많습니다. 혹자는 이를 두고 한 치 앞도 볼 수 없을만큼 두렵고 불안한 사회가 된 탓이라 하였습니다. 정말 주변에는 힘들고 고통스런 사람들로 가득합니다. N포 시대의 절망에 분노하는 젊은이들로 인해 부모세대인 우리들 마음도 지독히 고통스럽습니다. 이웃과 타자를 향한 증오와 혐오가 사회 분위기를 지배하고 있으니 '난민'의 고통을 품기가 말처럼 쉽지 않을 것입니다.

1.

지금 소수자들을 희생양 삼는 사회적 분위기가 만연해있습니다. 현실적 절망감을 여성, 장애인, 동성애자들에게 그리고 이제는 난민들에게 투사하고 있는 탓입니다. 심지어 일부 여성 페미니스트들조차 난민을 성폭력자로 규정하고 배타했으니 상대적 약자(소수자)들끼리 갈등하고 혐오하는 현실이 되었습니다. 이에 이슬람을 '악의 축'으로 학습해온 기독교인들 역시 크게 일조하고 있기에 '난민'에 대한 이해가 앞으로도 쉽지 않을 전망입니다. 하지만 서구 유럽의 일로만 여겼던 땅끝 예멘 난민이 우리들 현실이 되었고, 그들이 소수자 중의 소수자, 약자 중의 약자가 된 이상 이 땅의 교회는 세상과 다른 소리를 내야 옳습니다. 청와대를 향해 수십, 수백만 명이 반대를 청원했더라도 그것과 다른 소리를 내는 것이 우리들 몫이자 할 일일 것입니다. 내 몸의 중심이 아픈 곳에 있고 부모의 마음이 못난 아들에게 가 있듯이 세상을 창조한 하느님이 의지처(고향)를 잃은 고아와 과부, 떠돌이 나그네를 품었다는 것이 성서의 가르침인 까닭입니다. 이 확신이야말로 꺼지지 않는 촛불, 촛불을 넘어 '빛'으로 불렸다는 증거일 것입니다.

사실 난민 문제로 크게 홍역을 치루고 있는 곳은 유럽이며 그 중심에 독일이 있습니다. 이미 이슬람 난민 80만 명 이상을 수용한 독일이었으나 유럽연합(EU)의 붕괴 위기로 난민 정책 수정을 강요받고 있습니다. 자신의 정치적 입지를 위협받으면서도 메르켈 총리는 지중해에 수장당하는 난민들, 사하라 사막에서 아사하는 난민들을 기억하라고 소리쳤습니다. 이들을 저버리고도 자신들 정당 앞에 '기독교'란 이름을 붙일 수 있는가를 물었습니다. 하지만 한걸음 더 들어가 난민에게 냉정한 이들에게 다시 묻습니다. 이슬람 국가들을 혼란에 빠트리고 수백만 난민을 만든 원인이 유럽 국가들의 탐욕인 것을 아는 탓입니다. 난민문제는 유럽 국가들의 업보일 수밖에 없습니다. 그럼에도 이들을 바다와 사막에서 죽게 하고 이동경로를 차단시켜 미래조차 빼앗는다면 이들 죄악을 기억하는 하늘이 용서치 않을 것입니다.

2.

지금 제주도에는 500여 명의 예멘 사람들이 난민 신청 중에 있습니다. 예멘이란 나라는 로마와 교역하던 그 시절, '환희의 도시'라 불릴 만큼 좋은 곳이었습니다. 20세기 초엽 이후 이념과 민족 간 갈등 탓에 외세의 침탈로 우리처럼 분단되었기에 '슬픈 나라'가 되었습니다. 이웃 국가 일본에 의해 고통당했듯이 아주 작은 국가인 이들 또한 주변 이슬람 국가들—사우디와 이란 그리고 터키—로 인해 늘 힘겨웠습니다. 내전으로 백성들이 죽음으로 내몰리자 살길 찾아 제주까지 온 사람들, 이들을 내치면 우리들 과거와 미래가 조롱받을 것입니다. 주지하듯 우리는 3.1 독립 100주년을 눈앞에 두고 있습니다. 촛불 정부는 당시 세워진 상해 임정을 국가의 정통역사로 되돌려 놓았습니다. 국토를 결(決)했다고 '나라'가 아니라 했던 친일파들과 싸워 이긴 쾌거입니다. 우리들 정부가 외국 땅에서 수립된 것을 기억한다면 100주년을 축하하는 이 시점에 예멘 난민을 기쁘게 보살필 일입니다. 더구나 남북이 하나 될 기운이 감도는 한반도에서 난민을 '손님'으로 환대하는 것이 우리를 미래를 위해서도 축복입니다. 남북 화해의 길이 열리는 시점에서 전 세계가 우리를 주목하고 있습니다. 온갖 추측성 증오를 앞세워 난민을 내친다면 세계도 우리들 미래를 하찮게 여기지 않겠습니까?

3.

다행히도 가수들, 연예인들 남녀 10여 명이 자발적으로 난민을 이해하고 수용하길 바라는 힘찬 노래를 만들어 우리 사회에 전하고 있습니다. '사랑에 대해 말하다'(Talk about love)란 곡으로 두 가지 메시지를 담았습니다. 땅끝에서 온 사람들, 친구로 환대하자는 것과 이 땅에 사는 우리도 같은 처지에 놓일 수 있다는 것, 그래서 자신 스스로를 낯선 이방인(난민)처럼 여기며 살 것을 서로의 눈빛을 보며 힘차게 노래했습니다. 사회의식이 일천(?)하다 여기기도 했던 이들 예술가들의 노래와 춤이 너무도 큰 감동을 주었습니다. 세상 아픔을 느끼는 예민한 그들 감수성이 두터운 편견에 쌓인 우리들 신앙보다 많은 아픔을 품었고 세상과 더 잘 소통했습니다. 이들 노래 속에서 우리는 사도바울의 메시지를 다시 찾을 수 있었습니다. 출구 없는 세상 속에서 우리 시대 철학자(사상가)들은 로마서에서 희망을 보았고 그 저자를 21세기 지금 상황으로 불러냈습니다. 모든 것을 가졌으나 '마치 그렇지 않은 것처럼'(As if not...) 살았던 바울, 그의 생각을 산상수훈조차 능가하는 세상 구원의 실마리로 여긴 것입니다. 세상 구원을 위해 바울은 지혜 없는 듯이, 율법을 소유치 않은 것처럼 그리고 힘(권력)없는 종의 모습으로 자신의 삶을 살아냈습니다. 그에게 선교란 바로 이런 모습을 드러내는 것이었고 그것을 그리스도가 준 자유라 하였습니다. 그리스도 안의 존재(Sein in Christo)란 바로 이런 형태의 삶을 일컫습니다. 이런 지혜를 가수들이 'Talk about love'란 노래 속에 담았습니다. 땅끝에서 온 사람처럼 우리 자신을 역지사지(易地思之)할 것을 노래한 것입니다. 이제 이 노래를 들은 우리들이 다시 '사랑'을 말할 차례입니다. 피차 사랑의 빚만 지라 했던 말씀을 기억하면서 말입니다. 옥바라지 선교회를 일군 신앙의 후배들은 이/저 아픈 곳을 찾으면서, 최근에는 서촌 궁중족발 앞에서 "하느님 義는 세상 법을 넘어서 있다"라고 외쳐왔습니다. 세상 법이 하느님 義를 다 담을 수 없기에 법에 안주할 수 없습니다. 법을 갖고 억울한 자의 눈물을 씻길 수 없음을 우리는 너무도 잘 압니다. 그래서 하느님 義는 때로 법을 철저히 무력화시켰습니다. 그것이 바로 바울이 말했고 동시대 철학자들이 소환한 'As if not...', 곧 하느님의 義이자 사랑입니다. 이 마음으로 가수, 연예인들이 내민 손을 잡을 수 있기를 바랍니다. 우리 자신을 땅끝에서 온 사람인 것처럼 그렇게 생각하며 하느님 義를 실현시켜야겠습니다.

4.

이제 오늘의 본문을 언급할 차례가 되었습니다. 설교 말미에 본문 의미가 약술되는 듯싶어 설교자로서 많이 안타깝습니다. 하지만 메시지는 아주 단순 명료합니다. 우리들 과거사가 그랬듯이 예수의 족보 속에도 '난민'이 있었다는 가르침입니다. 예수의 유대인 됨을 족보를 통해 강조했던 마태였습니다. 이 족보 속에는 숨기고 싶었으나 숨길 수 없었던 여인들 이야기가 나옵니다. 자기 생존을 위해 시아버지를 속인 여인, 여리고성을 꿰뚫어 보았던 기생 라합, 먹고 살고자 유대인과 결혼한 경제 난민 룻 그리고 다윗의 후처로 살아야 했던 밧세바 등이 그들입니다. 이들 여인들은 오늘의 잣대로도 자유롭지 못한 존재였으나 마태는 이 여인들의 이름을 족보에서 지울 수가 없었습니다. 여성 신학자들 중에는 마리아 역시 이런 부류의 여인이었을 것이라 추측합니다. 이런 여인들을 통해 태어난 예수, 그가 바로 메시아이자 구세주였습니다. 한 맺힌 아픔들을 품고 태어났기에 예수, 그만이 세상의 고통에서 뭇 사람을 자유케 할 수 있습니다. 예수를 품에 안은 마리아의 노래, 마리아 찬가가 바로 이를 웅변하고 있지 않습니까? 기울어진 운동장을 평평케 할 구세주가 바로 자기 품속의 아이가 될 것이라고 마리아는 맘껏 자랑했습니다. 예수 속에 난민의 아픔, 창기의 고통, 살고자 애썼던 뭇 생명의 애환들이 너무도 잘 기억, 보존되어 있습니다. 우리가 예수를 따르고 그리스도 안의 존재가 된다는 것도 실상은 이 기억들과 함께하겠다는 삶의 다짐일 것입니다. 다시 한번 기억을 환기시키겠습니다. '예수 속에 난민 있다'고.

5.

아마도 이런 생각을 하며 이곳에 모인 우리들은 앞으로도 절대 소수일 것입니다. 세월호 어머니들이 교회로부터 내쳐져 소수자 되어 외롭게 싸웠듯이 '스스로 난민' 되자는 우리들 외침 역시 공감 얻기 어려울 수도 있겠습니다. 하지만 이 땅에 최초로 불거진 '난민'을 위해 이런 소리도 내지 못하는 사회이자 교회라면 의인 열 사람이 없어 멸망된 소돔과 고모라와 다르지 않을 것입니다. 단연코 이 땅의 미래는 없습니다. 한반도에 드리운 평화의 기운도 실종되고 말 것입니다. 그렇기에 우리는 말만 하기 위해 모이지 않았습니다. 난민을 위해서 우리가 무엇을 할 것인가를, 구체적으로 무엇을 하겠다는 다짐과 약속을 위한 자리가 되길 원합니다. 후속 모임들이 만들어져야 할 것이고 '환대'할 수 있는 자기만의 방식을 찾을 일입니다. 이 땅의 소수자 중의 소수자, 약자 중의 약자가 바로 '난민'이기에 그들이 우리들 중심되기를 소망합니다.

이 땅의 근본을 다시 세우라!

느헤미야 4:1-10, 5:1-13

산발랏이 우리가 성을 건축한다 함을 듣고 크게 분노하여 유다 사람들을 비웃으며 자기 형제들과 사마리아 군대 앞에서 일러 말하되 이 미약한 유다 사람들이 하는 일이 무엇인가, 스스로 견고하게 하려는가, 제사를 드리려는가, 하루에 일을 마치려는가 불탄 돌을 흙 무더기에서 다시 일으키려는가 하고 암몬 사람 도비야는 곁에 있다가 이르되 그들이 건축하는 돌 성벽은 여우가 올라가도 곧 무너지리라 하더라 우리 하나님이여 들으시옵소서 우리가 업신여김을 당하나이다 원하건대 그들이 욕하는 것을 자기들의 머리에 돌리사 노략거리가 되어 이방에 사로잡히게 하시고 주 앞에서 그들의 악을 덮어 두지 마시며 그들의 죄를 도말하지 마옵소서 그들이 건축하는 자 앞에서 주를 노하시게 하였음이니이다 하고 이에 우리가 성을 건축하여 전부가 연결되고 높이가 절반에 이르렀으니 이는 백성이 마음 들여 일을 하였음이니라 산발랏과 도비야와 아라비아 사람들과 암몬 사람들과 아스돗 사람들이 예루살렘 성이 중수되어 그 허물어진 틈이 메꾸어져 간다 함을 듣고 심히 분노하여 다 함께 꾀하기를 예루살렘으로 가서 치고 그 곳을 요란하게 하자 하기로 우리가 우리 하나님께 기도하며 그들로 말미암아 파수꾼을 두어 주야로 방비하는데 유다 사람들은 이르기를 흙 무더기가 아직도 많거늘 짐을 나르는 자의 힘이 다 빠졌으니 우리가 성을 건축하지 못하리라 하고(느헤미야 4:1-10).

탐욕스런 기업 합병 탓에 직장을 잃고 생존권을 위해 저 높은 곳에서 300일을 머물고 있는 홍기탁, 박준호 두 분을 하늘이 지켜주실 것을 믿으며 이 자리에 섰습니다. 파인텍 동자들과의 약속을 헌신짝처럼 내쳐 이들 두 사람을 75미터 굴뚝에 오르게 한 김세권 회장에게도 준엄한 하늘 소리가 들려지기를 기도합니다. 혹서, 혹한, 태풍, 장맛비를 견디며 허공에 매달려 300일간 외쳤던 이들 소망을 하늘이 외면치 않을 것입니다. 여러분의 저항이 단지 개인사만을 위하지 않고 이 땅, 이 사회의 근간을 바로 잡고자 했던 까닭입니다. 홍기탁, 박준호 두 분의 결의는 우리들 악을 위해 피 흘리신 예수를 빼닮았습니다. 함께 얼싸안고 감사할 그 순간을 믿으며 오늘도 외로움과 절망감을 이겨내십시오. 가족들, 동지들 그리고 예배하는 저희들이 그날을 앞당기겠습니다.

1.

이런 마음으로 자격 없는 제가 이 자리에 섰습니다. 고민하며 성서를 읽던 중 느헤미야 書 본문에 이르러 제 마음이 멈췄습니다. 느헤미야, 그는 어떤 사람, 어떤 예언자였던가요. 포로 말기 남의 땅에 거주했던 그는 예루살렘 성전 파괴를 가슴 아파했고 그 복원을 원하던 존재였습니다. 그에게 성전은 절망한 민족이 다시 설 수 있는 정신적 지주이자 토대였기 때문입니다. 오늘 우리가 생각하듯 단순한 건물이 결코 아니었습니다. 나라를 잃고 각자도생하는 삶을 묶어, 재결합시키는 그루터기와 같은 것으로 여겼습니다. 그렇기에 느헤미야는 당시 지배자 아닥사스 왕에게 성전 재건을 간청하여 허락 받고 유대 땅 총독으로 귀환했습니다. 건축을 통해 나라의 미래를 준비코자 한 것입니다. 자신의 뜻에 동조하는 소수 사람들과 함께 폐허의 땅으로 향했고 조금씩 돌을 쌓기 시작했습니다. 어디서부터 손대야 할지도 막막한 현실에서 돌을 골라 초석을 놓고 흙을 이겨 쌓아가며 조금씩 높이를 더해갔습니다. 이 과정도 힘겹고 죽을 지경일 터인데 주변 이(異)민족들, 심지어 동족들의 조롱과 비난이 밀려왔습니다. "아니 성을 쌓으면 무엇 하는가? 여우 한 마리 기어올라도 무너질 터인데"라며 이들 행위를 업신여겼습니다. 성전만을 생각하며 살아왔던 느헤미야의 분노는 극에 달했습니다. 하여 '성을 조롱하는 것은 하느님을 조롱하는 것'이니 그들을 절대로 용서치 말라고 기도했습니다. 하지만 점차 유대인들의 힘도 빠져버렸습니다. 배도 고팠습니다. 돌을 쌓아가던 이들에게 절망이 독버섯처럼 퍼져나갔지요. "흙더미는 산더미처럼 남았는데, … 우리 힘으로 어찌 이 성벽을 쌓을 것인가?" 오로지 성전 건축만을 바라고 고국을 찾았던 느헤미야에게 곤경의 시간이 밀려왔습니다.

2.

지금 한국의 현실도 이와 비견해서 말할 수 있을 것 같습니다. 촛불 시민의 역량으로 새로운 나라를 만들고자 시작된 정권이었습니다. 기울어진 운동장을 평평케 하겠다고 다짐하며 출발한 정부가 아니겠습니까? 적폐를 청산하고 나라 기강을 바로잡아 자랑스러운 국가를 만들겠다고 다짐한 대통령이었습니다. 성전 회복을 통해 절망한 백성들, 각자도생만을 생각하던 사람들에게 달리 살 희망을 주고자 했듯이 촛불혁명을 통해 우리들 역시 다른 삶을 기대했습니다. 누구도 홀로 눈물 흘리지 않을 세상이 올 것이라 믿었습니다. 우리는 바로 그렇게 2017년 5월을 시작했습니다. 조금씩 돌을 쌓아갔습니다. 흙을 반죽하여 모난 돌들을 엮고 이어 갔습니다. 그렇게 해서 시민이 주인 되고 약자가 중심되는 세상을 꿈꿀 수 있었습니다. 이 점에서 우리의 촛불은 성전 재건을 위한 느헤미야의 귀환만큼이나 뜻깊습니다.

3.

하지만 성전 쌓기를 비웃었듯이 우리들 촛불 정신을 비웃고 조롱하며 훼방하는 세력들이 도처에 생겼습니다. 대통령 한 사람 바뀌었을 뿐 우리들 사회는 촛불 이전의 상태 그대로입니다. 가진 자의 곳간은 더욱 부유해졌습니다. 이들의 횡포, 소위 갑질로 인해 살 맛을 잃은 사람들의 절망이 도를 넘었습니다. 성전 건축을 무모하다 비웃는 사람이 많아지면 많아질수록 돌 쌓은 유대인들의 절망과 탄식도 깊어갔습니다. 촛불을 비웃는 세력들 탓에 우리들 희망이 탄식과 고통으로 변해가는 중입니다. 하지만 그럼에도 성전은 반드시 세워져야 했습니다. 그것만이 이스라엘을 묶을 구심점인 까닭입니다. 그것이 있어야 미래를 소망할 힘이 생기는 탓입니다. 우리에게도 하늘 주신 촛불의 힘은 사라질 수 없습니다. 그 정신이 곳곳에

스며들어 생동해야 평화도, 통일도 우리 것이 될 수 있습니다. 이 땅을 주름잡고 살아왔던 무수한 갑들, 그들은 우리가 쌓아온 높이를 비웃습니다. 여우 한 마리가 올라가 뛰기만 해도 무너질 것이라고 말입니다. 300일간의 고공투쟁에도 이들 고통을 나몰라라하는 재벌 기업가의 무관심, 그것은 하늘을 비웃고 촛불을 조롱하는 처사입니다. 촛불을 횃불 되지 못하도록 이들 횡포는 앞으로도 더할 것입니다.

4.

그러나 느헤미야는 좌절치 않았습니다. 오늘 우리가 느헤미야 書를 읽고 설교하는 이유입니다. 느헤미야는 조롱과 배고픔을 견디지 못하고 돌 쌓기를 포기하려는 동족들을 일으켜 세웠습니다. 그 자신도 치미는 분노를 눌러가며 주저앉은 백성들을 추동했습니다. 이방인에게 조롱거리가 되지 않으려면 하느님을 두려워하고 그의 성소를 세워야 한다고 강변했습니다. 오로지 삶의 원칙과 근본을 만들기 위함이었습니다. 제게는 이 땅의 기강을 세우는 길 역시 촛불의 힘밖에 없다고 말로 들립니다. 당시처럼 우리의 현실 또한 촛불을 횃불로 키우는 일에 힘겨워합니다. 오히려 약자들의 삶이 많이 버겁게 되었습니다. 甲질의 횡포가 이/저곳에서 기승을 부리고 있지요. 약자들 간의 아우성으로 촛불 정신이 실종될 위기에 처했습니다. 정부의 갈지자 행보로 나아갈 방향과 목표가 점차 신뢰를 잃고 있습니다. 그럴수록 절망적 상황에서 희망을 만들려는 느헤미야의 기개가 필요합니다. 어떻게 느헤미야가 자신의 현실을 극복할 수 있었을까요?

5.

우선 그는 유대민족의 경제활동을 예의 주시했습니다. 하늘을 두려워하는 구체적 방식은 밥 먹고 똥 싸는 일상사에서 드러난다고 보았던 까닭입니다. 동족들 간 상거래에 있어 이자를 주고받은 일을 폐지시켰습니다. 자기 주머니를 덜어내 배고픈 자를 먹이라고도 했지요. 제사장들 앞에서 이런 삶을 살겠다고 서약하도록 했습니다. 절망적 상황에서 희망을 말하기 위해 자신들 삶의 방식부터 달리할 것을 요구한 것입니다. 밖을 향한 저항은 힘들지만 감당할 수 있습니다. 하지만 하찮을지라도 자기 것을 포기하는 일은 쉽지 않지요. 느헤미야는 이렇게 사는 삶이 하늘을 두려워하는 삶이라고 말했습니다. 힘들고 어려울지라도 삶이 나눠질 때 사람들은 힘을 낼 수 있고 그 힘은 세상을 바꿀 수 있습니다. 유대 땅 총독의 직이었으나 느헤미야 스스로도 어떤 임금도 받지 않았습니다. 자기 민족에게 조금이라도 짐을 가볍게 하고 싶었던 것입니다. 백성들의 고통과 절망을 보며 자기 몫을 먼저 챙길 수 없었던 것이었지요. 느헤미야는 자신의 이런 행위를 하느님이 두렵기 때문이라 했습니다.

6.

그렇습니다. 우리 지도자들이 배울 일입니다. 기업을 이끄는 총수들, 자본가들이 배워야 하겠습니다. 정치인의 기득권과 자본가의 탐욕이 지속될 경우 나라는 폐허가 될 수밖에 없습니다. 기득권 버려 자기 몫을 적게 할 때 약자들의 눈물이 닦여져 나라의 근본이 서게 될 것입니다. 당장 그것을 기대할 수 없다면 우리들끼리 더욱 결속하십시다. 정신만이 아니라 물질적 삶에서도 그리하십시다. 이런 방식으로 우리가 피차 힘을 얻을 때 긴 싸움을 시작할 수 있습니다. 우리를 조롱하는 세력들을 견뎌 이길 수 있습니다. 우리가 달라져야 솔선수범하는 정치가도 나올 것입니다. 이런 현실에서 교회 세습 문제로 에너지를 쓰고 있는 한국교회가 많이 가엾습니다. 희망은커녕 무거운 돌덩이를 안기며 역주행하는 한국교회에게 하느님의 화가 미칠 것입니다. 느헤미야의 마지막 말을 기억하십시다. "서로 자기 주머니를 털어 남을 살리고 함께 살아가는 일을 하지 않을 시, 우리 역시 털리고 털려서 빈털터리가 될 것이다"(느 5:13)라고 말입니다. 김세권 회장, 이 말씀을 귀담아 들으십시오. 뭇 약자들을 괴롭히며 자신들 배를 불리는 이 땅의 기업주들이여 그리고 이 나라 백성들이여, 기독교인들이여, 평화가 곧 길이듯이 함께 사는 길밖에 다른 길이 없습니다. 느헤미야는 이를 하느님 말씀이라 믿고 그런 삶으로 성전 건축을 이뤄냈습니다.

7.

울분을 누른 채 공정 세상 외치며 300일을 굴뚝 위에 머물고 있는 두 분이여, 당신들은 우리를 일깨우는 시대의 느헤미야입니다. 긴 시간 동안 하늘에서 외쳤던 그 마음을 나눠 갖겠습니다. 단순한 복직 투쟁을 넘어 이 땅의 근본을 바로 세우겠다고 모진 고통을 감내하는 이 시대의 의인들입니다. 사람이 먼저고 중심이라고 믿는 촛불 정신의 계승자들, 우리가 당신들을 바라보고 있습니다. 두 분이 있기에 우리가 모일 수 있었고 우리들이 있기에 두 분의 고된 저항은 새 역사를 만들어 낼 수 있을 것입니다. 속히 내려와 얼싸안을 그때를 앞당기기 위해 오늘 말씀처럼 살아가겠습니다.

정말 보기를 원하는가?
— 비상시국에 생각해 본 대강절의 한 뜻

마가복음 10:51-52

내가 너에게 무엇을 하여 주기를 바라는가? 그 눈먼 자가 예수께 답했다. '선생님 내가 다시 볼 수 있게 하여 주소서.' 예수가 그에게 말했다. '네 믿음이 너를 구원하였다.' 그러자 그 사람은 곧 보게 되었고 예수 가시는 길을 따라 나섰다(마가복음 10:51-52).

100만의 촛불로 범법자 된 대통령의 하야를 촉구하는 현실에서 대통령은 재차 오기와 고집으로 민족사에 결정적인 악행을 저질렀습니다. 성난 시민들, 심지어 초등학생들에게조차 조롱받을 정도로 희화화된 무능하고 부패한 대통령이 마지막 자존심이라도 내세우듯 국방부 밀실에서 양국 간 군사정보를 교환하는 협정을 맺은 것입니다. 당일 취재차 그 현장을 찾았던 신문기자들 모두가 카메라를 땅바닥에 내려놓고 민의에 반하는 현실에 저항했건만 정부는 국방장관을 앞세워 강행, 처리하고 말았습니다. 본 협정의 구체적 사안들이 국회 국방위원회에서조차 제대로 논의된 바 없었다 하니 탄핵 직전의 대통령의 기행과 만행을 이해할 수 없습니다. 국익을 위한 결정이라 했으나 그것은 성서의 말씀처럼 소경의 판단이었을 뿐입니다. 너무도 단견이라 변화된 질서를 옳게 읽지 못했고 주체적이지도 못했기에 우리 역사를 백 년 이전으로 되돌려 놓았습니다. 이제라도 2백만, 3백만 촛불의 힘으로 새롭게 눈뜬 이를 찾아 앞세워 그와 함께 우리 민족 모두가 예수(평화)의 길로 나서야만 할 것입니다.

1.

주지하듯 미국은 대국으로 부상한 중국과 러시아의 견제를 위해 아시아 지역에서 유럽의 나토(NATO)와 같은 집단 방어체제를 만들고자 긴 호흡을 해왔습니다. 이를 위해 미국은 일차적으로 일본의 정보력, 군사력이 필요했고 이 구조에 한국을 편입시키고자 했던 것이지요. 성주 군민들의 거친 저항에도 불구하고 성주에 사드를 배치하려 했던 것도 실상은 한국 안보가 목적이 아니라 자신들 방어체제 구축을 위한 것이었습니다. 초고고도 미사일 방어체제인 사드가 한반도에서 전쟁을 억제할 무기가 될 수 없다는 것을 군사전문가들이 이미 충분하게 밝혀주지 않았던가요? 국가가 자국민의 안보를 최우선시한다는 것은 지극히 당연한 일입니다. 하지만 사드 배치로 인해 오히려 이 땅이 거대한 두 세력들 간의 전쟁터가 될 개연성이 커졌으니 국가 안보란 말 역시 거짓이었습니다. 사드와 안보, 이 둘이 어울릴 수 없는 이율배반적 개념이 되고 만 것입니다.

이런 현실을 예측하지 못했다면 이 나라 정부가 무능한(장님 된) 것이고, 알면서도 눈감았다면 나라를 팔은 매국과 다를 수 없습니다.

2.

사실 일본과 맺은 금번 군사협정은 내용적으로 사드 배치와 깊게 연루되어 있습니다. 사드의 후속조치를 위한 미국과 일본의 군사, 정치적 포석이라는 것입니다. 금번 협정은 정보교환에 초점을 두었으나 그 이면에 설정된 다음의 내용이 중요한바, 즉 주고받은 군사정보는 본 목적 외에 달리 사용될 수 없다는 사실입니다. 한마디로 엄청난 비용으로 개발된 일본 군사기술을 무단 방출하지 않겠다는 선언인 것입니다. 이럴 경우 외형적으로는 군사정보 공조체제를 이루나 실제로는 일본에 종속, 내지 의존될 수밖에 없는 상황이 초래될 것입니다. 북한을 비롯한 동북아에 관한 상세한 군사정보는 고도의 기술력 없이는 얻을 수 없는 까닭이지요. 더군다나 이런 체제하에서 일본은 자국민을 보호한다는 목적하에 이 땅에 자위대를 파병할 수 있는 권한도 갖게 되었으니 우리로선 걱정이 큽니다. 예나 지금이나 그리고 도처에서 의도된 전쟁들을 발생시킨 경우들을 수없이 경험했던 탓입니다.

3.

금번 한일 군사 정보협정으로 인해 일본은 미국을 대신하여 이 땅의 군사정보를 강력히 요구할 수 있게 되었습니다. 우선은 이 땅에 거주하는 자국민을 지킨다는 이유에서일 것이고 항차 자기 본토에 위험을 느낄 시 북한에 대한 선제공격의 빌미를 얻기 위함입니다. 따라서 향후 한미일 간의 '공동 작전 상황도'가 만들어질 공산이 큽니다. 이를 위해 극동 미사일 사령부도 만들어질 것이라 전망합니다. 사드 배치가 끝이 아니고 이후에도 그를 운용할 수 있는 후속 요청들이 줄을 이을 것입니다. 이로 인한 천문학적 국방예산도 문제이지만 더욱 심각한 것은 남쪽의 국방력 자체가 무용지물이 되고 말 것이란 사실입니다. 미국 주도의 미사일 방어체제에 편입됨으로써 한미일 공조는 외형적 겉치레일 뿐 실상은 국방의 자주권을 비롯한 나라 운명 전체가 미국과 일본의 임의적 판단에 좌우될 여지가 많습니다. 우리 정부가 원치 않더라도 이 땅에서 전쟁이 일어날 수 있다는 말입니다. 우리 땅을 스스로 지킬 수 없는 시점이 향후 20~30년 안에 도래할 것이라 염려가 큽니다.

4.

중국을 비롯한 대륙 군사력 억제를 위해 미국은 이렇듯 일본을 앞세워 한국을 자신들 전초 기지로 설정했습니다. 중국과 러시아가 북한을 대신하여 미국의 주적이 되었다면 일본은 과거처럼 한반도를 자신들 손아귀에 넣고자 한 것입니다. 이를 위해 일본은 패전국 상황에서 만들어진 평화조약을 힘써 변경시켰고 급기야 전쟁 가능한 국가로 만들었습니다. 과거처럼 아시아의 지도국 위상을 다시 꿈꾸고 있는 탓이다. 지금 일본은 자신들 안보를 빌미로 한반도 안에서의 군사행동을 취할 때를 호시탐탐 엿보고 있습니다. 그나마 금번 협정이 1년마다 변경될 여지를 남겼고 국회에서도 무효화 절차를 밟고 있기에 희망을 갖지만 미·일 두 나라들이 위안부 사안처럼 불가역적 차원으로 몰아붙일 것 같아 걱정입니다. 광복 70년을 막 지난 상황에서 국가 안보를 장차 일본에 의존하게 될 비루한 한국의 모습은 상상하기조차 역겹습니다. 그렇기에 군사 전문가로서 국회에 입성한 정의당 소속의 한 정치인은 금번 협정을 박근혜 정부의 가장 사악한 일로 꼽았습니다.

5.

이런 급변하는 동북아의 정치적 상황을 지금으로부터 1세기 전 대동아 공영 정세와 비교하는 시각이 설득력을 얻고 있습니다. 조선조 말 우리 민족은 정세 판단에 둔감했고 미래를 상상할 힘을 갖지 못했습니다. 불교, 유교 측에서 종교와 국가를 새롭게 해보겠다는 개혁론이 등장했으나 역부족이었습니다. 당시 정부의 위기의식은 고작 일본과 중국, 어느 나라에 의존해야 할까를 좌고우면하는 고심으로 나타났습니다. 한마디로 주체의식이 실종된 사태였습니다. 당시로선 늦었으나 그래도 민족과 더불어 국가 차원의 주체적 노력이 선행되었어야만 했습니다. 지금 우리들 상황이 바로 이런 한말의 조선의 현실과 너무도 흡사합니다. 오히려 분열된 조국의 현실로 과거보다 더 어려운 정세에 휘몰리고 있는 중입니다. 새로운 패권주의에 맞서 남북 간의 주체적 대화가 절실히 요청됨에도 이들 모두가 저마다 외세와 짝하고 있는 까닭입니다. 지금과 같은 현실이 지속될 경우 남/북의 민족은 동이 서에서 멀 듯 멀어져 패권주의자들의 희생양이 될 수밖에 없습니다. 아직까지 상대적 우위를 지닌 남쪽이 북한을 주도적으로 변화시켜야 함께 살길이 열립니다. 하여 사람들은 개성공단의 폐쇄를 현 정권의 정치적 패착이라 여기며 그의 철회를 간절히 희망하고 있습니다.

6.

이 정권이 광복(光復)보다 건국을 앞세웠기에 제대로 된 빛, 희망을 접할 수 없었습니다. 70년이 지났으나 친일 부역자들 후손들로 인해 이 땅의 어둠을 거둬내지 못한 결과입니다. 그럴수록 우리는 우리 주변 정세를 옳고 바르게 볼 수 있는 눈을 떠야만 합니다. 우리가 믿는 하느님께 정말 "이제는 보기를 원한다"라고 소리쳐야 할 것입니다. 보고자 하는 열망이 바로 믿음입니다. 그래서 예수는 말씀했습니다. "네 믿음이 너를 구원했다"라고 말입니다. 눈 떠 세상을 옳게 볼 수 있는 사람들만이 예수의 길, 정의와 평화의 길을 걸을 수 있을 뿐입니다. 거짓 언론과 종편들 그리고 기득권 유지에 정신 팔린 정치가들의 궤변으로부터 자유로워야 예수의 길을 만날 수 있습니다. 100년 전의 위기를 이 땅에 다시 재현시킬 수는 없는 노릇입니다. 총칼이 곡괭이와 호미로 바뀌는 세상을 만들어야 합니다. 신앙은 바로 보는 일이고 아름다운 미래를 상상하는 힘입니다. 이런 세상을 보고 만나기를 원한다면 우리들 눈이 먼저 떠져야만 합니다. 그렇기에 우리 모두는 이제 예수를 향해 '정말 보기를 원한다'고 간절히 말해야 합니다. 이것이 비상시국을 맞아 성탄의 빛을 기리는 대강절의 한 의미라 믿습니다.

그대 가슴에 빈틈, 빈방을 허(許)하겠는가?

마태복음 2:6

너 유대땅에 있는 베들레헴아, 너는 유대 고을 가운데서 아주 작지가 않다.
너에게서 통치자가 나올 것이니, 그가 내 백성 이스라엘을 다스릴 것이다
(마태복음 2:6).

사람마다 다를 것이나 대개는 12월이 아주 분주합니다. 처리할
일도 많고 만날 사람도 적지 않아 자신만의 틈을 만들 수 없습니다.
그럴수록 마음 한구석이 허(虛)해져 마지막 달을 보내는 마음이 편
치 않습니다. 성탄절도 우리를 바쁘게 만드는 일 중의 하나가 되었
습니다. 우리들 삶 속에서 '고요한 밤', '거룩한 밤'을 만들 여유가 없
어졌습니다. 한 수녀님이 보내준 영국의 저음(低音) 가수 코헨의 노
래 가사 중에 이런 말이 있습니다. "세상에 모든 것은 틈이 있기 마
련이다. 그 틈 속으로 빛이 스며들어간다. 그로써 자기 소리를 빼앗
긴 모든 존재들이 소리를 낸다." 이것이 <소리 낼 수 있는 것들은 모

두 소리 내게 하라>는 노래의 핵심 메시지입니다. 여기서의 틈은 여유라 해도 좋겠습니다. 여유를 잃은 우리들, 그렇기에 빛이 들어 올 그 작은 공간도 만들지 못했습니다. 성탄의 빛이 우리 것 되어 우리들 존재를 깨우는 소리가 못 되는 이유도 여기에 있겠습니다. 허(虛)한 마음은 틈이 아닙니다. 그것은 분주함의 다른 표현이겠지요. 틈이란 남(他者)을 위한 여백입니다. 산고를 치르고자 '빈방'을 찾던 마리아에게 마구간이라도 내준 주인의 마음이겠습니다. 틈이 사라졌기에 자신은 외롭고 이웃은 허무하게 목숨을 잃고 있습니다. 공장 관리자의 마음속에 조그만 '틈'만 있었다면 24살의 비정규직 청년이 그리 비참하게 죽지 않았을 것입니다. 기업주의 마음속에 '틈'이 있었다면 70미터 굴뚝에서 300일을 넘긴 노동자들의 고통은 생겨나지 않았을 것입니다. 누구나 소리를 낼 수 있는 존재들이건만 틈을 잃었기에 누구도 소리를 낼 수 없게 된 비극, 그것이 성탄절을 맞는 오늘의 역설입니다.

1.

2019년을 맞는 성탄의 절기에 저는 이 나라를 위한 '틈'을 우리들에게서 찾고 싶습니다. 우리들 속에 '틈'이 있는가를 묻고 싶은 것입니다. 아시는 대로 2019년은 3.1 독립선언서가 선포되고 상해 임정이 세워진 지 100년이 되는 해입니다. 국가적, 각 종교별로 그리고 여러 시민단체에서 이를 기리는 행사들이 이/저곳에서 많이 열릴 것입니다. 저도 나름대로 3.1 선언 백주년의 뜻을 잇고자 몇 개의 일에 참여하고 있습니다. 남북 간 평화체제의 안착을 소망함에 있어 모두가 같은 마음이기를 바라면서 말입니다. 하지만 정말로 같은 마음인지 되묻고 싶을 때가 많습니다. 독일처럼 패전국 일본이 분단되어야 했음에도 이 땅이 분단되었고 '분단체제' 하에서 우리는 남/북 간은 물론 남/남 간 갈등으로 몸살을 앓았습니다. 우리들 '못남' 탓에 36년간 일본에 지배당했다 하더라도 70여 년의 분단은 실상 너무도 억울한 일이었습니다. 그래서 함석헌 같은 이는 예수 고난(십자가)이 그렇듯이 우리들 분단 역시 '뜻'이 있을 것이라 했습니다. 이 '뜻'을 찾는 것이 민족의 과제이자 기독교인의 책무라 여겨 『뜻으로 본 한국역사』란 책을 썼던 것이지요. 그는 분단으로 인한 민족의 고통이 항차 세계평화를 위한 것이라 믿었고 그렇게 가르쳤습니다. 분단의 고통을 세계평화로 승화시킬 때 우리들 고통은 의미를 가질 것이라 했습니다. 지금이 바로 그런 징조를 보이는 '때'가 아니겠습니까? 왕래를 불허하던 울타리들이 허물어졌고 단절된 철도를 잇고자 애쓰는 모습을 영상을 통해 보았습니다. 하지만 학습된 분단체제는 여전히 우리에게 '틈'을 허락지 않을 것 같아 걱정입니다. 남남갈등의 올무는 빛을 차단하여 우리를 영원한 장님으로 만들어 버릴 수도 있습니다. 세상을 보고 시대를 읽는 감각을 무디고 차갑게 만들 것이기에 말입니다. 그럴수록 평화체제를 일궈나갈 남북 현실을 더 크게 신뢰하고 상상해야 옳습니다. '고통의 공감'만이 세상을 구할 힘인 것을 더 크게 확신해야겠지요. 우리, 한반도가 그리되면 세계 또한 자신들 미래를 달리 상상하려 들것입니다. 돈과 무기를 갖고 생각했던 미래와는 전혀 다른 세상을 꿈꿀 수 있겠습니다. 하여 비핵화는 항차 한반도뿐 아니라 세상 전체로 확산될 것입니다. 그럴수록 우리들 속에서 '틈'을 만드는 일이 중하며 화급합니다. 평화적으로 독립을 선포했던 1919년의 사건과 맞물린 2018년의 성탄을 맞으면서 자신들 삶에 '틈'을 만들었던 신앙의 선열들을 기억해 보십시다.

2.

일제 강점기 다수 사람들은 이 나라가 다시는 주권을 찾지 못할 것이라 절망했습니다. 일제에 힘을 보태며 자기 안위를 위해서만 살았던 일, 곧 친일(親日)행위 역시 다시는 독립되지 못할 것이라 믿었기에 그리했던 것입니다. 많은 지식인들이 앞장서 일본 제국주의를 선전했고 우리 딸들을 전쟁터 성노예로 내몰았습니다. 이런 모진 일을 직접 하지 않았더라도 사람들은 예나 지금이나 현실에 적응하며 잘들 살아왔습니다. 미래에 대한 절망감이 현실 안주를 부추겼고 자기 삶에 민족, 혹은 나라를 위한 틈을 허락하지 않았기 때문입니다. 오늘 우리들 모습도 같습니다. 나라가 어찌 되든 정치가들은 자기 밥그릇, 기득권층의 안위만 생각합니다. 남북 간의 변화된 기류도 아파트나 주식값 하락과 연동되면 졸지에 무용지물로 만들어 버리지요. 통일보다는 지금 이곳에서의 풍족함을 더 중히 여기는 탓입니다. 지금 우리가 누리는 성장, 번영보다 앞선 가치가 존재할 수 없다고들 확언합니다. 자신은 변화하지 않은 채 상대방들, 예컨대 북쪽, 이슬람, 동성애자, 난민들에 대해 심판, 정죄하는 일에 익숙한 교회들도 이런 기류에 크게 일조하고 있습니다. 100년 전과 오늘, 아주 흡사한 것이 또 하나 있습니다. 앞서 보았던 우리들 실상을 결정짓는 이면(裏面)적 요소로서 원심력과 구심력 간의 갈등입니다. 이 나라 운명이 외세에 달려있다 믿으며 원심력에 목매는 사람들이 이 땅에 많습니다. 당시는 일본이고 지금은 미국으로서 그 이름만이 달라졌지요. 해방정국부터 지금까지 이 싸움이 지리할 정도로 지속되어 왔습니다. 물론 원심력 없이 한 나라가 독자적으로 설 수는 없는 노릇입니다. 하지만 성조기와 이스라엘 국기 나아가 일본 깃발까지 들고 거리에 선 사람들, 그들 다수가 기독교인인 것을 보면 얼굴을 들 수 없습니다. 원심력이 독립과 안보에 의당 도움이 될 수 있겠습니다. 하지만 국가와 민족의 역할, 우리들의 주체적 역량, 즉 구심력 회복 없이는 우리는 영원히 종속된 삶을 살 수밖에 없습니다. 원심력에 의한 독립과 해방은 온전한 자주국가의 길을 요원케 했습니다. 모두가 친일로 기울 때 구심력을 찾겠다고 나선 이들이 독립 운동가들이었습니다. 3.1 운동 시기를 전후하여 국내외에서 50여 종의 독립선언문이 동시다발적으로 나왔다는 것이 기적입니다. 해방 정국에서 미군정이 남한 단독정부를 수립하고자 했을 때 이를 전후로 '좌우합작'을 선언하며 이념적 균형을 잡고자 했던 여운형, 김규식 등이 존재했던 것도 높게 평가할 일이겠습니다. 2019년을 맞는 이 시점에서도 지나친 원심력을 걱정하며 민족의 주체적 역할을 강조해야 옳습니다. 구심력, 민족의 하나 됨을 강화시켜야만 과도해진 원심력과의 균형을 이룰 수 있는 탓입니다. 3.1 선언 100주년의 해에 이런 신앙적 판단이 교계의 정론이 되었으면 좋겠습니다. 이는 우리들 굳은 가슴 속에 '틈'이 생길 때 가능한 일입니다. 어찌 보면 '틈'은 일종의 상처이겠습니다. 하지만 이 상처는 구원의 징표입니다. 달리 생각하며 약자들과 교감할 수 있는 근거인 까닭입니다. 그래서 우리는 이 '틈'을 하늘빛 받은 유일한 삶의 공간이라 믿습니다.

3.

오늘 성서도 제게는 이런 맥락에서 읽힙니다. 지금 우리에겐 만인을 위한 구세주의 탄생 이야기로 들리겠으나 실상 원초적으로는 유대 이스라엘 사람들에 초점을 둔 사건이었지요. 36년도 긴 세월일 터, 거의 500년간을 이/저런 나라들 속국으로 살았던 이스라엘 사람들에게 해방과 자유 그리고 독립이란 말이 아득해졌을 것입니다. 수차례 무력으로 맞서기도 했으나 처참하게 무너졌습니다. 가족들 사이에서 종종 민족을 위한 왕, 구세주 탄생 이야기가 전해졌으나 삶 자체가 짐이 된 이들의 현실에서 설득력을 잃었습니다. 메시아의 탄생, 그 이야기는 민족 현실에서 '픽션'이 되어 버렸습니다. 그럴수록 로마의 지배에 안주하는 사람들이 늘어났지요. 유대왕 헤롯을 비롯한 상당수 사람들이 원심력에 의존하여 소수 기득권자로 살았습니다. 그 대가로 이들은 민족 구심력을 분산시켜야 했습니다. 구심력을 흩어 원심력을 강화하는 일이 당시 유대 정치인과 종교인들의 살아가는 방식이었던 것이지요. 성탄의 시기는 그래서 오늘 우리들 현실과 너무도 닮았습니다. 2000년이란 시간 차(差)도 생겼고 공간도 변화되었으나 정치 현실은 이렇듯 반복되니 진화, 진보라는 말이 무색할 지경입니다. 그럴수록 성탄 또한 유일무이한 신(神)적 사건이 아니라 우리 역사 속에서 거듭 반복되는 우리들 이야기가 되어야 옳습니다.

4.

이런 중에도 소수의 사람들 의식 속에 다시금 메시아 탄생에 대한 기억이 솟구쳤습니다. 성서는 이들을 동방박사라 일컬었지요. 다수의 사람들이 암흑 같은 현실에 절망했을 때 세상을 달리 읽은 소수자들이라 하겠습니다. 제 말로 표현하면 자기 삶에 '틈'을 만든 사람, 그래서 '빛'과 접촉한 사람이겠습니다. 자신만을 주장하고 자기 소리만을 내는 사람들에겐 현실만 보이고 그것만이 존재할 뿐입니다. 닫힌 존재는 새로움과 접촉할 수 없고 그에겐 미래도 없습니다. '틈'을 통해 빛을 접한 사람은 신(神)의 약속, 과거 속 기억마저 회복시켜 냅니다. 그래서 이들은 모두가 잊고 있던 기억을 되살렸습니다. 지금 이들은 원심력에 취해 과거를 잊고 미래를 버렸으며 민족도 내팽개친 이들 앞에서 자신들 메시아 이야기를 끄집어낸 것입니다. 왕이 태어났으니 그를 경배케 하라는 것이지요. 실로 엄청난 소리였습니다. 헤롯왕을 비롯한 예루살렘 사람들 모두가 당황했다고 성서는 말하고 있지요. 자신을 닫고 민족을 포기한 이들에게 '틈'을 만드는 어마어마한 소리(轟音)가 되었습니다. 그때부터 누군가는 두려워하기 시작했고 다른 사람들은 조상들의 이야기를 떠올릴 수 있었습니다. 자신들에게도 전혀 다른 삶, 낯설지만 새로운 미래가 존재할 것이라 생각하기 시작했습니다. 원심력에 의존한 안주가 아니라 구심력의 회복을 통한 새로운 역사를 쓰고자 한 것이지요. 오늘 주신 성서 말씀을 다시 읽어 봅니다. "너 유대 땅에 있는 베들레헴아, 너는 유대 고을 가운데서 아주 작지가 않다. 너에게서 통치자가 나올 것이니, 그가 내 백성 이스라엘을 다스릴 것이다"(마 2장 6절). 원심력으로 가득 찬 현실에 구심력의 중요성을 환기시키는 말씀으로 들려집니다.

5.

신학자 토마스 베리는 기독교가 말하는 삼위일체론을 우주론적 시각에서 풀어냈습니다. 주지하듯 빅뱅(BigBang)으로 시작된 우주 태초에 확장하려는 원심력과 그를 잡아당기는 구심력이 공존했기에 지구를 비롯한 오늘의 우주가 존재할 수 있었습니다. 확장(원심력)만 하면 우주는 흩어져 버릴 것이고 수축(구심력)만 있으면 우주는 어떤 공간도 얻을 수 없었을 것이겠지요. 이런 우주 현상을 보며 베리 신부는 원심력과 구심력을 각기 하느님과 예수 그리스도라 말했고 이들의 조화와 균형을 성령의 역사로 보았습니다. 원심력과 구심력의 조화와 균형, 곧 성령의 역할로 우주가 유지, 존속된다는 것입니다. 우주가 그렇게 존속되는 것이라면 한 국가의 운명도 이 두 힘들 간의 조화와 균형 속에서 가능하겠습니다. 하지만 과거 유대민족이 그랬고 3.1 선언 백주년을 맞는 2019년 이 땅의 현실 역시

과한 원심력 탓에 민족과 나라의 꼴이 말이 아니게 되었습니다. 원심력을 등에 업고 보수를 자처하는 정치세력이 우리를 웃프게 합니다. 보수란 본래 민족의 가치, 구심력을 부각시키는 정치이념인 탓입니다. 나라 독립을 위해 자신을 바쳤던 선열들의 백 년 역사와 마주하는 2018년 성탄입니다. 이 땅 한반도가 휴전체제를 끝내고 종전을 거쳐 평화체제로 이행되는 중차대한 시점입니다. 원심력에 휘둘리며 분단체제에 안주했던 지난 역사와 다른 시간이 다가 올 것을 함께 믿고 이 시기를 살아내야 하겠습니다. 헤롯왕과 예루살렘의 사람들이 그랬듯이 새 역사를 당황스럽게 맞아서야 되겠습니까? 이스라엘의 메시아가 세상의 메시아가 되었듯이 한반도의 평화가 세상의 평화 될 것임을 크게 믿어 보십시다. 이를 위해 2019년 성탄에 확산과 축소(환원)의 두 힘이 한반도에서 조화와 균형을 이룰 수 있기를 소망합니다. 그렇다면 먼저 우리들 역사, 이 민족의 꿈이 더욱 커질 일입니다. 3.1 선언서에 담긴 평화정신이 성탄과 함께 부활하길 기대합니다. 이를 공부하는 것이 내년 1년 우리들 과제가 되었으면 좋겠습니다.

태극기와 촛불
― All for One에서 One for All로

마가복음 10:32-45

열 제자가 듣고 야고보와 요한에 대하여 화를 내거늘 예수께서 불러다가 이르시되 이방인의 집권자들이 그들을 임의로 주관하고 그 고관들이 그들에게 권세를 부리는 줄을 너희가 알거니와 너희 중에는 그렇지 않을지니 너희 중에 누구든지 크고자 하는 자는 너희를 섬기는 자가 되고 너희 중에 누구든지 으뜸이 되고자 하는 자는 모든 사람의 종이 되어야 하리라 인자가 온 것은 섬김을 받으려 함이 아니라 도리어 섬기려 하고 자기 목숨을 많은 사람의 대속물로 주려 함이니라(마가복음 10:41-45)

올해도 3.1절을 맞습니다. 조만간 백 년의 역사가 되기에 예사롭게 이 날을 지낼 수 없고 그렇게 지나서도 아니 될 일입니다. 더구나 토요일마다 촛불을 끄겠다고 시청 앞 대한문에 모여 탄핵 무효를 외치는 작금의 태극기 물결이 3.1절의 태극기를 폄하, 훼손시키는 것이 속상하고 불편합니다. 1919년 당시의 태극기는 총칼 앞에서 민족의 자주적 독립을 외친 부활의 사건이자 그 증표였습니다. 하지만 촛불과 적대하며 태극기를 흔드는 이들의 애국심은 사람 잡는 도착(왜곡)된 감정일 수밖에 없습니다. 촛불과 태극기가 적대하는 상황이 탄핵정국 속 이 땅의 자화상이니 기막힙니다. 며칠 후 3.1절에 거짓되고 왜곡된 태극기가 거리를 뒤덮을 것 같아 걱정입니다. 태극기를 손에 든 이들의 상당수가 기독교인들이란 것도 참으로 당혹스럽습니다.

1.

언젠가 JTBC 방송 손석희 앵커가 했던 말이 생각납니다. 도대체 애국심이란 것이 무엇이며 그것을 지닌 사람이 정말 누구인가를 그는 스스로 물었고 답했습니다. 이 나라를 쥐락펴락하는 정치가, 법을 공부했다는 판검사들, 경제를 안다는 관료들, 이들에게서 우리는 긴 세월 동안 애국심을 강요받으며 살아왔습니다. 이들은 입만 열면 나라 사랑을 강변했고 국가를 위해서 가만히 있고 참아야 한다고 사람들을 설득했습니다. 어느 영화의 한 장면처럼 부부 싸움하다가도 애국가가 나오면 태극기를 향해 가슴에 손대며 경의를 표하는 것을 애국심이라 배웠습니다. 이런 방식으로 국가는 애국심을 강요했고 우리는 그에 맞춰 사고하며 살아야 했습니다. 그러나 정작 애국을 말하던 이들 상당수는 군을 면제받았으며 세금을 탈루했고 법망을 피해 치부했습니다. 4대강 개발의 이름하에 나라를 상대로 사기 친 대통령도 있었고 국가와 결혼했다고 말하면서 사익을 추구한 위정자로 인해 백성들이 고통받고 있습니다. 이들로부터 민족번영, 애국이란 말을 들어야 했던 세월이 억울합니다. 이들이 말했던 애국은 자신들 기득권을 지키려는 수단이었습니다. 이들의 거짓 충동에 놀아난 태극기 물결이 실로 참담합니다. 스스로 생각할 수 있는 힘을 잃은 결과라 할 것입니다. 기름진 목사들의 감언이설에 속아 신앙 주권을 잃었기에 생겨난 일입니다. 유리 지갑이 되어 세금 옳게 냈고 자식들 두셋을 군대에 보냈으며 비정규직 신분으로 가장 많은 시간 일(노동)했던 사람들, 바로 그들이 이 땅의 진정한 애국자들입니다. 그렇기에 그들 손에 들려진 촛불이 3.1절의 태극기와 맥을 같이 합니다. 폭력의 시대를 폐하고 도의(道義), 곧 정의의 시대를 열고자 했던 까닭입니다. 소수 개인에게 이익과 권력이 집중되고 손실만이 공유되는 세상을 폐하려 했던 것입니다. 이들로 인해 독립선언서에 명시된 국민주권 시대가 비로소 열리게 되었습니다. 이들 촛불은 3.1절 태극기의 재현이자 진화로서 시대정신의 상징이라 할 것입니다. 거짓되고 도착된 애국심(태극기)은 결코 촛불을 이길 수 없습니다. 거짓 애국심을 조장하는 태극기는 한갓 천 조각에 불과한 것으로 촛불이 그를 불사를 것입니다.

2.

저는 태극기와 촛불을 각기 영어의 두 표현 'All for One'(하나를 위한 모두)과 'One for All'(모두를 위한 하나)로 각기 달리 말해보고 싶습니다. 지금껏 위정자들, 기득권자들은 태극기를 앞세워 자신들 소수를 위해 충성할 것을 요구했습니다. 자신들을 국가요 나라라 여겼던 탓입니다. 여타 민중, 시민들은 그들에게 개, 돼지들에 불과했음이 금번 박근혜-최순실 사건을 통해 밝혀졌습니다. 그러나 촛불은 하나를 위한 모두가 아니라 그 하나가 모두를 위해 존재할 것을 명령했고 소리쳤습니다. 우리들 교회 역시 그리스도를 앞세워 성도들을 교회를 위해 존재하라 했으나 촛불은 달리 말합니다. 교회 역시도 뭇 신도를 위한 공동체가 되어야 한다고 말입니다. 바로 그것이 가톨릭교회와 단절된 종교개혁의 정신이었고 사람이 안식일의 주인이라는 예수의 증언이었습니다. 종교란 본래 '모두를 위한 하나'의 길을 제시하는 것으로서 십자가는 바로 그것의 상징일 것입니다. 예수의 죽음이 바로 그랬습니다. 그렇기에 광장의 촛불은 15차에 걸쳐 소수가 독점한 이익을 나누라고, 모두에게 전가된 손해를 폐할 것을 국가와 교회에게 명(命)하고 있습니다. 하지만 태극기를 앞세우는 자들에게 국민주권, 신앙주권은 가당치 않습니다. 뭇 사람들을 선동하여 생각을 빼앗고 자신들 하수인 만들고자 혈안입니다. 촛불민심에 역행하는 교회들, 태극기를 들라 선동하는 성직자들 역시 이와 다르지 않습니다. 신앙을 볼모로 자신들 이익을 취할 뿐입니다. 결코 변화를 원하지 않습니다. 러시아 사상가 베르자이에프의 말을 빌리자면 선동하는 기득권자들은 스스로를 상전인 척 여기며 선동당하는 이들은 노예의식에 사로잡힌 자들일 뿐입니다. 그 누구에게서도 자유함이 없습니다. 그렇기에 촛불에 맞서는 태극기는 3.1 정신뿐 아니라 예수 정신에도 어긋납니다. 우리에게 자유를 허락한 예수께서 다시는 종의 멍에를 메지 말라 했으나 태극기 집회는 인간을 도착시키며 노예화합니다. 하지만 촛불은 이런 국가와 교회에 대한 우리들 절망을 치유했습니다. 시대적 절망에 공감하면서도 새 사회를 위한 꿈과 희망도 나누었기 때문입니다. 역사를 과거로 퇴행시키는 태극기 집회는 그렇기에 촛불의 맞수가 될 수 없습니다. 하지만 다수 대형 교회들이 태극기 집회에 합류하는 현실에 할 말을 잃습니다. 얼마나 지킬 것이 많기에 명명백백한 촛불의 진실을 덮고자 하는지 모르겠습니다. 공적 의식을 져버린 채 사사화된 이익에 안주하는 교회라면 빠르게 무너지는 것이 옳습니다.

3.

이제 성서의 말씀을 살피겠습니다. 오늘 본문은 예수와 함께 3년의 삶을 나눴던 몇몇 제자들의 이야기를 담았습니다. 예수 공생애를 함께 경험했던 소위 수제자들 몇몇이 예루살렘 입성을 앞둔 시점에서 누가 더 높은 직책을 차지할 것인지를 두고 논쟁이 벌어졌습니다. 요한 같은 제자는 자기 어머니까지 동원하여 높은 자리를 얻고자 노력했습니다. 예수의 입장에선 참으로 기막힌 노릇이었습니다. 예루살렘 여정은 죽음의 길이었건만 자신을 안다는 제자들이 예수의 마지막 일주일 여정에 이르러 엉뚱한 소리들을 하고 있으니 무상하셨을 것입니다. 우리에게 너무도 익숙한 말씀들, '누구든지 위대코자 하면 섬기는 사람이 되라', '으뜸이 되고자 하면 모두의 종이 되라', '인자는 섬김을 받고자 오지 않았고 섬기러 왔다' 등등은 사실 이렇듯 절망적인 상황에서 나왔습니다. 주후 50~60년경 예수의 이런 절망을 마가는 자기 공동체에 전하면서 소경 고치는 이야기를 통해 깨우침, 즉 반전을 시도했습니다. 소경을 고쳤던 예수의 행적을 마가는 예수와 동문서답하는 제자들 이야기 속에 편입시켰던 것입니다. 마가에게 있어서 소경 바디메오는 예수의 죽음을 알지 못한 채 서로 높아지고자 했던 제자들의 실상을 뜻했습니다. 3년 동안 예수를 따랐으면서도 예수의 뜻, 길, 삶을 알지 못한 제자들, 바로 그들이 소경이었다는 것입니다. 그렇기에 마가는 자기 공동체에게 눈을 떠 예수의 길을 바로 볼 것을 설교하고 있습니다. 눈을 떠 비상시국인 우리 현실을 옳게 보라는 메시지라고 생각합니다.

4.

종교개혁 500주년과 대선이 맞물린 2017년을 맞아 오늘의 교회 역시 사람들 눈을 치유할 중차대한 과제 앞에 서 있습니다. 더구나 3.1절 예배를 드리면서 새로운 시대(獨立)를 열고자 자신을 바쳤던 뭇 선열들을 기억하니 더욱 그렇습니다. 당시 독립선언서에 이름 올린 이들은 서명 순서를 죽는 순서라 여기며 적었다 합니다. 이웃 종교를 부정하고 정치참여를 반대한 선교사들로 인해 어려움이 컸으나 나라를 구하는 일에 자기 목숨을 두려움 없이 내놓았던 것입니다. 얼마 전 장공 김재준에 관한 글을 쓸 기회가 있었습니다. 그의 전집을 읽으며 발견한 것은 그가 썼던 글 횟수 있어 3.1절에 관한 것이 4.19를 주제로 한 것보다 많았다는 사실입니다. 기독교장로회 곧 한신 민중신학에 있어서도 그 원류가 3.1절에 있다는 것은 놀라운

발견이었습니다.

5.

촛불민심은 대한민국이 민주공화국인 것을 환기시켰습니다. 모든 권력은 국민으로부터 나온다는 것입니다. 바로 3.1절 독립선언서로 인해 민주공화국 입법이 공식화되었습니다. 박근혜 정부는 건국절 논쟁을 통해 이를 부정했으나 촛불 민심은 이를 다시 소환했습니다. 이명박, 박근혜 정권을 거치면서 이 땅은 민주공화국이라 말할 수 없는 지경이 되었습니다. 동방의 아름다운 나라였던 이 땅이 어느 순간 헬조선이 되어 버린 탓입니다. 한국적이란 한정사가 아주 부정적 개념으로 바뀌어 버렸습니다. 그렇기에 촛불 민심은 지금 폭력의 시대를 접고 도의(정의)의 시대를 열망합니다. All for One의 세상이 아니라 One for All의 세상을 만들고자 합니다. 이를 위해 촛불의 사람들은 강자의 자유, 편중된 부, 사회의 초(超)엘리트화, 출신성분주의에 거칠게 항거하기 시작했습니다. 백성들의 고통이 임계치에 달했기 때문입니다. 하여 검찰과 재벌개혁을 강력히 요구했고 시민들의 직접적인 참여를 원하고 있습니다. 더 이상 일방적 통치가 아니라 쌍방향의 정치를 원하고 있습니다. 한 마디로 권력에 주눅 들지 않겠다는 다짐이겠습니다. 금번 대선을 정권교체, 시대교체를 넘어 3.1 정신을 훼손시킨 온갖 적폐청산의 계기를 만들겠다고 했습니다. 'One for All'의 세상, 공론과 공감의 장을 열지 못하면 야당의 후보일지라도 대통령 꿈도 꾸지 말라고 할 것입니다.

6.

이런 정황에서 교회는 예수께서 쓰린 마음, 절망적 상황에서 토(吐)하신 말씀에 정직하게 마주서야 할 것입니다. "으뜸이 되고자 하는 자는 정말로 종이 되라." 이 말씀은 단순한 도덕적 교훈이 아닙니다. 우리들 눈이 떠질 때 하느님 나라를 위한 열정(passion)이 생겨날 수 있습니다. 성서는 아직도 '누가 높은가'를 내심 묻고 살아가는 우리들을 향해 소경이라 말합니다. 3.1절을 앞둔 절체절명의 순간에 여전히 소경으로 머문다면 우리는 독립을 위해 죽을 각오로 서명했던 신앙 선배들을 욕되게 할 뿐입니다. 우리 모두 눈을 떠 예수와 함께 십자가의 길, 예루살렘에 입성하십시다. 이것이 오늘의 교회를 향한 촛불의 명령입니다.

그대여,
평화의 새 술을 담는 그릇이 되겠는가?

에베소서 2:14-19, 고린도전서 9:19-23, 마태복음 18:35

내가 모든 사람에게서 자유로우나 스스로 모든 사람에게 종이 된 것은 더 많은 사람을 얻고자 함이라 유대인들에게 내가 유대인과 같이 된 것은 유대인들을 얻고자 함이요 율법 아래에 있는 자들에게는 내가 율법 아래에 있지 아니하나 율법 아래에 있는 자 같이 된 것은 율법 아래에 있는 자들을 얻고자 함이요 율법 없는 자에게는 내가 하나님께는 율법 없는 자가 아니요 도리어 그리스도의 율법 아래에 있는 자이나 율법 없는 자와 같이 된 것은 율법 없는 자들을 얻고자 함이라 약한 자들에게 내가 약한 자와 같이 된 것은 약한 자들을 얻고자 함이요 내가 여러 사람에게 여러 모습이 된 것은 아무쪼록 몇 사람이라도 구원하고자 함이니 내가 복음을 위하여 모든 것을 행함은 복음에 참여하고자 함이라 (고린도전서 9:19-23).

이 땅 한반도가 분단되어 휴전상태로 머문 지 어언 70년이 되었습니다. 본래 전쟁을 일으켰던 일본이 독일처럼 분단되어야 했음에도 지정학적 중요성 탓에 한반도가 나눠져 동족끼리 적대하며 지내야 했습니다. 참으로 억울하고 분통 터지는 일이 아닐 수 없습니다.

20세기 시작과 함께 일제에게 36년을 지배당했고 70년을 분단체제로 살았으니 민족의 고난의 역사가 참으로 길고 모집니다. 그래서 해방이 아직 해방이 될 수 없다는 말도 회자되고 있습니다. 하지만 모든 '고통에는 뜻이 있다'는 것이 성서의 가르침이기에 우리가 당한 고난의 뜻을 묻고 찾아야 합니다. 역사는 처음이 있어 마지막이 있는 것이 아니라 '마지막이 있어 처음이 있기' 때문입니다. 평창 올림픽과 더불어 한반도에 새로운 평화 기운이 드리웠습니다. 70년 만에 임한 하늘의 은총이 한반도를 가득 채우고 있습니다. 이 기회를 꼭 붙잡아 다른 세상을 만드는 것이 침략과 분단을 견뎌낸 우리들 과제입니다, 지금껏 분단체제에 길들여진 사유를 깨고 하늘이 허락한 평화의 새 술을 담을 그릇이 되어야 하겠습니다. 오늘 드리는 '광복'(光復)절 연합예배가 말 그대로 '빛을 다시 찾는' 은총의 시간, 통일을 앞당기는 시간되기를 바랍니다.

1.

무릇 만사에는 때가 있는 것 같습니다. 평창 동계 올림픽을 3수 끝에 성사시켰으나 우리, 특별히 평창 주민들은 두 번째 고배를 들었을 때 실상 많이 좌절했었습니다. 하지만 당시 평창에서 올림픽이 열렸다면 오늘과 같은 거대한 기운을 만들 수 없었을 것입니다. 평창이 강원도와 대한민국이란 지경을 넘어 세계의 평창으로 각인된 것은 바로 '때'가 만들어 준 신비이자 축복입니다. 촛불혁명을 통해 문재인 정권이 태어났기에 그리고 누구도 기대하지 않았으나 트럼프란 실용주의자가 미 대통령이 되었던 탓에 평창의 기적이 가능했습니다. 3수해서 얻은 쾌거였으나 역사를 바꾸려는 하느님 계획이 담겨 있었습니다. 설교를 준비하며 저는 '평창'(平昌)이란 말뜻을 다시 생각해 보았습니다. 평평할 '平'과 창성하고 번성할 '昌'이 합성된 말 '平昌'은 누구도 홀로 소외됨 없이 더불어 번성한다는 뜻을 담았습니다. 이것만큼 올림픽 정신을 잘 드러낸 말이 어디 있을까요. 하느님 계획을 이루기에 평창만큼 좋은 곳이 없었기에 이곳을 택해 평화의 기운을 펼치셨다고 믿습니다. 하지만 지역(터) 이름은 그곳에 사는 사람들 삶을 드러내는 것이겠지요. 여러분들의 삶이 곧 '平昌'이란 귀한 뜻을 만들어 냈다고 믿습니다. 하느님 평화라는 새 술을 담을 그릇으로 여러분들, 평창 주민들이 제격이라 생각합니다. 이런 큰 뜻을 품고 '平昌'의 이름으로 하느님 평화를 일구는 여러분들 되시기를 축복합니다.

2.

우리는 지난 70년 동안 우리들 동족이 살고 있는 북쪽을 잘 몰랐습니다. 분단체제를 자신들 정권유지의 도구로 만든 거짓 위정자들로 인해 그곳을 사람 사는 공간이라 여기지 않았습니다. '惡의 軸'이란 말이 있듯이 그곳은 뿔난 악마들만 사는 곳인 줄 알았습니다. 북한 주민을 기획 탈북시킨 우리 정부의 거짓말도 그대로 믿었습니다. 우리들 가슴 속에 박힌 '공산당이 싫어요'란 한 어린이의 말도 날조된 것임을 최근에서야 알았습니다. 지난 정부 시절 위정자들은

'북한 붕괴론'을 공공연히 선포했습니다. 남북 상생의 길이었던 개성공단마저 폐쇄했고 금강산을 향한 강원도 길을 봉쇄했습니다. 하지만 지금 우리는 정작 붕괴된 것은 북한이 아니라 지난 정부가 퍼트린 '북한 붕괴론'인 것을 여실히 경험하고 있습니다. 북미 대화를 통해 최 강대국 미국과 자신의 미래를 위해 당당한 협상을 하고 있지를 않습니까? 북한이 졸지에 무너지면 북한은 중국 쪽으로 더욱 기울 것이고 동북아 균형을 깨쳐 오히려 전쟁확률을 높일 수 있습니다. 미국과 일본이 이 현실을 보고만 있지 않을 것이기 때문입니다. 거듭 말하지만 정말 우리가 두려워할 것은 북의 붕괴입니다. 당장 통일까지는 아닐지라도 남북평화체제를 만드는 일이 화급합니다. 6.25를 경험한 탓에 쉽지 않겠으나 북한을 돕고 지키는 일이 형제를 사랑하라는 하느님의 뜻이겠습니다. 하느님은 지금 평창의 기독교인들에게 원수와 더불어 먼저 화해한 후, 내게 예배할 것을 주문하고 계십니다. 이 마음속에 '골고루 번영하라'는 平昌의 뜻, 곧 평화의 새 술이 담길 수 있습니다.

3.

3代에 걸친 북한의 세습체제를 이해하기가 그리 쉽지는 않습니다. 주체사상에 터해 '구호'에 살고 '구호'에 죽는 체제로 지난한 세월을 버텨왔습니다. 6.25 당시 초토화된 경험을 갖고 있기에 북한은 경제보다는 핵(무기)를 갖고 체제를 지키려 했습니다. 그 와중에서 북의 백성들의 희생이 너무 컸음을 다 알고 있습니다. 김대중-노무

현 정권 시절의 햇볕정책, 10년 동안 매해 큰 다리 하나 지을 수 있는 돈 3천억을 지원했을 뿐인데 그를 백성들 먹이지 않고 핵무기 개발에 썼다고 이 땅의 보수언론들이 과도하게 야단법석을 떨었습니다. 한 번도 현금을 지불한 적이 없었음에도 말입니다. 비료와 농약 그리고 자재를 지원하였을 뿐입니다. 최근 북의 변화에 대해서도 거짓과 위장이라 혹평하고 적대했습니다. 하지만 정작 미국 언론은 달랐습니다. 자기 민족과 체제를 지키기 위한 북한의 정책, 최근 김정은의 급 방향 선회를 현명한 처사라고 인정한 것입니다. 1인 독재 체제 강화를 위한 탐욕스런 정책이 아니라 국가를 지키려는 고육지책이라 여겨준 것입니다. 여전히 미흡하나 적국인 상대방의 입장을 헤아려 주었습니다. 미국을 위협할 만한 핵 탑재 미사일을 개발했으나 북의 김정은은 주린 창자를 움켜쥐며 만들었던 무기를 버리고 백성을 위해 경제를 살리겠다고 나섰습니다. 성서의 말씀처럼 칼과 창을 낫과 쟁기로 바꾸려고 그들로서는 정말 어려운 모험을 시도한 것입니다. 진보적 정치 평론가 유시민은 한국 정치가, 기업 총수들이 김정은만큼 혁신적 사유를 해본 적이 있었는가를 묻습니다. 북쪽으로선 사활을 건 모험을 하고 있는 셈입니다. 지금처럼 대북제재가 지속되면 북한 체제가 위험에 처할 수도 있습니다. 그것은 오히려 동북아의 평화를 깨며 한반도를 위협에 처하게 하는 일입니다. 그렇기에 우리는 북을 믿고 그들 스스로 서도록 지켜주어야 옳습니다. 스스로를 '주체'라 여기며 외세에 당당했던 이들을 믿고 그들 입장에서 생각하는 평창의 기독교인들 되었으면 좋겠습니다.

4.

지금 세상은 출구가 없다고 아우성입니다. 자본주의가 그 본질을 잃어 平昌, 즉 평등하게 번영하지 않고 극소수만을 부자로 만들고 있는 까닭입니다. 세계 도처에서 극심한 빈부 차(差)로 전쟁이 일어나고 있으며 자본에 약탈당한 자연이 인간에게 그 폐해를 고스란히 돌려주고 있습니다. 금번 여름 경험한 이상고온이 예사롭지 않습니다. 절대다수를 빈곤층으로 만들었고 자연을 고갈시켰으니 지구의 미래가 위태롭습니다. 그렇기에 공산주의를 이겼다는 자본주의 운명도 풍전등화입니다. 이로부터 학자들은 자본주의의 종말을 말하기 시작했습니다. 이런 상황에서 세계 석학들이―정작 신학자들이 아니라― 바울을 오늘 이 시대를 구할 구원자로 불러내고 있습니다. 신약성서의 절반 이상을 차지하는 바울 서신에서 세상을 구할 메시지를 찾았던 까닭입니다. 바로 그 말씀이 오늘 읽은 고린도전서 9장의 내용입니다. 다메섹 체험 이후 바울은 '마치 ―가 아닌 듯이'(As if not) 살았습니다. 율법을 가졌으나 없는 자처럼 살았고, 자유로웠으나 종처럼 살았으며, 믿음이 컸으나 믿음 없는 자 되어 살았습니다. 오로지 사람들을 구하기 위해서였습니다. 이런 삶이 바울에게 곧 복음이었고 부활의 삶이었습니다. 하지만 오늘 우리는 더 없이 율법을 내세웠고, 믿음을 자랑했으며 그리스도인 된 것을 떠벌리며 살았습니다. 그러다 보니 많은 이들이 우리가 주는 물에 목말라 하지 않았습니다. 교회들이 세상으로부터 소외되고 있는 실정입니다. 대형교회들이 거짓 뉴스를 생산, 유통시키는 본거지가 되었으니 기막힌 노릇입니다. 시대의 구원을 위해 석학들이 소환한 바울의 말씀을 우리가 따라 지켜야 합니다. 우리 스스로가 남쪽이 아니라 마치 북쪽의 사람이 된 것처럼 여기며 우리들 미래를 염려하십시다. 무기를 버리고 살길(경제)을 취하려는 그들 절박감을 마치 우리 일처럼 여겨 보십시다. 그 자체로 핵은 반신학적이고 반생명적인 것이나 그것 갖고 자신들 미래를 흥정하는 북의 현실을 지금 우리들 일처럼 상상할 일입니다. 오로지 북쪽을 구원할 목적을 갖고서 말입니다. 그래도 우리는 아직 배부른 사람들입니다. 굶주린 사람들의 형편이 잘 헤아려지지 않을 것입니다. 전쟁을 피해 이 땅을 찾은 이슬람 난민들이 여전히 거추장스러울 수도 있겠습니다. 하지만 성서는 역지사지(易地思之)하라고 말씀합니다. 우리에게도 고향을 등졌던 아픈 경험이 적지 않습니다. 해방 후 첫 정부가 남의 땅, 상하이에서 탄생되었던 것을 생각해 보십시다. 우리 가족들 중에서 미국에 이주하여 사는 이들 숫자도 적지 않지요. 하느님은 우리를 구원키 위해 인간 몸을 입고 인간적 고통을 당해야만 했습니다. 인간의 몸을 입고서야 하느님 그분은 인간의 고통을 구원할 수 있었습니다. 이런 성육신 신앙이 지금 바울에게서 'As if not'의 가르침으로 재현되고 있습니다. 그렇기에 바울은 평창 올림픽과 4.17 판문점 선언 以後를 사는 우리에게 남쪽의 사람이 아니라 북의 사람처럼 생각할 것을 요구합니다. 그런 존재를 '그리스도 안의 존재'(Sein in Christo)라 일컬으면서 말입니다.

5.

하지만 쉽지 않은 일인 것을 우리는 너무도 잘 압니다. 분단체제에 기생하며 자신들 정치생명을 이어온 남북의 군부들, 정치가들이 있음을 잘 아는 까닭입니다. 6.25전쟁의 아픈 경험 탓에, 공산주의로부터 내몰렸던 자신들 과거사로 인해 기독교인 우리들 마음이 잘 열리지 않습니다. 기독교인들은 곧 반공주의자이고 공산당은 무신론자란 도식이 만들어졌습니다. 이로 인해 대역죄인인 친일파들이 반공주의의 옷을 입고 득세하는 기막힌 정치 판도가 생겨났습니다. 하여 이 땅에는 진정한 보수는 없고 종북/좌빨의 프레임에 생명줄 거는 비겁한 정치인들만이 존재했습니다. 이 와중에서도 분단의 비극을 넘어설 목적으로 자신들 삶을 바친 이들이 있었습니다. 정치인들도 있었고 경제인도 존재했고 성직자, 문학인들도 그리했습니다. 지금도 북쪽에서 가장 소중히 여기는 6.15 선언을 성사시킨 김대중 님, 개성과 서해 5도를 평화지대로 구상한 노무현 님, 소떼를 몰고 자기 고향 이북으로 넘어간 정주영 님, 김일성과 얼싸안았던 민족시인 문익환 목사가 바로 그들입니다. 이들이 있었기에 문재인 대통령의 4.17 판문점 선언도 가능했습니다. 그에게 용기를 준 동력이었습니다. 우리 모두는 분단의 상징인 판문점의 선을 넘나드는 두 정상의 모습을 지켜보며 가슴 벅차 했습니다. 성령만이 인위적으로 만든 분단의 벽을 부술 수 있다는 것이 우리들 믿음입니다. 사람은 막고 분열시키나 하느님은 이들이 만든 벽을 허무십니다. 분단 70년을 맞은 지금, 촛불혁명의 힘이 하늘을 감동시켜 좌/우 세계

이념들이 만든 분단의 장벽, 이념의 죄를 폐할 것을 확신합니다. 평화협정으로 남북의 사람들이 상호 오갈 수 있는 성령의 시대가 한반도에 임했기 때문입니다. 이 땅에 임한 하느님의 영이 사람 사이를 가른 담을 자기 몸으로 허무시고 원수된 것을 없이 하셨다고 말씀하지 않으셨습니까? 이 말씀을 '平邑'의 기독교인들에게 주신 말씀으로 받으십시다.

6.

에베소서의 말씀 끝자락에 다음과 같은 말씀이 있습니다. "여러 조문으로 된 율법을 폐하시고 자기 안에서 사람을 새롭게 하여 평화를 이루셨다"고 말입니다. 여기서 율법 조문은 세상을 가르는 이념이라 읽어도 좋습니다. 그 이념들 일체를 예수께서는 자기 몸 안에서 폐하셨습니다. 그의 몸은 과연 어떤 몸이겠습니까? 십자가에 달리신 몸이 아니겠습니까? 그 몸 안에서 모든 장벽이 사라지고 모든 것이 하나 되었다고 하셨습니다. 우리들 현실에서 구체적으로 남과 북이 사라졌음을 선포하고 있습니다. 지금껏 그랬듯이 분단체제의 노예가 아니라 남북을 하나로 느끼는 마음으로 세상 살 것을 요구한 것입니다. 그것이 바로 평화를 위해 사는 새사람의 삶, 바로 그리스도 안에서의 삶의 모습이겠습니다. 이것이 바로 형제들과 먼저 화해한 후에 내게 예배하라는 복음서 말씀의 본뜻과도 일치합니다. 형제간인 남북이 갈등하고 적대하는 한 우리는 아직 하느님께 예배드릴 자격이 없습니다. 하느님은 우리가 드리는 예배를 기뻐하지 않으실 것입니다. 하느님과의 화해를 위해서 우리가 할 일은 지속적인 용서와 사랑의 빚을 지는 일밖에 없습니다. 이것이 판문점 선언 이후를 사는 기독교인 된 우리의 운명입니다. 종북/좌빨 만을 외치는 사이비 정치가들이 무슨 말을 하든지 이 운명을 회피하지 마십시다. 예수의 마지막 기도처럼 "내 뜻대로 마옵시고 아버지 뜻대로 하옵소서"라고 기도해야 옳습니다.

7.

이렇게 우리가 평화의 새 술을 담는 새 그릇이 될 경우 하늘은 우리에게 엄청난 미래를 선사할 것입니다. 통일을 대박이라 여기며 김칫국부터 마시는 일은 분명 삼갈 일입니다. 하지만 남쪽의 기술과 자본, 북쪽의 노동력과 토지를 결합시킨 상생적 경제모델이 실행될 경우 남북의 미래는 낙관할 수 있습니다. 개성, 인천과 해주를 연결한 경제모델, 강원 북부권과 연결된 금강산 관광사업 그리고 반전평화 또 생태를 상징하는 비무장지대 속의 UN대학 설립, 북한의 땅과 해협 전역에 묻혀 있는 무진장한 자원(석유, 히토류)들이 한 반도를 복되게 할 것입니다. 이를 위한 선결 과제는 남과 북이 바울의 말처럼 공동운명체가 되는 일입니다. 프랑크 비에란 미국 학자는 남북의 분단 현실을 한 몸에 두 머리를 지닌 '샴쌍둥이'의 모습으로 비유했습니다. 이들은 개체성을 지녔으나 언제든 연결되어 있습니다. 자신의 머리로 한쪽 팔과 한쪽 다리를 통제할 뿐이기에 상호 협력하는 법을 배워야만 생존 가능합니다. 삶을 위해서 상대방과 신체적, 감정적으로 조율될 수밖에 없습니다. 지금과 같은 분단체제로는 상생이 불가능합니다. 평화체제로 바뀌어야 서로 생존이 가능합니다. 그렇다 하더라도 분단된 남북의 관계가 괴물의 모습으로 비유된 것이 유쾌하지 않습니다. 이것이 본래 우리 모습이 아닌 까닭입니다. 그렇기에 두 주 전 노회찬 의원과 같은 날 세상을 떠난 작가 최인훈의 말을 전하고 싶습니다.

분단의 고통을 이생에서 다 치유하지 못하면 수백 번이라도 다시 태어나서 그 일을 이루고 싶다…(『바다의 편지』).

한반도 평화 기운의 진원지인 이곳 평창의 사람들, 기독교인들에게서 이런 각오를 기대하고 싶습니다.

우리는 '스스로 섰'(獨立)는가?

요한복음 8:31-38, 로마서 9:1-5

그러므로 예수께서 자기를 믿은 유대인들에게 이르시되 너희가 내 말에 거하면 참으로 내 제자가 되고 진리를 알지니 진리가 너희를 자유롭게 하리라 그들이 대답하되 우리가 아브라함의 자손이라 남의 종이 된 적이 없거늘 어찌하여 우리가 자유롭게 되리라 하느냐 예수께서 대답하시되 진실로 진실로 너희에게 이르노니 죄를 범하는 자마다 죄의 종이라 종은 영원히 집에 거하지 못하되 아들은 영원히 거하나니 그러므로 아들이 너희를 자유롭게 하면 너희가 참으로 자유로우리라 나도 너희가 아브라함의 자손인 줄 아노라 그러나 내 말이 너희 안에 있을 곳이 없으므로 나를 죽이려 하는도다 나는 내 아버지에게서 본 것을 말하고 너희는 너희 아비에게서 들은 것을 행하느니라(요한복음 8:31-38)

지금부터 10년 전, 2010년의 첫날을 맞으며 저는 2013년과 2017년 그리고 2019년을 떠올렸습니다. 유일한 분단국가이자 유불선 종교가 공존하는 이 땅에서 WCC 10차 대회가 개최될 2013년, 근대의 시작을 알린 루터 종교개혁 500주년인 2017년 그리고 3.1 운동 백년을 맞는 2019년을 기대하며 2010년 첫날을 시작했던 것입니다. 영적 자폐증에 걸린 한국교회가 세계교회의 흐름과 접해 활짝 열려질 것을 기대했고 그 영향으로 500이란 숫자가 주는 의미만큼 교회가 개혁되길 바랐으며, 그 결과로 2019년 한국교회가 통일운동에 앞장서 100년 전 민족에게 진 빚을 되갚을 수 있기를 염원했습니다. 당시 천도교의 막대한 자금과 정신적 지도력 덕분에 기독교가 독립운동에 나선 것을 아는 까닭입니다. 이렇듯 과거 역사는 기독교가 민족에게 큰 빚을 졌음을 알려줍니다. 그때를 이끌었던 손병희, 이승훈 그리고 한용운 같은 산(山)처럼 큰 영혼의 사람들이 고맙고 감사합니다.

1.

아쉽게도 2013년과 2017년 두 역사적인 해는 '왕 되기'를 자처한 가시나무가 그랬듯이 기독교계 최고가 되려 했던 어느 한 목사에 의해 의미를 잃었습니다. WCC 신학을 부정했으며 자식에게 교회를 세습함으로써 기독교를 암흑의 종교로 만들었기 때문입니다. 그래서 2019년을 이끌 힘을 기독교로부터 기대할 수 없게 되었습니다. 오히려 남남갈등을 부추기며 거짓 뉴스를 생산하는 진원지가 되었으니 걱정입니다. 그럴수록 100주년을 맞는 기독교는 신앙 선배들의 업적을 칭송하는 일로 분주합니다. 작금의 자신들 못난 모습을 감추기 위해서 그리하는 듯싶습니다. 루터신학이 중요한 것은 '오늘도 종교개혁이 계속되어야 하기'에 그렇습니다. 3.1운동을 기리는 것도 자주, 평화, 독립의 정신이 살아있기를 바라서입니다. 외세에 맹종한 채로 태극기를 흔드는 사람들이 오늘의 기독교인들입니다. 이들이 손에 든 태극기는 100년 전 자주와 독립을 열망하던 그날의 태극기와 의미가 같지 않습니다. 조선의 마지막 총통 아베 노부유키의 말을 기억하면 좋겠습니다. "조선 민족이 제정신을 차려 옛 조선의 영광을 찾으려면 100년이 더 걸릴 것이다. 일본이 총칼보다 무서운 식민교육을 심었기에 조선인은 서로 이간질하며 노예적 삶을 살 것이다."

2.

2010년부터 3.1 운동 백주년의 해를 마음에 담았었기에 이날을 옳게 지나고자 많이 노력했습니다. 우선 신학자들과 더불어 3.1 정신을 조명하는 책을 엮었고 여러 종교인들과는 '2019년 한반도 독립선언서'를 준비하였습니다. 한없이 부족하겠으나 그때를 흉내 내며 이 시대를 사는 종교인 33인의 이름으로 '독립'의 시대적 의미를 되물었습니다. 이념, 종교, 계급, 성별, 국적의 차이를 불문한 채 자주와 독립을 외쳤던 선열들의 정신을 잇기 위함입니다. 물론 그 시대의 독립과 이 시대의 독립 간의 의미 차(差)도 있겠다 싶습니다. 그럼에도 우리 모두는 '스스로 섰(獨立)는가?'라는 질문 앞에 정직하게 서야 할 것입니다. 정치적 맥락에서뿐 아니라 우리들 의식적인 영역에서도 이 물음은 반드시 필요한 일입니다. 선열들이 그토록 목 놓아 외쳤던 자주와 독립이 오늘 우리에게 얼마나 절실한 것인지를 묻고 싶습니다.

3.

오늘 읽은 두 본문 중에서 로마서 본문부터 살펴보겠습니다. 로마서 9장에서 바울은 자기 동족, 이스라엘人에 대해 절규했습니다. 다메섹 체험 이후 '자유한' 존재가 되고 보니 그리스도를 부정하는 자기 민족이 안타까웠던 것이지요. 본래 이스라엘 민족에게는 자랑할 것이 많았습니다. 자기들만의 '언약'과 '율법', '예배의식'을 하느님으로부터 받았던 까닭입니다. 예수 그리스도 역시도 혈통으로는 이들의 후손이었습니다. 그럼에도 바울은 이스라엘 사람 모두가 이스라엘 사람일 수 없고 아브라함 자손이 아니라고 말합니다. '육신'의 자녀가 아니라 '약속'의 자녀라야 하느님의 후손이라고 했습니다. 오늘 이 말씀은 제게는 일견 민족주의/탈(脫)민족주의 논쟁으로 읽힙니다. 혈통으로서의 이스라엘과 정신으로서의 이스라엘을 대비해 말하기 때문입니다. 실상 우리 시대에 '민족'을 말하는 것은 뜨거운 감자를 삼키며 말하는 것처럼 쉽지 않습니다. 삼킬 수도 뱉을 수도 없는 것이 '민족'이란 주제입니다. 원초, 본질적 시각에서 민족주의에 대한 수구적 옹호(긍정)도 옳지 않겠으나 민족을 허구적 (근대)구성물로 여기는 것도 수용할 수 없습니다. 이 점에서 민족을 정체(불변)적 개념인 '자체동일성'이 아니라 변화 가능한 '자기동일성' 차원에서 이해하는 시각도 있습니다. '자기동일성' 차원에서 우리 민족도 이스라엘 사람들처럼 좋은 것을 많이 가졌습니다. 그럼에도 일본제국주의는 자신들 야욕을 위해 우리 민족을 열등한 존재로 각인시켰지요. 본디 흥(興)을 좋아한 민족이었음도 한(恨)의 사람이라 일컬었던 것입니다. 이에 대응(저항)하고자 민족주의자들이 과할 정도로 영웅사관을 부추겼습니다. 단재 신채호 같은 이는 광개토대왕과 강감찬을 내세우며 민족 자존감을 심어주었습니다. 이스라엘 민족이 자신을 혈통적으로 하느님 자녀라 여겼듯이 말입니다. 이 점에서 '뜻의 존재론'을 말했던 함석헌의 역사관에 주목해야 합니다. 일제에게 나라를 빼앗긴 상황에서 영웅사관은 현실과는 거리가 멀었습니다. 그래서 그는 '역사는 처음이 있어 마지막이 있지 않고 마지막이 있어 처음이 있는 법'이라고 했습니다. 오늘 어떤 삶을 결정하느냐에 따라 우리들 '처음'이 달라질 수 있다는 것입니다. 이를 위해 현실의 '고난' 속에서 뜻을 찾으라고 했습니다. 그 '뜻'이 고난을 이겨낼 수 있는 동력인 까닭입니다.

4.

바울은 오늘 본문에서 과거에 집착하여 자신들 현실에 눈감는 동족들을 안타깝게 여겼습니다. 수백 년에 걸쳐 종살이했고 지금도 제국 로마의 폭정에 길들여 살면서도 여전히 과거만을 들먹거리며 돌같이 굳어진 '자체 정체성'에 함몰된 채 살고 있는 이스라엘을 위해서 자기 한 몸 바치겠다고 작정하며 나선 것입니다. 3.1 정신도 이런 선상에서 이해될 수 있겠습니다. 아무리 과거에 좋은 유산이 있더라도 백성들이 일어서지 못하고 스스로 설 의지를 잃었다면 그것은 폐기처분되어야 마땅합니다. 1910년 한일합방을 목전에 둔 이완용의 정세 판단이 이런 실상을 반증합니다. "국민으로서 국가에 대한 관념이 없고 단지 각자가 자기보호에 급급하고… 불교는 절간에서 절을 지킬 따름이라 신도가 없고 유교는 글 읽는 사람이 급격히 줄었고… 예수교와 천주교의 경우, 한국 사람으로서는 큰 인물이 없으며 동학의 후신인 천도교는 정부 탄압으로 힘을 못 쓸 것인바, 무력으로 진압하면 큰 난관이 없을 것입니다." 그들로선 결코 안이한 판단을 하지 않았을 것입니다. 우리를 식민화시켜 영구히 그렇게 굴복시킬 수 있다고 믿었겠지요. 하지만 예기치 못한 일이 터졌습니다. 죽은 듯했던 민족이 그로부터 10년도 채 되지 않아 '뜻'을 갖고 일어선 것입니다. 우리들 '과거'가 현실을 위한 '뜻'으로서 재탄생된 것입니다. 결코 민족자결주의 때문만이 아니었습니다. 우리들 속에 간직된 '얼'과 '혼'이 분출된 결과일 것입니다. 바울이 자기 민족에게서 기대한 것도 실상 이것이었습니다. 제국에 기생, 안주하지 말고 오롯이 하느님의 자녀가 되라는 것이었지요. '하느님 자녀'란 천부인권의 다른 말 아니겠습니까? 이것을 과거 유산이라 자랑치 말고 오늘 찾아 살아내라고 바울은 절규했습니다. 이 일을 위해서라면 자신이 기꺼이 죽을 수 있겠다고 한 것이지요. 이 점에서 33인의 선열들은 바울을 닮았습니다. 자주와 독립과 평화, 그것은 바울이 체험한 자유의 다른 말인 까닭입니다. 그렇기에 '스스로 섰음'을 만방에 알린 3.1 선언을 우리는 '혁명'이라 불러도 좋습니다. 우리를 홀대했던 중국이 3.1 혁명을 지켜보며 많이 부끄러워했었지요. 모택동이 조선이란 나라를 중(重)히 대접하라 명했답니다. 오늘의 중국을 있게 했던 5.4혁명이 이렇게 해서 촉발되었음을 역사가 기억하고 있습니다.

5.

두 번째 본문, 요한복음서의 말씀을 보겠습니다. 본서 8장은 '진리가 너희를 자유케 한다'는 멋진 말씀을 담고 있습니다. 예수께서 자유를 말하시니 유대인들 모두가 불편해했습니다. 누구에게도 종노릇 한 적이 없었는데 '자유'라고 하니 분노까지 표출했습니다. 정말 이들은 종이 되어 본 적이 없었던 걸까요? 이미 수백 년 동안 주변 강대국의 지배 속에 살았고 몇 번에 걸친 봉기에 실패를 거듭했기에 이런 식민적 상황을 자연스럽게 여겼을 수도 있습니다. '죄를 짓는 자마다 죄의 종'이라고 말씀하셨을 때 죄는 율법, 도덕적인 차원, 그 이상이겠지요. '스스로 설' 수 없는 현실에 살면서도 그것을 죄로 여기지 못한 유대인들을 향해 죄의 종이라 말씀했습니다. 하늘의 말씀을 지닌 자는 세상으로부터 자유해야 옳습니다. 세상 안에 있으나 세상 밖, 체제 밖의 소리를 듣고 응답하는 사람인 까닭입니다. 하늘의 말씀이 사라졌기에 이들은 거짓된 세상을 전부로 알고 살았습니다. 그렇기에 예수의 눈에 이들 모두가 체제의 종노릇하며 사는 것으로 보였을 것입니다. 어느 독립영화의 한 대사가 생각납니다. 해방 이후 친일하던 밀정을 법정에서 재판관이 심문했습니다. "당신은 왜 독립군까지 잡아 가두는 못된 짓을 했는가?"라고 물었지요. 그의 답은 "우리나라가 독립될 것이라 생각하지 못했기 때문이다"라는 것이었습니다. 유대인들도 이렇게 살았을 것입니다. 독립과 해방을 자신들 영역 밖의 일이라 생각했었겠지요. 로마 권세를 두려워하며 그들에게 세금 바치며 자신들 안위를 보장

받으면 족했을 것입니다. 그들이 허락한 범위 내에서 종교 행위를 하는 것으로 자신들 본분을 다하는 것이라 여겼던 것이지요. 그러나 이것은 죄의 종노릇이었을 뿐입니다. 한국 최초의 신학자로서 『萬種一嬾』(만종일련)을 지은 정동교회 목사, 탁사 최병헌은 천부인권, 나라 주권을 빼앗긴 채로 사는 것을 가장 큰 죄로 여겼습니다. 하물며 예수께서 유대인을 죄의 종이라 했을 때 이런 면을 지적하지 않았겠습니까?

6.

그러면 오늘 우리는 어떻습니까? 예수께서 우리에게 '스스로 섰는가?'를 물으면 어떤 답을 할 수 있겠는지요. 좋은 집에서 남의 손 빌리지 않고 독립적으로 잘살고 있는데 왜 '독립'을 말하느냐고 불편해하실 수도 있겠습니다. 하지만 성서, 예수의 시각에서 볼 때 우리는 아직 '스스로 서지' 못했습니다. 분단체제하에서 원심력이 구심력을 해쳐 남남갈등이 더없이 심각한 상태입니다. 지금 광화문광장의 풍경은 가관입니다. 대한애국당 사람들 수백 명이 태극기를 흔들며 험한 말들을 쏟아 냈고 이들을 지지하며 찬송을 부르는 기독교인들도 상당수 있었습니다. 말씀드렸듯이 100년 전 독립을 위한 투쟁에 있어서 이념, 종교, 계급이 전혀 문제가 되지 않았습니다. 조선희의 『세 여자』라는 소설에서 배우듯 독립에 있어 사회주의 역할이 지대했지요. 최초 상해 임정에서도 민족주의자, 기독교인 그리고 사회주의자들이 함께 일했습니다. 논밭 팔아 수조에 달하는 돈을 독립을 위해 내놓은 부자들도 있었습니다. 새벽 4시부터 일해 하루 몇 센트를 벌었던 사탕수수밭 하와이 이주 노동자들이 모은 군자금도 기억할 일입니다. 선교사들이 정치적인 일에 관여치 말라, 타종교인들과 말을 섞지 말라 가르쳤음에도 민족 앞날을 위해 3.1 선언서에 서명한 이들이 우리들 신앙의 선배였습니다. 하지만 백 년 후 지금 평화가 정착되어야 할 한반도 안에 갈등의 골이 깊어졌습니다. '스스로 섰다고' 착각하는 이들 탓에 하늘이 준 평화의 기운이 사라질 위기에 처한 것입니다. 태극기를 손에 들고 이념공세를 퍼붓는 목하 기독교인들이 종 된 줄을 모르고 스스로 자유하다 여겼던 바울 당시 유대인들을 그대로 빼닮았습니다. 자유 수호란 이름으로 우리들 역사의 일부였던 사회주의를 적대시했고, 없는 자들을 너무도 쉽게 사지로 내몰았으며 종교의 이름으로 외세를 끌어들이고 있으니 말입니다. 이런 현실에서 '스스로 섰는가?', '자유한가'라는 예수의 물음에 불편을 느꼈다면 우리에게 하느님 말씀이 없다는 증거일 것입니다. 독립이 불가능할 것이라 믿으며 살았던 사람들의 모습과 다를 바 없습니다.

7.

우리는 오늘 여러 사회적 위상을 갖고 있음에도 종교인, 기독교 신앙인의 모습으로 이 자리에 있습니다. 여러 곳에서 여러 모습으로 3.1 선언 백주년을 기념할 기회가 있을 것이나 오늘 우리는 무뎌진 이스라엘 민족의 감각을 일깨우려는 예수와 바울의 심정으로

3.1절 예배를 드리고 있습니다. 민족의 혼이 깃든 3.1 선언을 하늘이 주신 말씀이라 믿고 그 정신, 자주, 독립, 평화의 가치를 실현시킬 목적에서입니다. 하지만 우리들 의식도 옛적 유대인처럼 많이 무뎌졌습니다. 자본주의 체제 속에 안주한 결과일 것입니다. 과거 유대인들을 지배했던 제국이 로마였다면 오늘 우리들을 압도하는 실체는 자본주의겠지요. 얼마 전 종영된 '스카이 캐슬' 연속극 이야기가 아직도 회자됩니다. 승부욕을 부추기는 엘리트 교수 아버지, 그가 가장 소중하게 여기는 '피라미드'를 깨트리며 그의 아들이 절규하듯 내뱉은 소리가 아직도 귀에 생생합니다. "세상은 몇몇 소수만 높이 오르는 피라미드가 아니라 모두가 손을 잡을 수 있는 둥근 원(지구)처럼 생겼다"라고 말입니다.

8.

'스스로 선다'는 것이 무엇일까요? 예수가 말한 자유란 어떤 것이겠습니까? 3.1 정신으로 이 땅 한반도가 어떻게 독립되어야 하겠는지요? 아시는 대로 강력한 원심력이 만들어 낸 분단체제는 남남갈등을 증폭시켜 3.1 정신을 훼손시켰습니다. 남북이 함께 새로운 미래를 열고자 해도 분단체제에 기생한 이념집단들이 힘겹게 합니다. 3.1 선언 100주년의 해에 하늘은 한반도에 새 기운을 불어넣고 있습니다. 평화체제를 일굴 때 기독교는 비로소 이 땅에 존재할 이유를 갖습니다. 목에 걸린 십자가, 교회 벽에 걸린 장식품으로서 십자가가 아니라 원심력에 휘둘린 종살이 곧 70년 분단장벽을 허물기 위해서입니다. 예수처럼 우리 역시 자신들 노예성을 부정하는 사람들을 향해 '저들이 자기 하는 짓을 모른다'고 절규하면서 말입니다. 여전히 주변에는 '거짓된 자유'를 신봉하며 진리를 죽이는 사람들로 가득 차 있습니다. 그럼에도 기미년의 '뜻'이 살아있다면 기해년을 사는 우리에게 바울의 결기가 생겨날 것입니다. '언제 종 된 적이 있었느냐'고 반문하며 분노하는 가엾은 동족들을 위한 죽을 각오 말입니다. 백 년 전 3월 초하루, 우리 선열들은 그런 삶을 택했습니다. '스스로 서고자' 죽음도 감내했던 자신들의 삶을 하느님 발길에 차인 것이라 믿었던 것입니다. 이것이 기미년 3.1 정신을 우리가 기리는 이유이겠습니다. '마지막이 있어 처음이 있다'는 말이 우리 역사 속에서 반드시 실현되어야 할 것입니다. '스스로 서고자' 했던 그때의 '뜻'을 2019년에 다시 이어 갑시다. 그 뜻이 우리에게 다시 십자가를 요구할지라도 말입니다. 이것이 기독교가 이 땅에 존재할 이유입니다.

2부

거리에서 교회로

하느님은 세상을 통해
교회에게 말씀한다

옛사람은 그렇게 말했으나
나는 이렇게 말한다

마태복음 5:17-48

어찌하여 내 말을 깨닫지 못하느냐 이는 내 말을 들을 줄 알지 못함이로다 너희는 너희 아비 마귀에게서 났으니 너희 아비의 욕심대로 너희도 행하고자 하느니라 그는 처음부터 살인한 자요 진리가 그 속에 없으므로 진리에 서지 못하고 거짓을 말할 때마다 제 것으로 말하나니 이는 그가 거짓말쟁이요 거짓의 아비가 되었음이라 내가 진리를 말하므로 너희가 나를 믿지 아니하는도다 너희 중에 누가 나를 죄로 책잡겠느냐 내가 진리를 말하는데도 어찌하여 나를 믿지 아니하느냐 하나님께 속한 자는 하나님의 말씀을 듣나니 너희가 듣지 아니함은 하나님께 속하지 아니하였음이로다 유대인들이 대답하여 이르되 우리가 너를 사마리아 사람이라 또는 귀신이 들렸다 하는 말이 옳지 아니하냐 (마태 5:43-48).

병신년 새해가 되었습니다. 하지만 말이 주는 어감 탓에 새해가 조롱받고 있습니다. 지난 연말 잘못 처리된 국가적 사안으로 이 땅의 권력 수장(首長)인 여성 대통령에 대한 비난 때문이기도 할 것입니다. 새로운 한 해가 정치의 부재로 정말 병신년이 될까 두렵고 최초 여성 대통령이 이렇듯 희화되는 것도 결코 바람직하지 않습니다. 저마다 국민, 백성을 앞세우나 자신들 배지(badge)를 위해 이합집산하는 정치인들이 너무도 하찮게 보입니다. 이 역시 우리 미래를 걱정스럽게 합니다. 이는 모두 존중받아야 할 지도자가 역사를 후퇴시키는 패도(覇道)의 길을 걷기에 생겨난 일들입니다. 백성들에게 시름을 안기는 새해가 될 것이라 모두들 걱정이 많습니다. 혼용무도(昏庸無道)란 말로 새해를 전망할 정도가 되었으니 이 땅의 정치가들이 감당할 책무가 참으로 무겁습니다. 올해와 내년에 있을 두 번의 선거가 향후 우리 운명을 좌우할 것이란 말에 정신을 차려 봅니다.

1.

이런 와중에 겨자씨교회의 창립 10주년을 맞게 되었습니다. 긴 세월 동안 뜻을 함께하여 매주 예배를 드렸던 30명 안팎의 구성원들의 노고가 참으로 컸습니다. 평신도 교회의 기치를 내걸고 외롭게 한 길을 걸어온 지난한 세월이었습니다. 아마도 반신반의하며 첫발자국을 옮겼을지도 모르겠습니다. 그러나 훌륭하게 10년이란 세월을 이어왔습니다. 그동안 교회 구성들에게도 역시 적지 않은 변화가 있었습니다. 여러 가지 이유로 사람들이 떠났고 새로운 이들이 식구가 되었습니다. 제 기억으로는 교회의 기둥 역할을 하던 세 분이 그간 세상을 떠났습니다. 이 시간 그분들의 얼굴을 떠올리며 그들과 함께했던 시간을 회상해 보십시다. 열심히 주보를 꾸몄고(정은희), 예배를 준비했으며(정정오), 말씀을 전해주기도 했던(오재식) 분들이었습니다. 그분들 덕에 오늘 우리가 있는 것임을 감사할 일입니다. 지난 세월 동안 뜻이 달라졌기에 우리 곁을 떠난 이들도 있습니다. 함께 교회공동체를 시작했으나 어느 지점에서 생각이 달라졌던가를 되돌아보는 일도 필요할 것입니다. 교회를 자발적으로 찾는다는 것은 결코 쉬운 일이 아닙니다. 10년 세월, 스스로 찾아온 걸음들이 많지는 않았으나 더러 있었는데 그들이 우리 가족이 되지 못했습니다. 그럴수록 최근 겨자씨에 접붙여진 좋은 분들로 인해 교회가 활기차진 것이 참으로 고맙습니다. 10년이란 세월을 보내고 창립 10주기를 맞는 이 예배에 겨자씨교회를 기억하는 많은 분들이 함께하리라 기대하면서 이 자리에 섰습니다. 여러분 스스로가 10년의 세월을 자랑스럽게 생각했다면 빌립이 나다나엘을 예수께 소개할 때처럼 '와보라'는 말을 주변에 많이 했을 것이라 생각했기 때문입니다.

2.

교회 창립 10주기를 축하하고 감사하는 자리에서 저는 산상수훈을 가르쳤던 예수 말씀의 어법과 그 속에 담긴 의미를 주목하고자 합니다. 마태복음 5장에서 7장에 이르는 산상수훈의 장에서 예수는 항시 '옛사람은 그렇게 말했으나 나는 이렇게 말한다'고 하면서 새 가르침을 주셨습니다. 아마도 옛사람은 모세를 일컬을 것이며 자신은 모세와는 다른 어떤 것을 가르치겠다고 한 것입니다. 익숙해진 것만을 말하지 않고, 길들여진 것에 안주하지 않고 전혀 낯선 어떤 것을 전하겠다는 뜻이겠습니다. 당시 유대인들에게 익숙했던 모세의 가르침도 그 옛날 실상은 혁명적인 것이었습니다. 하지만 오랜 세월을 지나면서 새로움은 무뎌졌고 인습적, 타성적인 것, 익숙한 것이 되어 버렸습니다. 그렇기에 예수는 본문 말씀을 통해 '옛사람은 그렇게 말했으나 나는 이렇게 말한다'고 하면서 익숙한 것과의 결별을 요구했습니다. 어찌 생각하면 사람은 누구나 익숙한 것과 새로운 것 사이에서 머물고 있는 존재인 듯합니다. 우리들 교회 역시도 익숙함과 새로움 사이에 실존하고 있다고 볼 수 있겠습니다. 이런 어법으로 말씀하신 성서 속 사례들 몇 곳을 살펴보겠습니다. '옛사람은 살인하지 말라 했으나 나는 성내지 말라고 한다. 성내는 것으로 충분히 살인하는 것이다. 옛사람은 간음하지 말라 하였다. 그러나 나는 마음으로도 그리 말 것을 말하겠다. 옛사람은 거짓 맹세를 말라 했으나 나는 맹세 자체를 말라 할 것이다. 옛사람은 눈은 눈으로 갚으라 했으나 나는 겉옷을 달라 하면 속옷까지 주라 할 것이다' 등등. 이런 예수의 어법은 공자나 불타와는 크게 구별되었습니다. 석가모니는 자신의 가르침을 '여시아문'(如是我聞), 즉 '나는 이와 같이 들었다'는 말로 시작했습니다. 공자 역시도 '술이부작'(述而不作)이라 하여 자신의 사명이 옛것을 풀어내는 일에 있다 했습니다. 하지만 예수는 과거와의 단절을 선언했습니다. 익숙한 것을 넘어 새로운 것을 만나라 한 것입니다. 예수는 우리에게 '늘 새로울 것'을 요구합니다. 우리가 개신교에 속한 것은 실상은 자신에 대해 거듭 '프로테스트', '저항'하겠다는 뜻을 담고 있습니다.

3.

최근 저는 <지붕 위의 바이올린>이란 옛 영화를 정말 재미있게 다시 본 적이 있습니다. 제목만 기억될 뿐 내용 자체가 전혀 기억나지 않을 만큼 오래된 영화였습니다. 러시아 혁명이 있기 전 그 지역에 살던 유대인들의 삶을 배경으로 했습니다. 남의 땅에 살면서도 그들은 자신의 전통을 지키며 민족의 정체성을 유지했습니다. 5명의 딸을 둔 한 가족의 이야기가 핵심입니다. 당시 유대인 풍습에 의하면 여성들은 반드시 중매를 통해서만 결혼이 가능했습니다. 그래서 중매쟁이의 역할이 랍비들만큼이나 중요했었지요. 혼기에 들어선 큰딸에게 부인을 잃은 돈 많고 나이든 푸줏간 주인이 소개되었습니다. 부부는 딸의 혼사로 자신들의 가난을 면할 수 있게 되었다고 기뻐했습니다. 하지만 정작 큰딸은 가난한 재봉사 청년에게 마음을 주고 있었습니다. 결코 나이든 사람과 결혼하지 않겠다며 아버지의 허락을 구합니다. 딸의 간절한 눈빛을 보며 '전통', 또 '전통'을 외쳐온 아버지의 마음이 흔들립니다. 중매쟁이를 하느님 사자로 알고 중매를 통해서만 결혼이 성립되는 유대인의 오랜 전통과 사랑을 원하는 딸의 간절한 눈빛 사이에서 고민하다 아버지는 딸의 결혼을 축복합니다. 그러면서 혼자 중얼거리지요. "그래, 전통에도 '다른 면'(the other hand)이 있는 것이야"라고 말입니다. 둘째 딸의 경우는 러시아 혁명에 가담한 유대 청년을 사랑했습니다. 세상이 달라질 것을 믿으며 사랑을 요구하는 청년과 전통을 강조하는 아버지 간의 갈등이 다시 시작되었습니다. 전통을 지켜 살아온 아버지가 혁명가 청년에게 딸을 맡긴다는 것은 천부당만부당한 일이었습니다. 고민에 빠진 아버지가 다시 혼자 중얼거립니다. "그래, 전통도한때는 혁명적이었을 것이야, 다른 면이 있는 것이지"라고 말이지요. 결국 둘째딸은 혁명에 실패하여 시베리아 형무소에 수감된 남편을 위해 정든 집을 떠납니다. 책읽기를 좋아했던 셋째 딸은 지성미 넘치는 러시아 청년을 좋아하게 되었습니다. 두 언니들처럼 아버지의 축복을 받고자 했습니다. 하지만 아버지는 이방인과의 결혼은 절대 불가하다며 단호히 거절합니다. 이것만큼은 지켜야 할 전통인 것을 강조했고 조금도 물러서지 않았습니다. 그럴수록 아버지는 전통, 전통 그리고 전통을 외칩니다. 전통, 그것은 자신들 삶을지켜왔던 힘이었습니다. 그러나 바로 그것이 지금 무너질 위기에처했습니다. 딸의 간절한 눈빛 앞에서 말입니다. 아버지는 역시 '다른 면'(the other side)을 생각합니다. 전통과 현실(새로움) 사이에서 아버지의 고뇌가 깊어질 때마다 지붕 위에서 한 광대의 바이올린 곡이 연주됩니다. 영화 속 바이올린 연주는 인간의 고뇌에 대한 하느님의 암묵적 승인을 뜻했습니다. 사실 하느님은 인간 고뇌에 대해어떤 가시적 대답도 주지 않았습니다. 종교는 전통을 넘어서는 것을죄라 가르쳤고 금기시했으나 본 영화에서 하느님은 고통 속 인간의결단과 선택을 바이올린 곡으로 화답했습니다. 지붕 위의 바이올린은 전통 속에서 새 삶을 선택해야 하는 유대인의 고통에 대한 응답이자 허락이었습니다. 고통과 탄식소리를 들으며 지붕 위에서 바이올린을 켜는 광대가 그들의 하느님이었습니다. 이런 하느님은 지금예수를 통해 "옛사람은 그리 말했으나 나는 이렇게 말한다"라고 하

십니다. 오로지 살아있는 현실을 위해, 고통받는 이들을 위해 전통을
넘어설 목적에서입니다.

4.

오늘 본문과 관련하여 영화 속에서 다음 세 가지 점을 생각해 보
고 싶습니다. 첫째는 전통 역시도 본래 혁명적인 것이었음을, 둘째
로 그렇기에 전통에는 항시 '다른 면'이 있다는 것 그리고 마지막으
로 전통은 궁극적으로 깨어지기 위해 존재한다는 사실입니다. 말씀
드렸듯이 어떤 사상이나 제도도 처음에는 혁명적인 것이었습니다.
그러나 그것에 익숙해지면 새로운 것, 시대 적합한 것이 수용될 수
없습니다. 배타적이 되어 자신과 다른 것, 자신 속의 다른 면을 긍정
할 수 없도록 만들기 때문입니다. 그렇기에 전통은 결국 극복되어
야 할 대상이 되는 것이겠지요. 산상수훈을 통해 예수가 말씀하고
자 하는 것도 동일한 맥락일 것입니다. 본래 교회란 우리 사회에 혁
명적 의미를 부여한 공간이었습니다. 그런 교회가 기성화되었기에
겨자씨 교우들 역시 새 뜻과 마음을 갖고 다른 예배 공동체를 만든
것입니다. 당시로선 목회자 없는 평신도 교회를 시작하는 것은 혁
명적인 일이었습니다. 지금도 평신도 교회를 꿈꾸는 일이 여전히
쉽지 않습니다. 그러나 10년의 역사를 지닌 평신도 공동체인 겨자
씨교회는 이제 정형화된 자신들 모습을 되돌아볼 때가 되었습니다.
새롭게 시작했으나 어느덧 전통으로 굳어져 '다른 면'을 놓치고 있
는 것이 무엇인지를 토론하며 10년 세월을 지나야 옳습니다. 우리

보다 앞서 길을 떠났던 새길교회 25주년 예배에 참석한 적이 있었습니다. 그 자리에서 많은 사람들이 이구동성으로 했던 말은 새길이 어느덧 헌 길이 되었다는 반성이었습니다. 기성교회와 전혀 다르지 않게 되었다고 판단을 했던 것입니다. 그들은 몇 달에 걸쳐 자신들 존재 이유를 되물었고 무엇을 목표로 삼을 것인지, 이런 식의 설교, 예배 양식을 지속할 것인지, 수 없는 사람들이 오갔으나 공동체 구성원은 왜 동일한 상태인지도 성찰했습니다. 이를 위해 때론 자신들끼리 갈등했고 언성을 높인 적도 한두 번이 아니었으나 지난한 과정 끝에 자신들 미래를 옳게 계획할 수 있었습니다.

5.

새길이 헌 길이 되었다는 반성, 새길다움이란 것이 어느덧 전통으로 굳어져 다른 면을 잃고 타성화, 인습화되었다는 반성은 이제 10주기를 맞는 교회의 몫이 되어야 할 것입니다. 우리들 전통은 깨어지라고 있는 것입니다. 겨자씨의 본정신은 희미해지고 형식과 반복이 그 자리를 대신할 경우, 또 다른 10년이 지난다 하더라도 지금의 이 모습과 큰 차이 없을 것입니다. 여러분들과 부족하나마 삶을 나눴던 사람으로서 저는 겨자씨교회가 10주기를 어떤 마음으로 넘어서려는 것인지 궁금했습니다. 또 다른 10년을 어떤 심정으로 임할 것인지도 묻고 싶었습니다. 앞선 10년과는 다른 출발을 해야 한다고 생각했던 탓입니다. 겨자씨교회에는 좋은 신앙적 유산들이 많습니다. 어렵게 결단하여 겨자씨 교우가 되었고 인생 마지막에 이곳을 사랑했으며 여기서 눈을 감았던 그분의 뜻이 되살아나야 할 것입니다. 인위적으로 새로운 중심을 만들 이유가 하나도 없습니다. 뜻이 분명하면 사람은 모이기 마련입니다. 그렇기에 저는 오늘 예수의 어법을 강조했습니다. "옛사람은 그렇게 말했으나 나는 이렇게 말한다." 새사람이었던 우리가 어느덧 옛사람으로 변한 것에 크게 놀랍시다. 새 꿈을 꿨던 우리가 '다른 면'을 생각 못 할 만큼 굳어져 있음에 놀라는 것만으로 10주기 예배는 의미가 있을 것입니다.

가시나무에겐 그늘이 없다
― 거짓은 폭력을 부른다

사사기 9:7-15

사람들이 요담에게 그 일을 알리매 요담이 그리심 산 꼭대기로 가서 서서 그의 목소리를 높여 그들에게 외쳐 이르되 세겜 사람들아 내 말을 들으라 그리하여야 하나님이 너희의 말을 들으시리라 하루는 나무들이 나가서 기름을 부어 자신들 위에 왕으로 삼으려 하여 감람나무에게 이르되 너는 우리 위에 왕이 되리라 하매 감람나무가 그들에게 이르되 내게 있는 나의 기름은 하나님과 사람을 영화롭게 하나니 내가 어찌 그것을 버리고 가서 나무들 위에 우쭐대리요 한지라 나무들이 또 무화과나무에게 이르되 너는 와서 우리 위에 왕이 되라 하매 무화과나무가 그들에게 이르되 나의 단 것과 나의 아름다운 열매를 내가 어찌 버리고 가서 나무들 위에 우쭐대리요 한지라 나무들이 또 포도나무에게 이르되 너는 와서 우리 위에 왕이 되라 하매 포도나무가 그들에게 이르되 하나님과 사람을 기쁘게 하는 내 포도주를 내가 어찌 버리고 가서 나무들 위에 우쭐대리요 한지라 이에 모든 나무가 가시나무에게 이르되 너는 와서 우리 위에 왕이 되라 하매 가시나무가 나무들에게 이르되 만일 너희가 참으로 내게 기름을 부어 너희 위에 왕으로 삼겠거든 와서 내 그늘에 피하라 그리하지 아니하면 불이 가시나무에서 나와서 레바논의 백향목을 사를 것이니라 하였느니라(사사기 9:7-15).

너무도 더운 여름을 보내고 선선한 가을을 맞는가 했더니 벌써 추위가 엄습하는 절기로 바뀌고 있습니다. 좀 더 가을을 느끼고 싶었기에 빠르게 지나는 절기가 야속합니다. 하지만 현실은 이렇듯 절기 타령하고 있을 때가 아닌 것 같습니다. 곳곳에서 비상시국을 선포하며 망가지는 국격을 걱정하고 있기 때문입니다. 정치인들의 행태가 이처럼 하찮게 여겨지는 시절도 없었다 싶습니다. 오랜만에 이 자리에 섰으나 어쩔 수 없이 성서에 근거해 현실 이야기를 하지 않을 수 없어 유감입니다. 건방지게 흉내 내는 듯하나 저 역시 하느님 발길에 채였다 여길 때가 종종 있습니다.

1.

아시는 대로 올해부터 저는 매인 곳 없이 살게 되었습니다. 처음 몇 달은 허전했으나 여름으로 접어들면서 잘 적응했지요. 30년 세월과 단절하면서 올 한 해 동안 나름 원칙을 세운 것이 하나 있었습니다. 누가 내게 부탁하는 것이 있으면 무엇이든지 마다하지 않고 그 청을 들어주자는 것이었습니다. 그간 분주하다는 핑계로 많은 것을 거절했던 것에 대한 죄송함의 발로였을 것입니다. 시간이 있을 것이란 생각에 수많은 곳에서 부름이 있었지요. 가장 빈번하게 받았던 부탁이 아픈 현실에 대해 정직한 글을 쓰라는 것이었습니다. 목회자들이 강단에서 사용할 세월호 2주기 설교문을 작성했고 사드 배치 반대 성명서, 백남기 님 사인(死因)조작에 대한 범 기독교인 성명서, '작은교회' 박람회 관련 여러 문건들을 썼고 급기야 성탄절을 앞둔 12월 초 일만 명 기독교인들의 우환의식을 담은 시국선언문도 제 몫이 되었습니다. 아마도 종교개혁 500주년(2017년)을 앞둔 시점에서도 여러 글들을 피할 수 없을 것 같습니다. 지난 10월 초에는 보름간 재독 한인교우들과 신앙 집담회를 갖고 돌아왔었지요. 여기서도 신앙과 정치의 문제가 가장 길고 깊게 토론되었습니다. 평소 생경하던 이런 글을 쓰다 보니 현실공부가 많아야 했고 그럴수록 현장(現場)을 공들여 찾아야만 했습니다. 이러다 보니 세상을 바라보는 눈이 조금씩 달라져 갔습니다. 그동안 삶의 알리바이를 위해 종종 현장을 찾았으나 이제는 현실에 삶을 깊게 뿌리 내리고 싶습니다. 아마도 삶에는 때가 있어 그런 것 같습니다. 지킬 때가 있으면 놓을 때가 있는 법이고 움켜쥘 때가 있었다면 펼쳐야 될 순간에 이른 탓입니다. 이 '때'를 옳게 성찰하는 것이 최소한 신앙적 태도라 여겨집니다.

2.

2012년 성탄절 예배를 드리면서 우리는 희망 중에 기다리던 2013년 체제의 무산을 안타까워했습니다. 박근혜 대통령이 지도자가 되는 것을 원치 않았기에, 그리되면 본인도 나라도 비극적 운명을 맞을 것 같아 다른 길이 열리기를 간구했던 것이지요. 그로부터 4년이 지난 지금, 국민들은 '이것이 국가인가'를 묻기 시작했고 국가 통치권이 조롱받고 있습니다. 법을 공부했다는 이들이 권력의 시녀가 되어 오로지 정권 재창출만을 관심하며 아부하는 꼴이 가관입니다. 정권을 위해 거짓으로 세상을 덮어 온 정부의 말로가 너무도 비참합니다. 세월호의 진실을 묻었고 부검이란 이름하에 故 백남기 님의 주검을 탈취하려는 이들로, 국민들 역시 초라해졌고 정치가 하찮아졌으니 더욱 큰일입니다. 개헌이란 엄청난 국가적 과제를 자신들 유/불리 관점에서 접근하는 정치가들, 그들에게 미래를 맡길 수 없는 노릇입니다. 수많은 노동자들이 피땀 흘려 번 외화를 혹세무민했던 최태민의 후손들 손에 쥐어 준 통치권자의 정신이 옳은 것인지 물어야 합니다. 정권 전체가 악령에 씌운 듯하니 하늘이 이를 버릴 것이 분명합니다. 졸지에 우리 역사를 봉건, 과거로 돌린 이 정권을 위로하며 자신들 불의를 감추는 이 땅의 종교지도자들 역시 종교개혁 500주년 시점에서 퇴출되어야 마땅한 일입니다.

3.

오늘 우리는 사사기 7장에 나오는 '왕이 되려는 나무들의 우화'를 읽었습니다. 이 이야기는 오늘 우리처럼 불의한 방식으로 왕이 된 아비멜렉이란 당치 통치자를 조롱하는 민심으로부터 창작되었습니다. 성서가 이런 식으로 당시 통치권자를 비판했다면 우리들 역시 그리하는 것이 성서를 영적으로 읽는 것이자 동시성을 확보하는 길이겠습니다. 나무들이 자신들 왕을 세우고자 했습니다. 올리브나무와 무화과나무 그리고 포도나무를 순차적으로 찾아가 자신들의 왕이 될 것을 청했던 모양입니다. 그러나 이 나무들은 이구동성으로 왕 되라는 청을 거절합니다. 개헌을 통해서라도, 거짓으로 진실을 가리면서도 대통령하겠다는 오늘의 정치인들과 동이 서에서 멀 듯 먼 이야기들을 하고 있습니다. 올리브나무에겐 기름을 내는 일이 중요했고, 무화과나무에겐 달콤한 열매가 그리고 포도나무는 사람을 즐겁게 하는 포도주를 내는 일이 중했기에 저마다 이 일을 그치고 왕이 될 수 없다 한 것입니다. 판검사들에게 정의의 잣대가 중요한 것이고 경제인들은 백성 배불리는 일에 관심해야 하며 대학교수들은 세상을 이롭게 할 학문에 충실하라는 충언이자 경고이기도 합니다. 자신들이 걷는 길 혹은 하는 일에 뜻을 둔 사람들은 정치권력을 탐하지 않습니다. 자기 하는 일의 소중함을 알기 때문입니다. 하늘과 사람 그리고 세상을 이롭게 하는 길인 것을 아는 탓이지요. 속이 깊고 가득 찬 사람은 결코 가지 않았던 길에 마음을 두거나 기웃거리지 않습니다.

4.

이제 나무들은 어쩔 수 없이 가시나무를 찾아 왕이 되어 줄 것을 청했습니다. 성서가 증언하는 가시나무의 변을 들어 보십시다. 가시나무는 우선적으로 자신이 나무들의 그늘이 되어 줄 것이라 강변합니다. 그러나 가시나무에겐 애당초 그늘이 없습니다. 그 스스로 그늘을 만들 수 있을 만큼 넉넉한 품이 없었던 것입니다. 그렇기에 왕이 되고자 하는 가시나무의 첫 번째 태도는 거짓이었습니다. 대통령은 당선되면 쌀 수매 가격을 가마니 당 21만 원으로 하겠다고 약속했습니다. 그러나 대통령은 그 약속을 지키지 않았습니다. 민생을 위해 개헌은 없다 했으나 자신의 불의를 덮고자 개헌을 입에 담았습니다. 단적인 예겠으나 이렇듯 거짓을 말하는 대통령은 가시나무를 닮았습니다. 없는 품에, 없는 그늘에 거하라 했고 그렇지 않을 경우 온 숲을 불살라 버리겠다는 협박이 이어진 가시나무의 증언입니다. 예나 지금이나 거짓을 합리화하기 위해 폭력이 행사되는 법입니다. 거짓과 폭력은 불의한 정권의 대명사라 할 것입니다. 쌀수매가격을 지키라는 농민을 물대포로 쓰러트렸고 그 시신조차 탈취하여 병사로 둔갑시키는 정권을 그래서 가시나무와 같다 말할 수 있습니다. 온 세상을 거짓으로 뒤덮고 이를 폭력으로 마무리하려는 정권의 말로는 비참합니다. 자신만이 아니라 국민 모두를 그리고 역사와 국격 자체를 슬프게 만들어 버리는 탓입니다. 강남지역의 아파트 부양책으로 몰락하는 경제를 떠받칠 정도로 나라가 허약해졌습니다. 가시나무와 같은 존재를 왕으로 선택한 백성들이 참으로 불행합니다.

5.

여기서 가시나무는 이스라엘을 3년간 다스린 아비멜렉을 뜻합니다. 그는 제사장이었던 여룹바벨의 서자로서 이복형제 모두를 죽이고 성전의 금괴를 약탈하여 사병을 길렀고 그 힘으로 왕위를 얻은 자였습니다. 사사기 9장 22절 이하에 보면 하느님은 아비멜렉이 다스리는 세겜성에 악령을 보내어 백성들이 왕을 미워하도록 만들었다 했습니다. 지금까지의 거짓과 폭력에 대한 대가를 치르게 할 목적에서였습니다. 정의를 자신의 음식으로 삼는 하느님의 최종적 움직임이 있었던 것입니다. 지금 우리 국민들의 인내도 한계에 이르렀습니다. 세상이 두 쪽 나도 지켜질 것으로 믿었던 보수층 지지율이 한없이 추락하고 있습니다. 언론들도 현 대통령에게 더 이상 미련을 두지 않습니다. 하늘이 다시금 새로운 세상을 만들어 볼 것을 우리에게 명하십니다. 하늘의 움직임을 감지할 때입니다. 2017년 종교개혁 500주년과 함께 새로운 세상을 정신 차려 만들 것을 요청하십니다. 그늘이 있는 세상, 넉넉한 품을 지닌 세상을 만들어 의지할 곳 없는 이들의 의지처를 만들라 하십니다. 종교개혁은 교회뿐 아니라 당시 세상을 바꿨습니다. 봉건질서를 뒤엎고 대의제도를 만들어 낸 것입니다. 종교개혁 500주년과 대선이 겹치는 2017년을 민족을 위한 하늘이 주신 절호의 기회로 만들어야 할 것입니다. 신앙과 정치는 때론 별개이나 때론 운명적으로 만날 수도 있습니다. 작은교회 박람회에서는 이를 사회적 영성이라 했고 많은 이들이 진지하게 토론했다 들었습니다. 가장 종교적인 것이 가장 정치적일 수 있음을 생각할 때입니다.

환대가 복음이다

창세기 18:1-8, 로마서 5:1-5, 마태복음 9:35-38

태초에 하나님이 천지를 창조하시니라 땅이 혼돈하고 공허하며 흑암이 깊음 위에 있고 하나님의 영은 수면 위에 운행하시니라 하나님이 이르시되 빛이 있으라 하시니 빛이 있었고 빛이 하나님이 보시기에 좋았더라 하나님이 빛과 어둠을 나누사 하나님이 빛을 낮이라 부르시고 어둠을 밤이라 부르시니라 하나님이 이르시되 저녁이 되고 아침이 되니 이는 첫째 날이니라 하나님이 이르시되 물 가운데에 궁창이 있어 물과 물로 나뉘라 하시고 하나님이 궁창을 만드사 궁창 아래의 물과 궁창 위의 물로 나뉘게 하시니 그대로 되니라 하나님이 궁창을 하늘이라 부르시니라 저녁이 되고 아침이 되니 이는 둘째 날이니라(창세기 18:1-8).

지난 4월, 5월을 격동 속에 보내고 6월을 맞았습니다. 한 해의 절반을 뒤로 하자니 마음이 무겁습니다. 생각하며 살지 못하고 사는 대로 생각했던 훈습(薰習) 탓이겠지요. 이렇게 살면 한 해의 끝자락에 이르러서도 허(虛)하기는 마찬가지일 것입니다. 이런 우리에게 주일예배는 그냥 살지 않고 생각하며 살도록 추동하는 좋은 기회라 하겠습니다. 종교개혁 신학 전통에서 설교는 예배의 핵심입니다.

흔히들 설교를 선포된 말씀이라 하여 성서처럼 중시하나 설교를 그리 평해도 좋을지 모르겠습니다. 강단에서 선포하다고 모든 것이 하느님 말씀일 수는 없는 노릇입니다. 그렇기에 오늘 제 설교도 어떨지 두렵고 궁금합니다. 청자(聽者)들의 경우도 마찬가지입니다. 하느님 말씀일지라도 자기 취향에 맞지 않으면 결코 가슴에 담아 두려 하지 않습니다. 자기 취향이 말씀을 수용하는 척도가 된 오늘의 교회 현실을 한 신학자는 '영적 타락'이라 일컫습니다. 신(神)을 빙자하여 '제 뜻'을 강요하는 자들이나 취향에 맞는 말만을 선호하는 청자들이 공존하며 뒤섞인 오늘의 교회, 과연 이곳에서 함석헌이 말했듯 '생각하는 힘(사람)'이 길러지겠는지요? 이것이 종교개혁 500주년을 맞는 이 땅 개신교회가 직면한 최대의 위기일 것입니다.

1.

오늘 설교를 위해 한 주일 전부터 3개의 본문 말씀을 여러 차례 읽었습니다. 주제 설교에 익숙한 저로서 세 본문을 연결시켜 메시지를 찾아 전하는 일이 쉽지 않습니다. 수차례 반복하여 숙고하니 '환대'란 말과 '복음'(선포)이란 두 단어가 떠올랐고 5월 말 독일에서 열렸던 '교회의 날' 경험이 이에 덧붙여졌습니다. 종교개혁 500주년을 맞아 베를린과 비텐베르크에서 개최된 엄청난 규모의 행사였기에 그 내용을 본문과 연결할 수 있다고 보았습니다. 이를 위해 창세기 18장을 먼저 생각한 후 마태복음 9장과 로마서 5장의 본문을 다뤄 보겠습니다.

2.

창세기 본문은 지나는 길손을 환대하는 아브라함의 이야기를 적었습니다. 당시 사막의 길손이 된다는 것은 죽음을 각오한 일이었지요. 그 고통을 알아본 아브라함은 손님 대접을 자청합니다. 나그네들이 청(請)하기도 전에 이들이 원하는 바를 먼저 챙겨주었습니다. 먹을 것, 씻을 물, 앉을 자리를 제공했고 몸소 시중까지 들었습니다. 성서의 이야기니 그러려니 하나 이런 환대는 결코 쉽지 않습니다. 사막을 떠도는 길손은 언제든지 폭도로 변할 수도 있는 까닭입니다. 아랍지역의 사람들, 특히 여성들은 사막을 나다니는 남성들로부터 자신을 지키고자 검은 천을 몸에 둘렀답니다. 자신의 정체성을 꼭꼭 숨길 정도로 손님을 맞는 것이 어려웠던 것입니다. 여기서 우리는 환대(Hospitality)의 전형적인 모습을 봅니다. 위험을 무릅쓰는 일이자 길손들의 요구와 필요를 알아서 챙기는 일이었고 이들 방문이 끝날 때까지 시중드는 일이었던 것입니다.

3.

오늘 이런 '환대'가 다시금 주목을 받는 것은 세계 경제 질서의 재편과 난민들 상황 때문입니다. 낯선 이주 노동자 없이는 경제를 살릴 수 없고 서구의 탐욕으로 야기된 난민들 수용 여부로 인한 정치적 갈등 탓입니다. 종교개혁 500주년을 기념하며 열린 '교회의 날' 행사도 바로 이런 주제를 다뤘습니다. 이주 노동자와 난민, 이들은 오늘의 세계가 만든 열악한 상황에서 표류하는 길손들입니다. 이들이 처한 환경은 당시 사막보다도 더욱 험하고 위험할 것입니다. 그럼에도 아브라함이 베풀었던 환대, 그것은 세계 어느 곳에서도 찾을 수 없게 되었습니다. 자국 이익주의로 회귀한 트럼프의 미국, 민족주의로 돌아선 극우적 유럽—특히 영국—의 정세가 그 실상일 것입니다. 다행히도 독일 교회는 이렇듯 실종된 환대를 종교개혁의 과제로 여겼습니다. 환대의 부재가 종교개혁 500년 역사가 남긴 미완의 과제라는 것입니다. 그렇기에 개신교도인 우리들 모두에게 성서가 말하는 '환대'를 살아내라고 했습니다. 독일 메르켈 총리가 앞장서 종교개혁을 계속하자(Die Reformation geht weiter)고 분위기를 이끌었지요. 금번 '교회의 날' 행사에서 광야에서 표류하는 또 다른 사람, 하갈이란 여성의 이야기(창 16:13)가 주제가 될 수 있었던 것도 이런 이유라 하겠습니다.

4.

오늘 읽은 창세기 본문 두 장 앞서 아브라함의 몸종이었던 하갈의 이야기가 나옵니다. 사라의 허락으로 아브라함의 씨앗을 잉태했으나 돌변한 그녀의 태도로 광야로 내몰려 사경을 헤매는 가련한 여인의 실상을 담았습니다. 더구나 임신한 몸으로 사막으로 내몰린다는 것은 곧 죽음을 뜻했습니다. 조국에서 내몰렸기에 땅과 바다를 가로질러 살 곳을 찾아 헤매는 오늘의 난민들과 쉽게 중첩됩니다. 더욱이 약속을 어긴 강자들의 횡포로 이런 일이 발생했으니 그

원인도 다르지 않습니다. 예나 지금이나 약자들은 이렇듯 이용되고 버려집니다. 사막에서 샘을 만난 하갈은 하느님 천사의 '환대'를 받습니다. 결코 죽지 않을 것이며 다시 살 곳을 찾을 것이고 태중의 아기가 오히려 만백성의 어버이 될 것이란 소식을 들었습니다. 사경을 헤매다 만난 천사, 곧 하늘의 소리는 하갈에게 복음이었고 생명이었겠지요. 이렇듯 하갈은 광야의 한 샘터에서 난생 처음 자기 삶을 전폭적으로 긍정한 최상의 환대를 경험했습니다. 이런 하갈의 하느님 체험을 성서는 '보시는 하느님', 또는 '살피시는 하느님'이라 적어 놓았습니다. 자신의 곤궁과 궁핍, 삶의 위기를 살피셨던 하느님, 그것이 신앙의 주류였던 아브라함과 사라와 달랐던 하갈의 고백이었습니다. 바로 베를린에서 열렸던 올해 '교회의 날'은 이런 하갈의 고백, '당신이 나를 보았다'(Du siehst mich)를 주제 삼아 50만 명 규모의 본 행사를 치렀던 것입니다. 하지만 본 행사는 '당신'(Du)을 하느님으로 한정시키지 않았습니다. 우리들 각자가 이 시대의 하갈에 대해 '당신' 곧 하느님이 되어 줄 것을 부탁했고 청원했으며 기원하였습니다. 하느님이 그리했듯이 우리가 우리들을 살피는 것 역시 중(重)한 까닭입니다. 하느님 그가 우리들 희망이듯이 우리도 하느님의 희망이 되어야 합니다. 그러려면 이 시대에 내쳐진 뭇 길손, 난민들의 이웃이 될 수밖에 없습니다. 이런 신앙적 자각이 유럽의 맹주 된 독일을 떠받치는 힘이라 생각합니다. 평소 교회를 떠났던 수많은 독일 젊은이들이 이런 요청에 환호했습니다. 세계적 난제를 떠안는 새로운 주체가 될 것을 다짐했습니다. 하느님의 환대, 아브람함의 환대를 역사 속에서 실현하겠다고 한 것입니다. 이 땅의 교회 현실과 너무도 다른 모습이지요.

5.

이런 점에서 두 번째 본문, 마태복음서의 내용이 다시 읽혀집니다. 공생애를 시작하던 예수의 눈에 당시 사람들이 목자 없는 양처럼 보였습니다. 누구의 도움도 받지 못했고 삶은 늘 궁핍, 곤궁했으며 도처의 위험 앞에서 숨을 공간 역시 없었습니다. 로마 정권에 시달렸으며 수시로 자신들 종교지도자들의 먹잇감 된 이들을 예수는 '암하레츠' 즉 '땅의 사람'이라 부를 정도였습니다. 자기 종교로부터 내몰려 마을 밖, 성문 밖에서 떠돌았던 이들을 예수는 환대했습니다. 온갖 질병과 마음의 상처를 돌봤고 굶주린 이와 함께 먹고 마시는 삶을 살고자 했습니다. 예수에게 하늘나라의 복음 선포는 이들을 환대하는 행위와 결코 둘이 아니었기 때문입니다. 목자 없는 양 되어 삶의 여력을 잃은 사람들을 무조건 보듬어 안는 일, 그것이 하느님 나라 선포였습니다. 이 일을 위해 예수는 제자를 모으고 불렀습니다. 이들을 보듬고 환대할 일꾼이 필요했기 때문입니다. 사명만 주지 않았고 예수는 귀신을 쫓고 약(병)자들을 치유하는 능력도 아낌없이 주었습니다. 당대 종교지도자들과도 맞서야 했고 로마와 다른 길을 가야 했기 때문입니다. 예수의 제자라면 이런 능력을 갖고 그 길을 가야 옳습니다. 그런데 오늘 우리에게 이런 능력이 남아 있는지를 묻고 싶습니다. 일터로부터 내쳐져 되갚을 능력이 없는 자들을 환대하는 능력 말입니다. 타자의 고통을 직시하는 '공감력'

이라 해도 좋겠습니다. 루터 종교개혁을 미완의 과제라 여겼기에 '교회의 날'에 본회퍼의 말이 자주 회자되었습니다. '제자는 없고 교인만 양산'하는 오늘의 교회를 향하여 그는 예수를 한갓 신화나 이념으로 전락시켰다고 비판했습니다. 베를린 소재 훔볼트대학 신학부에 그의 흉상과 함께 새겨진 말도 인용해 봅니다.

기독교는 구조적 문제로 피해를 입은 뭇 사람에게 무한 책임을 져야 한다. 설령 그들이 기독교인이 아닐지라도 말이다.

오늘 제 설교 언어로 말하자면 무한한 '환대의 능력' 여부를 묻고 있는 것입니다. 그래서 저는 '환대가 곧 복음'이라 제목을 정했습니다. 사지로 내몰린 하갈을 살피셨던 하느님이 예수의 몸을 입고서 이 시대의 '하갈'들인 난민, 이주민들을 환대하고 있습니다. 온통 세상이 부정하고 거부하며 내몰아도 예수는 언제든 그들 '편'이 되고 '곁'에 머물 것입니다. 이것이 여타 종교와 다른 기독교의 변별력이라 믿습니다.

6.

마지막 본문인 로마서로 향합니다. '믿음으로 의롭다'는 칭의(稱義)론을 서문으로 하고 있습니다. 여기서 칭의와 하느님 평화는 동전의 양면처럼 불이(不二)적 관계로 묘사됩니다. 그래서 JPIC를 발의한 공로로 스위스 바젤 대학서 명예신학박사를 받은 폰 봐이젝커의 수락 연설 내용이 의미 깊습니다. "분배문제의 불균형, 핵무기의 과다보유, 자연생태계의 파괴가 지속적 현안이 되는 한 기독교적 구원(정신)은 아직 구현되지 못했다." 하느님이 인류 및 우주 보편적인 존재라면 이 세상 미물일지라도 그것들이 평화로울 때까지 그분 역시 평화롭지 않을 것입니다. 그렇기에 성서는 하느님 영광(평화)에 이르기까지 환난과 인내의 과정을 기꺼이 겪어내자고 말합니다. 그럴수록 우리에겐 희망이 필요합니다. 환대를 통해 모두가 행복한 세상, 최소한 갓난아이가 부모를 잃지 않고 가난으로 몸이 상(傷)치 않으며 저마다 소질에 따라 교육받을 수 있는 세상이 될 것이란 희망 말입니다. 이 일을 이룰 때까지 우리는 그리스도 예수의 남은 고난을 채워야 할 존재들일 뿐입니다.

7.

지금껏 우리는 자기 소리만 내고 살았습니다. 자신의 안위만을 위해 기도했고 축복된 삶을 원했습니다. 그렇지 못할 때 자신을 세상에서 불행한 존재라 여기기도 했습니다. 그러나 이제 우린 입을 닫고 두 귀를 열어 하느님처럼 고통당하는 소리를 듣고 살피는 존재가 되어야겠습니다. 저는 이를 일컬어 '마음 다하기'(Mindfulness)의 영성이라 부르고 싶습니다. 환대는 상대방에게 마음을 다할 때 생기는 자연스런 반응입니다. 대충대충 세상과 접하지 말고 어느 한 존재에게라도 마음을 다하며 살아 보십시다. 우리들 안에서 길손에 대한 아브라함의 마음 그리고 하갈을 향했던 하느님의 마음이 표출되는지를 기대하면서 말입니다. 로마서 8장에 의하면 성령이신 하느님은 지금 탄식하는 자를 대신하여 탄식하고 있습니다. 뭇사람들이 탄식조차 할 수 없을 만큼 지쳐 있기에 세상 속 탄식소리는 지금 성령의 탄식이라 할 것입니다. 그렇다면 그 탄식 소리를 듣고 그와 마음 합하는 것이 이 시대의 성령체험이라 하겠습니다. 이런 새 방식의 성령체험으로 인해 환대, 곧 하느님의 마음이 세상에 드러날 것이고 세상을 구원할 것입니다. 그래서 환대가 분명 복음입니다.

기억의 종교가 할 일은 기억 투쟁이다

마가복음 8:14-21, 14:22-25

그들이 먹을 때에 예수께서 떡을 가지사 축복하시고 떼어 제자들에게 주시며 이르시되 받으라 이것은 내 몸이니라 하시고 또 잔을 가지사 감사 기도하시고 그들에게 주시니 다 이를 마시매 이르시되 이것은 많은 사람을 위하여 흘리는 나의 피 곧 언약의 피니라 진실로 너희에게 이르노니 내가 포도나무에서 난 것을 하나님 나라에서 새 것으로 마시는 날까지 다시 마시지 아니하리라 하시니라(마가복음 14: 22-25).

익히 알 듯 이명박-박근혜로 이어지는 10년에 걸친 두 차례 보수 정권은 감추고 묻어 두기 원하는 수많은 사건, 사고, 온갖 비리들의 온상이었습니다. 이런 불법을 상호 묵인하는 대가로 서로를 도왔고 자신들 농단을 확고하게 비호할 정권을 재창출하기 위해 수단과 방법을 다했으며 급기야 어설픈 반기문 카드를 내놓아 세상의 조롱거리가 되었습니다. 4대강 사업 비리, 해외 자원투자 손실, BBK 실소유의 문제가 이명박에게 해당된다면 박근혜는 재벌에게 손 벌려 비루한 최순실과 경제공동체를 이뤘고 그로써 국격(國格) 자체를 실종시킨 기막힌 범죄의 장본인입니다. 하지만 그뿐이겠습니까? 나라의 역사마저 왜곡, 날조하여 자신들 과거를 포장했으니 그 죄가 하늘을 찌릅니다. 세월호 유족들에게 '그만 잊으라' 한 것도 역사를 지우고 진실을 묻고자 함이었습니다. 이 점에서 세월호 어머니들이 안산에 "기억저장소"를 만든 것은 탁월한 선택이었습니다. '잊으라' 했던 국가, 천국 갔으니 이제 '그만하라'고 한 교회를 향해 유족들은 오히려 '기억'으로 맞서고자 했습니다. 저 역시 후안무치의 박근혜와 그 주변 사람들을 보며 오늘의 설교 제목인 '기억 투쟁'이란 말을 생각해 냈습니다.

1.

기독교가 기억의 종교라는 것에는 누구도 이의가 없을 것입니다. 어떤 역경 속에서도 구약의 사람들은 출애굽의 하느님을 기억했고 신약성서의 예수는 예루살렘 입성을 앞둔 절체절명의 순간에 떡과 포도주를 나누며 자신을 기억하라 명했습니다. 간혹 새로운 이야기를 할 때에도 옛사람의 이야기는 결코 빠지지 않았습니다. 옛사람은 이렇게 말했으나 나는 이렇게 말한다고 하며 과거와 오늘을 연결시켰습니다. 기억 없이는 어떤 새로움도 발생할 수 없다는 것이 바로 성서의 가르침입니다. 그렇기에 한 유대인 학자(벤야민)는 "기억이란 메시아의 시간적 개입을 가능케 하는 돌쩌귀, 즉 돌 속의 세밀한 틈과 같다" 했습니다. 틈이 있어야 거대한 돌도 허물어질 수 있다는 말일 것입니다. 함석헌이 "생각하는 백성이라야 산다"라고 말씀한 것도 같은 뜻이라 생각합니다. 우리들 기억 속에는 의당 혹독한, 피하고 싶은 고통이 내재합니다. 그래서 망각에의 유혹 역시 어쩔 수 없이 항존합니다. 그보다 두려운 것은 망각을 정치적으로 강요당하는 현실입니다. 탄핵 순간까지도 우리들 기억을 분산시키고 혼동케 하는 술수와 간계들이 확대, 재생산되고 있음을 봅니다. 하지만 세월호 유족들이 고통을 이겨 기억을 사회화, 정치화해냈듯이 우리들 역시도 박근혜-최순실 사태를 더욱 '공적(公的) 기억'으로 승화시켜야 옳습니다. 기억의 정치화, 바로 그것으로 진실(사실)을 부정하고 왜곡하는 의도적인 도착증 환자들, 사악한 위정자들을 권좌에서 몰아낼 수 있습니다.

2.

나치 정권 시대에 있었던 이야기입니다. 아우슈비츠 생존자 중 한 사람으로서 『살인자들은 우리 가운데 있다』를 저술한 시몬 비젠탈이란 사람이 있습니다. 그는 전쟁 말기 나치 친위대가 포로들을 비웃으며 냉소적으로 경고했던 기억을 이 책에 담았습니다. 아우슈비츠에서의 만행이 너무도 방대했고 끔찍했기에 당시 평범한 독일인들 다수는 나치의 만행을 믿을 수가 없었답니다. 우리가 박근혜-최순실 국정농단을 처음에 믿기지 않아 했듯이 말입니다. 이런 상황에서 다음의 말은 참으로 끔찍합니다. "이 전쟁이 어떤 식으로 끝나든지 간에, 너희(포로)와의 전쟁은 우리가 이긴 것이다. 너희 중 아무도 살아남아 증언하지 못할 것이니까. 혹시 누군가가 살아나간다

해도 세상이 그를 믿어주질 않을 테니까. 많은 사람들이 연구하고 토론하겠으나 확실한 것은 아무것도 없을 것이야. 우리가 그 증거들을 너희와 함께 묻어버릴 테니까. 너희 중 누가 살아남아 증언을 하더라도 사람들은 너희가 말하는 사실을 믿기에 너무 끔찍하다고 여길 것이야. 오히려 이것을 부인하는 우리를 믿겠지. 수용소의 역사, 바로 그것을 쓰는 것은 너희가 아니라 바로 우리가 될 것이야."

3.

그토록 수많은 사람을 죽여 놓고 죽음을 눈앞에 둔 포로들을 향해 수용소의 역사를 자신들이 쓸 것이라 말하는 이 잔인함을 어찌 이해해야 하겠습니까? 하지만 어디 이것이 나치들만의 이야기이자 증언이겠습니까? 정권 창출의 승자가 되어 역사를 날조하려는 이 정권과 나치가 조금도 다르지 않습니다. 아시는 대로 지금껏 역사는 승자들의 몫이었습니다. 박근혜도 국정교과서를 통해 그리하고자 했습니다. 그 와중에서 민중들의 이야기는 묻혔고 숨겨졌으며 심각하게 왜곡되었습니다. 그렇기에 지금 우리는 탄핵 정국하에서 누가 궁극적으로 역사를 쓸 것인가?, 누구의 기억을 갖고 역사가 쓰이는가를 묻습니다. 이 물음이 지속될 때 메시아의 역사적 개입 역시 가능할 수 있습니다. 하지만 아직도 국정교과서를 포기치 못하는 정부, 바뀐 당명하에서 박근혜 호위무사를 자처하는 정치인들, 민족혼을 타락시킨 거리의 태극기 행렬, 자신의 입지를 즐기는 황교안 대행, 법을 희롱하는 대통령 변호인단의 야비함… 이 모든 것에 대해 역사의 주체가 되고자 했던 촛불민심은 저항하면서도 여전히 두려움을 갖습니다. 과연 국정 농단한 난신적자들의 역사가 청산될 것인지, 형태와 무늬만 달리하여 지속될 것인지를 염려하고 있습니다. 촛불이 국민주권 시대를 열었건만 여야 막론 정치인 의식 속엔 아직도 민심이 자리하지 않습니다. 다행히도 분위기가 반전되고 있으나 헌법재판소의 결정을 무조건 수용하겠다는 네 당의 합의는 촛불 민심을 헤아리지 못한 패착일 수도 있겠습니다.

4.

이런 정황에서 우리는 거듭 기억 투쟁을 요구받습니다. 앞선 두 정권들이 무슨 악행을 범했는지를 정확하게 기억해야만 합니다. 그들로 인해 우리들 지난 역사가 얼마나 왜곡되어왔는지를 큰 눈 부릅뜨고 밝혀내야 할 것입니다. 종교인들처럼 정치가들 역시 '말'을 갖고 사는 존재들인 탓입니다. 이들의 잘못된 말, 거짓된 말, 날조한 말들을 낱낱이 찾아 적시해야 옳습니다. 우리가 이 싸움에서 허술해진다면 외신들이 말하듯, 고된 촛불의 열매를 얻지 못할 수도 있습니다. 이제부터 짧게나마 성서 말씀을 생각하려는 것도 '기억 투쟁'의 승리자가 되기 위함입니다.

5.

오늘 읽은 말씀에는 예수의 마지막 일주일 속, 삶의 절정인 최후 만찬에 관한 내용이 담겼습니다. 세 복음서에 다 수록된 것으로 미루어 너무도 명백한 역사적 사실일 것입니다. 단지 누가복음서에만 기억, 기념이란 말이 끝부분에 첨가되어 있습니다. 하지만 저는 마가서의 입장에서 기억, 기념의 뜻을 생각해 보겠습니다. 마가서 연구자들 즉, 보그, 크로산 같은 역사적 연구자들은 떡과 포도주를 나눈 예수의 마지막 만찬을 앞서 4천 명을 먹인 사건과 연계시킵니다. 이 두 사건은 마가복음 14장과 8장에 각각 수록되었으나 예수 생애 마지막 일주일 여정 속에서 볼 때 이 두 사건은 수요일과 목요일에 연이어 있었던 까닭입니다. 예수는 험한 출애굽 여정에서 굶주린 백성들이 만나로 배불렀던 사건을 기억하셨습니다. 그렇기에 말씀을 찾아 먼 거리를 마다 않고 찾아온 수천 명의 사람들에게 먹을 것을 베풀었습니다. 이를 우리는 오병이어의 기적이라 일컫습니다. 마가서 저자의 시각에서 만나의 사건이나 오병이어의 기적이 결코 다르지 않았습니다. 수천의 사람들을 배 불렸던 예루살렘 입성을 앞두고 자기 제자들과 더불어 최후의 식탁을 갖습니다. 떡과 포도주를 자신의 몸과 피라 하면서 그것을 나눴고 자신을 기억하라 했습니다. 예수 자신이 스스로 먹거리가 되는 방식으로 말입니다. 오병이어로 4천 명 민중들의 굶주린 육신의 배를 채웠다면 최후의 만찬은 제자들의 허기(虛氣)를 '뜻'으로 채운 사건이었습니다. 하지만 이 둘은 본질에 있어 차이가 없습니다. 인간을 자유롭게 하는 것, 해방이 그 목적이었던 까닭입니다. 출애굽의 긴 여정은 먹을 것 없었던 고통의 길이었습니다. 물론 예루살렘에로의 여정도 그랬습니다. 이 여정에서 만난 굶주린 백성들을 배부르게 함으로써 예수는 하느님의 해방, 곧 새로운 출애굽을 환기시켰습니다. 오늘의 배부름을 통해 옛 광야의 기적을 기억토록 한 것입니다. 예수 공생애의 길벗들인 제자들, 그들에게 예수는 "길을 가다 길이 될 것"을 명하셨습니다. 그것이 진정한 자유와 해방의 길이기 때문입니다. 지금까지는 스승의 길을 따랐으나 이제부터는 본인 스스로 그 '길'이 되라고 했습니다. 이렇듯 출애굽 사건은 오병이어로 이어졌고 그것은 다시금 예수 최후 만찬으로 재활성화되었습니다. 요컨대 핵심은 하느님 해방 역사를 지금 여기서 매 순간 기억시키는 데 있습니다. 과거를 잊지 않는 한 해방의 사건은 지속될 것인바, 그 실상을 제자들에게 각인시키는 것이 최후 만찬의 의도였습니다. 우리들 예배 역시 바로 이런 전승을 기억시켜 사건화하는 데 목적이 있습니다. 예배란 어떤 기억을 할 것이며 누가 기억의 주체가 될 것인지를 확인하는 자리입니다. 기억 투쟁이 예배의 핵심이란 말입니다. 성서의 기억을 갖고서 망각을 강요하는 온갖 술책들과 맞설 힘을 얻어야 옳습니다. 기억의 정치화로 메시아적 개입(기적)을 가능케 하는 것이 우리들 신앙인의 책무인 탓입니다. 그리스도의 부활 역시 우리들 해방을 부추기고 있습니다. "죽은 자들이 살아나지 못하면 그리스도도 살아나지 못했을 것입니다…"(고전 15:16). 기억 투쟁에서 실패하면 그리스도의 부활도 없음을 명심하십시다.

세월호 '以後', 우리들 신학적 물음은 달라야 한다

고린도전서 7:29-32

형제들아 내가 이 말을 하노니 그 때가 단축하여진 고로 이후부터 아내 있는 자들은 없는 자 같이 하며 우는 자들은 울지 않는 자 같이 하며 기쁜 자들은 기쁘지 않은 자 같이 하며 매매하는 자들은 없는 자 같이 하며 세상 물건을 쓰는 자들은 다 쓰지 못하는 자 같이 하라 이 세상의 외형은 지나감이니라 너희가 염려 없기를 원하노라 장가가지 않은 자는 주의 일을 염려하여 어찌하여야 주를 기쁘시게 할까 하되(고린도전서 7:29-32).

5.18 광주 참사를 다룬 영화 <택시 드라이버>의 관객 수가 일천백만 명을 넘어섰다는 광고판 기사를 접했습니다. 본 영화와 함께 당시 정권이 광주를 어떻게 대했는지 여실한 실상이 증인들을 통해 속속들이 밝혀지고 있습니다. 시민을 적으로 여겨 비행기에 탑재된 폭탄까지 투하하려 했다니 할 말을 잊습니다. 이 모든 것을 감추려 했겠지만 30여 년의 시간이 흐른 지금 모든 것이 밝혀지고 있으니 고맙습니다. 강산이 변할 만큼 긴 세월을 보낸 유족들, 당사자들의

고통을 헤아릴 길이 없겠으나 그래도 진실이 밝혀졌으니 정의의 승리를 믿으며 하느님의 살아계심을 체험합니다. 그동안 다수 국민들이 정부의 시민학살에 '설마' 혹은 '반신반의'하며 지나쳤으나 영화와 뭇 증인을 통해 사실로 밝혀졌기에 세월호로 촉발된 질문, '국가란 무엇인가?'의 물음이 다시 점화되기 시작했습니다. 촛불 민주화 시대에 이르러 광주 학살의 진실이 밝혀졌으니 촛불혁명을 일으킨 세월호 유족들의 공이 참으로 지대합니다.

1.

세월호 참사 역시 3년을 지나 4주기를 앞두고 있으니 제법 긴 시간이 흘렀습니다. 광주의 오늘을 위해 걸린 시간에 비하면 짧으나 제대로 된 정부이고 국가였다면 유족들 눈에서 벌써 눈물을 거둬들여졌을 것입니다. 하지만 지난 세월 동안 정부는 유족들을 거리로 내몰았고 거짓 이간질로 사회로부터 왕따를 시켰으며 불편한 존재로 여겨 종국에는 이념과 색깔을 덧씌우기도 했습니다. 국정원의 조직적 개입까지 밝혔으니 최종판결을 기다리는 '그녀'의 앞날에 자비와 관용은 없을 것입니다. 소위 성공했다는 교회들마저 정부의 장단에 춤추며 '천국 갔으니 이제 그만하라'라며 유족들을 종용하더니 결국 교회로부터 축출했던바, '그녀'를 향한 심판이 교회에도 같이 적용되어야 할 듯싶습니다. 만신창이가 된 채 목포항에 인양된 세월호의 모습, 그것은 촛불혁명 이전의 이 땅의 실상이자 욕망에 휘둘린 우리들의 자화상이었습니다. 이를 보고도 정부와 교회 그리고 개인들의 정직한 성찰이 없다면 단언컨대 이 땅의 미래는 없습니다. 혹자도 말했듯이 세월호 진실은 건국 이후 우리 역사를 나누는 또 하나의 분기점인 탓입니다. 항차 세월호 특조위가 재차 가동되어 우리들 분기점을 적시해야 옳습니다. 유족들에게 또다시 30년의 세월을 기다리게 할 이유와 까닭도 없지 않겠습니까? 촛불 혁명으로 탄생한 문재인 정부가 만사 제치고 할 일이 바로 이것입니다.

2.

세월호 참사 며칠 후 교회는 부활주일을 맞았습니다. 하지만 304명의 승객들과 함께 물속에 잠기는 몇 시간의 광경을 마치 축구 경기처럼 TV 중개로 생생히 보았기에 그날 함께한 우리는 '부활의 노래'를 차마 부를 수 없었습니다. 꽃보다 아름다운 아이들을 물속에 둔 채로 '사셨다, 예수 다시 사셨다'라고 찬송하는 것을 마음도 원치 않는 가식이라 여긴 까닭입니다. 어른들 때문에 죽임당한 죄 없는 학생들을 바닷속 깊은 곳에 묻고 부활한 예수를 노래하는 것이 가당치 않았습니다. 그러나 다수 교회들은 세월호 죽음에 대해 한마디 말도 없이 무탈한 척 부활절을 지켰습니다. 부활절 칸타타가 경쟁하듯 장엄하고 화려하게 연주된 것입니다. 세월호를 애도하고 고통하며 분노하는 설교 없이 예배를 진행한 다수 한국교회에게 부활은 과연 무엇일까요? 삶 속의 부활은 없고 죽은 자의 부활만 믿고 읊조리면 충분한 것인지를 묻습니다.

3.

모든 종교들마다 죽음을 극복하는 방식을 가르치나 저마다 방점이 달리 찍혀 있습니다. 기독교의 경우 죽임의 문화에 대한 저항으로서 부활을 고백했습니다. 숱한 세월 포로기를 거치며 억울하게 죽은 이들이 많았던 탓에 이들 죽음에 대한 보상을 생각해왔던 것이지요. 이 점에서 기독교가 말하는 부활은 생물학적 죽음(sterben)에 대한 반대라기보다 총체적 차원의 사회적 죽음(Tod)과 맞서는 말이겠습니다. 정의, 평화, 생명(창조질서)의 부재 상태가 죽음이라면 그 죽음을 무화(無化)시킨 사건을 일컬어 부활이라 할 것입니다. 분배문제의 불균형, 핵무기의 과다보유(전쟁) 그리고 기후붕괴 등이 죽음의 현실이자 죽임의 실상이란 말입니다. 세월호 참사 이면에서 우리는 죽임의 징조들을 수없이 예감했습니다. 평형수를 뺀 그 자리에 자본주의적 욕망을 담았고 해군기지 건설을 위한 전쟁 자재를 탑재시켰으며 기한을 맞출 목적으로 무리하게 출항시켰던 까닭입니다. 세월호 참사 이면에서 이런 식의 불의와 부조리, 곧 죽임의 징조들을 볼 수 있는 눈을 지녔다면 우리는 세월호 참사 당시 다른 부활절을 경험할 수 있었을 것입니다. 그렇지 못한 우리의 교회들, 특별히 성장에 혼을 뺏기고 권력 맛에 취한 대형교회들은 이 점에서 거짓 부활을 노래했거나 의당 볼 것을 보지 못했으니 장님들이라 말해도 좋겠습니다. 2017년 부활주일에 우리는 세월호 3주기를 맞아야 했습니다. 세월호 3주기와 맞닥트린 한국교회, 과연 이들 속에서 어떤 메시지가 선포되었는지 참으로 궁금합니다. 필자의 경우 기독교인으로서의 자괴감을 견딜 수 없어 관련 책을 모아 '세월호 작은 도서전'을 열었었습니다. 정부는 '잊으라' 했고 교회는 '천국 갔으니 이제 그만하라' 했으나 지난 3년간 세월호를 기억하여 말하고 쓰고 그렸던 책들 수가 150여 권에 달했습니다. 애도하며 기억하려는 이들이 결코 적지 않았다는 반증입니다. 이들 숫자가 교회, 아니 종교 영역 밖에서 더 많았으니 종교의 몰락이 가속화될 것만 같습니다.

4.

이렇듯 세월호 참사를 바라보는 주류 교회들의 실상을 접하며 필자는 한 책자의 제목을 떠올렸습니다. 그것은 "영적 파산"이란 말로서 기존 교회에 대한 한 노신학자의 총평이었습니다. 미국을 분석한 결과였으나 애굽 시절의 끓는 고깃국을 그리워하던 옛 이스라엘인들처럼 그곳만 바라보는 이 땅의 교회들이기에 우리의 경우라 여길 수 있습니다. 히틀러에 추동되어 유대인 학살에 공조했던 독일 기독교를 향해 역사는 아우슈비츠 학살과 함께 정작 기독교가 죽었다고 평가했습니다. 이는 세월호 참사로 한국교회가 영적으로 파산되었다는 말과 유사합니다. 고통의 현장에서 이웃 되어 '곁'의 삶을 살아야 할 기독교가 세월호 유족들을 조롱했고 내쳤으니 '영적 파산', 그 이상의 어떤 말도 충분치 않게 된 것입니다. 이 점에서 기독교의 본질인 "성육신의 신비는 구체적인 현장(現場)에서만 재현될 수 있다"라는 이반 일리치란 신학자의 말도 다시 상기할 필요가 있겠습니다. 세월호와 함께 침몰한 한국 기독교의 실상을 좀 더 구체화시켰습니다. 앞서 말한 '영적 파산'을 다음처럼 세분화해서 살펴보았습니다. 이 땅에 눌린 자의 친구요, 섬기는 자로 오신 예수를 잊고 권력자의 편에 섰기에 영적 치매라 할 것이고 교회 밖 세상을 부정하고 자기들 성에 갇혀 누구도 목말라 하지 않는 복음을 자신들끼리만 소통하는 탓에 영적 자폐라 할 것이며 세속보다 더 타락했으면서도 '거룩'(聖)의 이름으로 포장한 채, 돈의 힘에 굴복했으니 영적 방종이라 해도 지나칠 리 없습니다. 이런 세 증상이 중증의 사태로 겹쳐있으니 '영적 파산'이란 말이 전혀 낯설지 않습니다. 영적으로 파산된 교회에서 영적인 것을 구할 수 없음을 알기에 교회를 떠나고 버리는 '가나안' 성도들 숫자가 적지 않으나 기성교회는 미래를 팔아 현실에 안주하고 있을 뿐입니다. 세월호 '以後'의 기독교 혹은 신학에 대한 고민이 없기에 기독교는 붕어 없는 붕어빵처럼 복음 없이 복음을 선포하는 거짓 종교로 치달을 가능성이 많습니다. 종교개혁 500주년이 되었건만 어느 곳에서도 숫자가 주는 무게감을 갖고 기독교를 재(再)주체화하려는 노력을 경주하지 않는 까닭입니다. 제삿날처럼 기억하고 이 해, 이날을 지난다면 날개 없는 천사처럼 추락의 끝이 보이지 않을 것입니다. 그렇기에 우리는 세월호 以後의 신학을 종교개혁 500주년을 맞아 반드시 탄생시켜야만 합니다. 세월호가 촛불혁명, 촛불 민주주의의 동력이 된 것처럼 필히 그렇게 종교개혁의 초석이 될 것이라 믿는 까닭이지요.

5.

그렇다면 세월호 以後 신학이란 무엇을 말함인가? 필자는 한 논문에서 독일에서 있었던 아우슈비츠 사건과 세월호 이후의 의미를 비교한 적이 있었습니다. 물론 양자 간 다름이 없지 않겠으나 핵심에 있어 상호 견줄 수 있다고 판단했습니다. 당시 무고한 유대인들의 죽음 속에서 하느님 부재를 경험했듯이 세월호 참사 속에서 우리 또한 神의 죽음을 여실히 느꼈던 까닭입니다. 주지하듯 70여 명의 세월호 학생들은 부모들과 함께 교회에 다녔고 오히려 가난한 부모를 걱정하고 염려하던 선한 아이들이었습니다. 배가 마지막 좌초되는 순간까지 살고자 했고 그래서 자신들이 믿던 하느님께 기도했었지요. 이를 현장에서 지켜보던 부모, 형제들 역시 억장을 추스르며 하늘을 향해 구원을 요청했을 것입니다. 그러나 이 모든 기도와 바람에도 아이들은 죽었고 유족들은 교회로부터 버림받았으며 3년이란 모진 세월을 거리에서 보내야 했습니다. 이 사건은 오늘 우리에게 엄청난 질문을 쏟아 놓습니다. 이렇듯 기도와 간구에도 불구하고 죄 없는 아이들이 영문 모른 채 죽었음에도 종래와 같이 교회 안에서 자식 축복을 구하고 가정의 안정을 바라며 좋은 직장, 더 나은 대학에 들어가고 교회를 성장시켜 달라는 기도를 할 수 있는가 하는 것입니다. 저들은 죽음으로 내몰렸는데 남은 자들이 이전처럼 사적 축복을 구할 수 있는가 하는 문제입니다. 말을 바꾸면 더 이상 이런 식의 기도를 들을 수 있는 하느님은 존재할 수 없다는 사실입니다. 아우슈비츠 경험이 그랬듯 종래의 하느님은 세월호 안에서 어린 청소년들과 함께 죽었던 까닭입니다. 바로 이 점에서 세월호 以後 신학은 세 가지 점을 새롭게 요청받습니다. 그 하나는 우선 하느님에 대한 다른 이해이며 다른 하나는 하느님을 죽인 세상에 대한 저항일 것이고 그 마지막은 본 책의 주제이자 앞선 두 과제의 귀결로서 신학의 장소 물음일 것입니다.

6.

지금껏 신학은 전지전능한 초월적 하느님을 앞세워 성장과 축복, 진보와 미래를 천국의 대용품처럼 말해왔습니다. 현세의 축복과 내세의 복락 모두를 한 손에 그리고 단숨에 움켜쥐고자 한 것입니다. 교회 안에서 소통되는 믿음의 방식에 따라 살면 그리된다고 가르쳤습니다. 이런 과정에서 믿음은 성서의 본뜻과 멀어졌고 과거는 실종되었으며 사회적 약자들은 도외시되었지요. 주지하듯 성서는 하느님보다 하느님 의(義), 혹은 그것이 지배하는 하느님 나라에 대해 더 많은 말을 남겼습니다. 하느님 義에 따라 사는 존재를 '그리스도 안의 존재'라 했고 세상─당시로서는 로마제국─과 다른 가치관을 갖고 살아가라고 성서는 가르쳤습니다. 한마디로 하느님 義에 사로잡혀 그를 이루며 일구는 삶을 살아내는 것을 믿음이라 여긴 것입니다. 결코 성장, 진보를 축복이라 말하지 않았고 내세를 지금보다 강조한 적이 없습니다. '행위 없는 믿음', 곧 믿기만 하면 만사형통이라 설(說)한 적 없으며 오히려 '믿음 없는 행위'를 비판했습니다. 기독교인이면서도 세상(자본주의) 가치를 따라 사는 삶이 '믿음 없는 행위의 전형입니다. 이 점에서 세월호는 잘못된 하느님 이해, 신앙관을 한순간에 허물었습니다. 피안과 내세, 축복과 성장의 하느님이 아니라 역사 속에서 세상과 다른 義를 실현시키려는 하느님을 가르친 것입니다. 성서는 이곳으로 '오시는 하느님'을 말했지 피안의 세계, 내세를 종말과 등치시키지 않았습니다. 이런 하느님은 과거를 실종시키지 않습니다. 오히려 억울하게 스쳐 지나가는 인생들, 사건들을 지속적으로 기억하고 애도합니다. 슬픈 과거를 구원하지 않으면 우리들 미래 역시 없음을 강변하면서 말입니다. 역사속에서 우리가 슬픔을 갖고 기억(回憶)해야 할 과거가 얼마나 많습니까? 성장과 진보의 이름하에 묻혀 지나간 역사의 궤적들이 무수히 많습니다. 국가 미래를 위해, 경제회복을 목적하여 세월호를 잊으라 했던 정부와 교회는 이 점에서 반신학적이고 반기독교적이었습니다. 부활하기 전 예수께서 음부에 내려가신 것도 과거를 구원하려는 의도에서였을 것입니다. 한마디로 슬픈 과거의 구원, 그것이 하느님 의를 실현시키는 방식인 것을 금번 세월호 참사를 통해우리는 다시 알았습니다. 그렇기에 향후 신학은 성장과 축복의 하느님이 아니라 슬픈 과거를 회억하시는 하느님을 다시 찾고 믿어야하겠습니다. 신학은 슬픈 과거를 회억하며 그를 구원하는 하느님을 발견해야 옳습니다.

7.

이렇듯 다른 하느님 이해로부터 세상에 대한 저항은 신학의 실천적 과제가 됩니다. 지금껏 신학은 교회를 섬기는 학문이란 이름으로 교회에 종속되었습니다. 신학자들 역시도 대형교회 목사들에게 용비어천가나 바치는 신세로 전락했습니다. 교회에 종속되는 결과로 돈과 명예 그리고 권력을 얻을 수 있었겠지요. 학생들을 가르치는 신학교들마다 예외 없이 벌어지는 총장, 이사장을 위한 암투와 추태는 기독교의 미래가 없음을 단적으로 보여줍니다. 필자는 종교개혁 500주년을 앞둔 지난해 겨울 호슬리란 성서학자의 저술 『서기관들의 반란』을 읽었습니다. 포로기 말기를 지나면서 본래 민족 운명과 함께했던 제사장 집단이 외세와 정치적으로 타협했고 종교적으로 타락하며 자신들 배를 불리고 있을 때 오늘의 신학자들인 당시 서기관들이 새로운 신학운동을 통해 제사장들에게 저항했음을 다시 배웠습니다. 구약성서 말미에 자리한 묵시문학적 저술이 생산된 것이 바로 이 시기였습니다. 본 저술을 통해 서기관들은 당대 정치와 종교에 대한 혹독한 비판을 쏟아냈습니다. 지금껏 제사장의 아류 역할을 해왔으나 하늘은 이들에게 민족을 구하여 새로운 세상 만들 것을 명했기 때문입니다. 오늘의 말로 바꾸면 교회를 위한 신학자들이 세상과 맞서 싸우는 신학자로 변했다는 뜻이겠습니다. 신학 이론(교리) 가르치며 먹고살았고 무너지는 교회의 버팀돌 되었던 기존의 정체성을 버리고 새 교회를 위해 재(再)주체화된 삶을 살게 되었습니다. 세월호 以後 신학도 의당 이와 동류가 되어야 옳습니다. 하느님을 물속에 수장시켰고 가스실에서 죽도록 한 현실에 저항하는 것이 신학의 본분 되어야만 합니다. 한마디로 세상과 교회를 위한 신학자들의 반란이 필요한 시점입니다. 더구나 종교개혁 500주년을 기념해야 할 2017년이 아니겠습니까? 세월호 以後 신학으로 종교개혁 500주년을 축하할 일입니다. 한국 땅에 거지반 3천 명에 달하는 신학자들이여, 종래와 같은 방식으로 생존하기를 멈추십시오. 하느님은 이 시대의 신학자들에게 세상과 교회를 위해 반란을 바라고 계시기에 말입니다. 하느님을 죽인 세상에 맞서고 하느님을 가둔 교회에 온몸 던져 저항하기를 바랍니다. 그것이 지금 우리가 하느님을 사랑하는 방식이라 믿습니다.

8.

이제 마지막으로 신학의 장소 물음이 남았습니다. 본 사안은 의당 앞선 두 주제와 무관할 수 없는바, 앞선 논의의 결론이라 해도 좋겠습니다. 이는 근본적으로 교회의 본질 물음과도 연관됩니다. 어원이 말하듯 본래 교회의 방점은 '흩어지는' 데 있습니다. 종종 '방주'로 상징되어 모아들이는 곳으로 오해되었으나 흩어진 삶의 자리가 오히려 교회 본질을 옳게 해명합니다. 해서 방주가 아니라 '구조선'으로서 교회의 역할이 달리 언급되는 중입니다. 교회가 탄식하는 삶의 자리 곳곳에 위치해야 한다는 의미일 것입니다. 지난겨울 우리는 광장에 있었고 촛불을 들었습니다. 그 많은 촛불은 기다림과 변혁, 곧 달라질 것을 바라는 염원의 상징이었습니다. 예수 당시 들녘의 목자들이 바랐던 것을 바라는 마음의 표현이었기에 태극기, 성조기의 바람으로도 결코 끌 수 없었습니다. 광장은 이 땅의 중심이었습니다. 몸의 중심이 아픈 곳이듯 광장은 탄식하고 신음하는 이들이 모였기에 중심이 되었습니다. 그렇다면 이곳 광장이 하느님의 몸이자 교회일 것이며 이곳에서 든 촛불이 대림절의 촛불일 것이며, 고통받는 이들의 소리를 듣는 것이 성령의 체험일 수 있겠습니다. 로마서가 말하듯 탄식하는 이들을 대신하여 성령께서 탄식한다 했으니 말입니다. 그래서 광장에서 외치는 소리들이 설교가 될 수 있었습니다. 지난 연말 연초를 지나며 필자 역시 광장에서 많은 설교를 했습니다. 어색했으나 거리의 신학자란 말을 감수해야만 했습니다. 대학을 떠날 때 '이제 세상이 내 교회가 되었다'고 만용(?)을 부리기도 했으니 말입니다. 감히 견줄 수는 없겠으나 때론 '하느님 발길에 차인 것'이 아닌가라는 생각도 들었습니다. 주변에 뜻있는 목회자들 역시 뭇 교회를 향해 골방에서 '광장'으로 나올 것을 주문했습니다. 예외 상태가 벌어지는 비상시국에서 골방보다 광장이 교회답다 여긴 것입니다. 그러나 다수 한국교회는 광장을 불온시했고 촛불에 이념 시비를 걸었습니다. 변화하는 세상을 거역하며 여전히 옛 모습으로 머물고자 했던 까닭입니다. 물론 골방의 기도 역시 필요합니다. 그렇다고 교회를 광장으로 대치코자 함도 아닙니다. 하지만 세상의 중심이 광장이 된 상황에서 그것을 불온시하는 교회는 결코 교회라 말할 수 없습니다. 그만큼 세월호 以後 신학에 있어 광장이 중요해졌습니다. 모든 사회적 약자들의 울부짖음이 모여 있는 광장, 그곳을 세상의 중심이라 여기는 것이 교회의 책무입니다. 교회는 결코 교회를 위해 존재해서는 안 됩니다. 촛불이 자신을 태워 빛을 밝히듯 교회는 없어지고 사랑만이 남아야 옳습니다. 온갖 화려한 교회는 허물어질 건물에 불과합니다. 대형교회들이 기독교를 세월호와 함께 침몰시키고 있을 때 '작은교회'들이 광장에 모여 '아픈' 이들의 '곁'이 되었습니다. '편'이 되는 것이 아니라 '곁'이 되고자 최선을 다했습니다. 그들이 있는 곳에 언제든 우리도 함께 있었습니다. 아무 일도 못했으나 '곁'이 된 우리를 향해 아픈 그들이 '충분했다' 말해주니 그것으로 우리 역시 충분했습니다. "우는 자들과 함께 울라." 이 말씀은 광장을 교회로 만들었고 어떤 설교보다 강력한 메시지가 되었습니다. 세월호 以後 시대를 사는 우리는 이제 광장 신학, 광장교회란 말을 허(許)해야 할 것입니다. 우선 '작은교회'들부터 시작하십시다. 대형교회들도 따라 배울 일입니다. 지난 '예외 상태'에서 '작은교회'들이 새로운 희망을 보여준 탓입니다.

9.

글을 마치려는 지금 세월호 참사에 대한 많은 상념들이 밀려옵니다. 사는 곳이 광장과 가까웠던 탓에 수없이 광장을 드나들었습니다. 유족들과 만났고 함께 단식했으며 단식 중 회갑을 만난 방인성 목사에게 생수를 들고 축하했던 기억도 새롭습니다. 박인환 목사가 시무하는 화정교회에서 설교하던 날, 예은이 부모를 만나 느슨한 마음을 다잡았던 순간도 있었습니다. 가칭 '세월호 고난에 동참하는 신학자들 모임'을 만들어 신학선언문을 발표하고 책을 만들어 유족들에게 헌정하던 일도 기억 속에 있습니다. 이후 NCCK와 함께 신학자들 도움하에 『세월호 이후 신학』을 펴냈고 이보다 조금 앞서 세월호 1주기를 기해 이은선 교수와 더불어 세월호 관련 단행

본『묻는다 이것이 공동체인가』도 출판했습니다. 광화문 천막 카페에서 양민철 목사를 만난 것은 세월호 참사가 가져다준 선물이었습니다. 그를 통해 기억저장소를 알게 되었고 신학에 있어 '기억'의 의미를 몸소 실천하는 어머니들을 만난 것도 감사한 일입니다. 아들 결혼식 비용 중 일부를 기억저장소에 헌금한 날 우리 부부는 참으로 기뻤습니다. 독일 교회의 날 행사에 이곳 어머니 두 분을 연결시킨 것도 뜻깊은 일이었습니다. 몇 차례 방문한 팽목항에서 은하 어머니를 만났고 가끔 연락을 주고받는 사이가 되었습니다. 그분의 건강을 염려하는 기도를 잊지 않을 것입니다. 적은 수의 겨자씨교회 교인들과 함께 팽목항을 찾았던 것을 귀하게 생각합니다. <생명마당>에서 개최한 '작은교회' 한마당을 통해 두 차례에 걸쳐 유족들과 함께한 자리를 마련한 것도 값진 경험이었습니다. 무엇보다 광화문 세종대왕상에 올라 '세월호를 기억하라'고 외쳤던 내 제자들이 많이 고맙습니다. 이 일로 많은 고통을 당했으나 세월호를 환기시킨 중요한 사건이 되었으니 말입니다. 이들로 인해 내 삶 역시도 달라졌으니 그들이 나의 선생이 된 셈입니다. 이처럼 역사는 처음이 있어 마지막이 있는 것이 아니라 마지막이 있어 처음이 있는 것 같습니다. 3주기를 맞아 세월호 도서전을 통해 모아진 150여 권의 관련 도서를 읽고 총체적으로 글 쓰는 과제를 필자 스스로에게 부과하고 있습니다.

10.

글을 마무리하며 고린도전서 7장의 말씀을 짧게 생각해 봅니다. 이 말씀 속에 지금껏 말한 모든 것이 녹아져 있습니다. 한마디로 종말의 시대를 맞아 그리스도인의 삶은 '마치 ~아닌 듯'(as if not~, hos me) 해야 한다는 것입니다. 지금까지 '마치 ~인 듯' 여기며 살아왔던 삶의 허구성을 직시하란 말입니다. 우리의 일상을 지배했던 것이 실재가 아니라 유령인 것을 깨달으란 뜻이기도 합니다. 하느님 아닌 분을 하느님처럼 알고 살았고 성장과 진보가 실재가 아님에도 그를 믿고 따랐으며 교회가 세상 안에서 세상 밖의 가치를 선포하는 곳임에도 세상 욕망을 이루는 것이라 여겼으며 믿음을 사는 방식(가치)이라 여기지 않고 하늘가는 보증수표로 생각했던 까닭입니다. 세월호 참사는 이 점에서 이 모든 것을 '마치 아닌 듯'이 여기며 살라고 명령합니다. 예전처럼 살지 말라는 것입니다. 현실적 계급과 신분을 모두 소멸시키는, 자신들 가진 것, 그것이 돈이든 지식이든 권력이든 간에 전혀 자랑거리가 되지 않는 공동체를 생각하라는 말입니다. 교회 역시 제도로서의 구원기관이 아니라 광장인 것을 생각하라는 뜻입니다. '마치 ~인 듯' 여기며 살던 삶이 끝나는 순간이 진리가 발현하고 구원이 시작되는 그때인 것을 명심해야겠습니다.

우리가 부활해야 예수도 부활한다

요한복음 3:1-15

예수께서 대답하시되 진실로 진실로 네게 이르노니 사람이 물과 성령으로 나지 아니하면 하나님의 나라에 들어갈 수 없느니라 육으로 난 것은 육이요 영으로 난 것은 영이니 내가 네게 거듭나야 하겠다 하는 말을 놀랍게 여기지 말라 바람이 임의로 불매 네가 그 소리는 들어도 어디서 와서 어디로 가는지 알지 못하나니 성령으로 난 사람도 다 그러하니라 니고데모가 대답하여 이르되 어찌 그러한 일이 있을 수 있나이까 예수께서 그에게 대답하여 이르시되 너는 이스라엘의 선생으로서 이러한 것들을 알지 못하느냐 진실로 진실로 네게 이르노니 우리는 아는 것을 말하고 본 것을 증언하노라 그러나 너희가 우리의 증언을 받지 아니하는도다 내가 땅의 일을 말하여도 너희가 믿지 아니하거든 하물며 하늘의 일을 말하면 어떻게 믿겠느냐 하늘에서 내려온 자 곧 인자 외에는 하늘에 올라간 자가 없느니라 모세가 광야에서 뱀을 든 것 같이 인자도 들려야 하리니 이는 그를 믿는 자마다 영생을 얻게 하려 하심이니라(요한복음 3:10-15)

종종 제 자신에게 묻곤 합니다. 설교를 왜 하는가를요. 특히 절기 설교를 할 때면 더욱 그렇습니다. 목사라는 직책 탓에 말을 하는 것인지 혹은 내적 확신을 밖으로 풀어내는 것인지 애매할 때가 많습니다. 가능하면 후자의 길을 가려고 애쓰지만 앞의 부담에서 자유롭지 못한 것도 사실입니다. 오늘 본문에서 보듯 바리새파 사람으로 유대인 지도자 중 한 사람인 니고데모 역시 이런 자문(自問) 속에서 예수를 찾아온 것 같습니다. 자신이 정말 하느님 말씀을 가르칠 자격이 있는지를 예수께 묻고 싶었던 것이지요. 그래서 거듭남(重生)이란 것이 오늘 대화의 주제가 되었습니다. 2018년 부활주일을 맞아 저는 '예수와 니고데모'의 대화를 본문으로 택했습니다. 우리의 부활절은 예수 부활을 믿는 날이기보다 우리의 부활을 묻는 날이어야 하기 때문입니다. 예수 부활이 지금껏 전해진 것은 함께 달라진 뭇 사람들 덕이었습니다. 다메섹에서 바울이 그랬듯이 니고데모 역시 '다른 삶'을 경험했기에 부활의 사람이 되었습니다. 자신을 가둔 경계를 부수고 다른 삶을 꿈꿀 수 있다면 그것이 곧 부활이 아니겠습니다. 그렇기에 죽음 후의 재생(再生)이 아니라 '지금 이곳'에서의 다른 삶을 부활로 믿고 싶습니다. 그것을 영생이라 한들 어떻겠습니까? 예수와 바울 그리고 요한 모두는 오늘 우리에게 '삶 속의 부활'을 가르치고 있습니다.

1.

4월 첫날이 부활의 날이 되었습니다. 이 땅의 4월을 부활시키라는 명(命)으로 제게 다가왔습니다. 아시는 대로 올 4월은 4.3제주항쟁 70주년을 필두로 세월호 4주기 그리고 환갑을 눈앞에 둔 4.19혁명의 날로 가득 차 있습니다. 세상은 앞으로만 나가려 하나 아픈 과거를 구원치 못하면 우리의 미래는 없을 것입니다. 그렇기에 우리의 부활은 개인의 차원을 넘어 상처투성이 역사를 회복시켜야 옳습니다. 그동안 우리 역사는 기억이 학살당한 채로 존재했습니다. 기억하는 자를 불온시했고 위태롭다 여겼던 결과입니다. 할 말을 빼앗긴 이들은 죽었어도 죽은 것이 아닐 것이며 살았어도 정작 생명은 부재했습니다. 70년이 지난 2018년, 제주 4.3 사건이 섬 밖 육지에서 최초로 추모된다하니 기쁜 일입니다. 억울한 망자들의 소리가 우리 역사를 달리 만들 것이라 믿는 까닭입니다. 세월호 참사의 진실이 옳게 밝혀져 망자들의 한이 풀어질 때 성서의 부활은 비로소 민족을 구원하는 사건이 될 수 있을 것입니다. 항차 강대국 횡포 탓에 분단의 짐을 졌던 우리들 억울한 역사도 2018년 부활과 함께 구원되기를 간절히 염원합니다.

2.

오늘 우리가 읽은 요한복음서는 이런 바람을 담아낼 수 있는 증언입니다. 요한복음서는 일상적 사식과 달리 치열한 가치투쟁을 위한 제 4복음서입니다. 공관(共觀)복음이라 불리는 다른 세 복음서와 달리 제4복음서라 불리기도 하지요. 그만큼 요한서는 가장 늦게 기록되었기에 다른 복음서와 철저하게 다른 면을 담지합니다. 주지하듯 공관복음서들은 정도 차는 있으나 예수를 유대적 사유의 틀에서 해석하고자 애썼습니다. 예수를 다윗 후손으로 본 마태, 고난받는 종, 이사야의 맥락에서 본 마가가 그랬고, 누가 역시 가난한 자를 편든 구약의 선지자들의 입장에서 예수를 이해코자 하였습니다. 이들은 모두 유대인 회당에서 함께 예배를 드렸고 그곳에서 예수가 하느님인 것을 유대인에게 증거했습니다. 하지만 주후 70년, 로마 침입으로 유대인들의 성지인 예루살렘 성전이 파괴되자 그 충격으로 정통 유대인들과 예수를 추종한 유대인들 사이에 본격적인 갈등과 대립의 상황이 생겨났습니다. 저마다 예루살렘 성전의 몰락을 상대방 탓으로 돌렸고 피차 공격하기 시작한 것입니다. 유대인들은 예수를 하느님이라 전한 사이비 유대인 탓이라 했고 예수 추종자들은 예수를 부정한 하느님의 진노 때문이라 비방했던 것이지요. 양측 모두에게 성전이 파괴된 것은 공히 유대인으로서는 감당할 수 없는 일이었을 것입니다. 물론 다른 복음서에도 이런 갈등이 조금씩 나타났으나 주후 1세기를 넘긴 시점에서 극에 달했고 요한서는 당시 이런 상황을 반영, 기록할 수밖에 없었습니다. 그렇기에 요한서는 자신들 종교가 유대교와는 전혀 다른 종교인 것을 증언하기에 이릅니다. 요한 기자는 유대인에 대한 적대감을 두드러지게 표현했고, 자신들 종교를 그들과의 가치 투쟁의 승리의 결과라 여긴 것입니다. 주지하듯 요한복음서 시작 부분에 예수의 선재성(요한 1:1)이 언급된 것을 비롯하여 예수를 '… 이다'라는 규정적, 확정적 언사로 단호하게 표현한 구절이 많은 것도 이런 이유라 하겠습니다.

3.

일단 오늘 본문도 이런 맥락에서 이해할 필요가 있습니다. 바리새파로서 유대인 지도자 격인 니고데모가 예수를 찾아왔다는 요한의 증언은 두 집단 간의 승리자가 누구인지를 명백히 적시합니다. 유대교가 예수를 추종하는 자신들 공동체에 머리를 숙였다는 사실을 보여주는 것이지요. 니고데모는 예수가 행했던 표증을 보고 그가 하느님으로부터 온 존재인 것을 믿게 되었다고 고백합니다. 더이상 유대인의 오랜 자존심을 내세우지 않은 것입니다. 율법을 지녔다는 자기 민족의 오랜 특권도 무용지물로 만들어 버렸습니다. 한 마디로 예수에 대해 정통 유대인—유대인 정체성—이 백기 투항한 것입니다. 그런 그에게 예수는 '다시 태어날 것'을 요구합니다. 이것은 유대인의 마지막 자존심을 짓밟는 말일 수도 있겠습니다. 기막혀하는 그에게 예수는 성령으로 태어날 것을 재차 가르치셨습니다. 지금까지의 너는 육(肉)일 뿐이라는 것입니다. 유대인, 율법학자, 관리, 그 어떤 화려한 상태를 유지, 존속하였더라도 그것은 하느님 나라에 들어갈 자격과 무관하다고 말씀했습니다. 그러면서 '다시 태어 남', 곧 성령의 삶을 다음의 비유로 쉽게 풀어 주었습니다. "… 바람은 불고 싶은 대로 분다. 너는 그 소리는 듣지만 어디서 와서 어디로 가는지는 모른다. 성령으로 태어난 사람은 모두 이와 같다"(요 3:8). 이 말을 듣고도 여전히 어리둥절하는 니고데모에게 예수는 다시 채근합니다. "이스라엘(유대인) 선생인 네가 어찌 이를 모를 수가 있느냐"라고 말입니다. 이로써 유대교는 요한서에 이르면 더 이상 갈등할 대상이 되지 못합니다. 다른 삶, 곧 영생을 가능케 하는 것은 오로지 예수뿐이라 했습니다. 요한서가 예수를 길과 진리와 생명으로 단언하는 것도 이런 연유에서입니다.

4.

하지만 오늘 본문에서 제 관심은 유대교와 기독교의 우월성 여부에 있지 않습니다. 유대교의 덕을 힘입었음에도 유대교를 부정적으로 본 성서기자들 탓에 히틀러에 의한 유대인 대학살(Genocide)이 초래된 것을 알기 때문입니다. 종교개혁가 루터 역시도 유대인을 소나 돼지와 같은 존재로 여겼던바 성서 자체가 유대인(율법) 혐오를 부추긴 결과입니다. 예루살렘 성전 파괴란 충격 속에서 서로 '네 탓' 공방으로 생겨난 역사적 문서를 절대적, 배타적 교리로 환원시킨 후기 기독교의 죄과가 결코 작지 않습니다. 그럼에도 저는 2018년 부활절을 맞아 요한이 말하려 했던 '영(靈)의 사람'의 이야기를 우리들 개인사 및 민족사와 관계시켜 생각해 보고자 합니다. 왜 그토록 요한이 '성령으로 태어난 사람'을 애써 강조했는지를 오늘의 현실에서 묻고 싶은 것이지요.

5.

이를 위해 먼저 육(肉)의 사람에 대한 견해를 말씀 드립니다. 율법으로 상징되는 육의 사람과 영의 사람 간의 대비가 요한서의 핵심이라 해도 과언이 아닐 것입니다. 우선 개인사에 있어 '육', 곧 '율법'의 삶이란 자신의 삶을 스스로 결정하려는 과잉의 욕심이라 풀고 싶습니다. 알다시피 율법은 결과를 예측하는 행위를 총칭합니다. 하늘이 예정한 복을 받으려면 선한 삶(행위)을 살아야 한다는 일종의 결정론, 인과응보라 말해도 좋겠지요. 자신의 행위로 자기 미래를 결정하려는 인간적 삶의 태도가 바로 율법이고 육의 사람의 전형적 모습이 아닐까 싶습니다. 자기 미래를 스스로 결정치 못해 안달하고 분노하며 좌절하는 경우를 도처에서 많이 접합니다. 인생이 어디 자기 뜻대로 살아지는 것일까요? 자기 노력으로만 삶이 살아지던가요? 예기치 않게 좌절도 찾아오지만 자기 의지와 무관한 불가항력의 은총을 경험한 적은 없었던가요? 그래서 오늘 성서는 우리는 누구나 "…어디로 와서 어디로 가는지 모른다"라고 말하고 있습니다. 자신의 '끝'을 자기 마음대로 정하려 욕심부리지 마십시다. 어디로 삶의 방향이 진행될지를 언제나 열어두고 살아가야 합니다. 때론 하느님의 발길에 차여 역사 한가운데로 내몰려질 수도 있지 않겠습니까? 평생 살아온 대로 인생이 살아지고 끝맺을 것이란 확신을 거두라는 말씀으로 읽히지 않습니까? 정형화된 틀 속에 갇힌 삶을 '끝'이라 여기지 말라는 것입니다. 그렇게 사는 것이 '성령의 사람'이 사는 법이고 영생의 길이며 다시 삶(부활)의 핵심입니다. 그래서 '계획은 인간의 일이나 이루시는 것은 하늘의 뜻'이라 성서가 말했던 것이겠지요. 옛적 바울이 그랬듯이 그리고 니고데모의 경우처럼 그렇게 우리 역시도 향후 어떤 우발적 사건을 통해 삶이 변할 것이며 변할 수 있다고 믿었으면 좋겠습니다. '육'의 사람은 너무도 정해진 '답'만을 향해 달려갑니다. 그리곤 그것을 '안정'이란 말로 포장합니다. 반면 '영'의 사람은 그 끝을 열어 놓습니다. 보이지는 않으나 들린 하느님 말씀을 믿기에 위태로울지라도 그 길에 자신을 개방합니다. 영의 사람은 분명 이와 같을 것입니다. 율법에 고착된 유대인들과 달리 초기 기독교인들은 영의 사람들, 곧 부활의 산 증언이었기에 자기 삶 속에 하느님이 머물 공간을 마련해 놓았습니다. 그분이 자신을 어떻게 몰아갈지 궁금해하면서 말입니다.

6.

우리들 민족사도 크게 다르지 않을 것입니다. 민족을 양분시킨 분단의 역사가 70년을 이어오고 있습니다. 해방 후 전범국인 일본을 대신하여 한반도가 분단되었고 전쟁이 발발했으며 지금은 분단체제로 인해 남쪽에서 마저 백성들이 사분오열 나뉘어 있습니다. 제주 도민 3만 명을 희생시킨 4.3제주 항쟁, 독재에 맞선 4.19혁명 그리고 세월호도 모두 분단체제의 산물들입니다. 분단을 도구 삼아 특권을 누리며 우리들 기억을 말살시켜온 이/저곳의 정치가들 탓에 민족의 아픈 역사가 도대체 아물지를 않습니다. 하지만 세월호의 희생이 촛불로 이어졌고 그 촛불의 힘이 동계 올림픽 정신으로 승화되었으며 그것이 70년을 버텨온 분단 장벽을 조금씩 허물고 있는 현실을 목도합니다. 얼마 전까지만 해도 감히 생각도 못 한 일이 시작되고 있습니다. 아직도 갈 길은 멀겠으나 조금씩 변화의 조짐이 생겨나니 참으로 기쁜 일입니다. 하지만 여전히 분단체제 안에 안주하며 특권을 누리고자 하는 세력들이 항존합니다. 변함없이 지금처럼 남북이 적대하며 사는 세상을 지속시키고자 하는 이들입니다. 하지만 '불고 싶은 대로 부는' 성령께서 누구도 가늠할 수 없는 새길을 열어 주십니다. 경계를 넘어서는 삶을 살아낼 것을 명(命)하시는 이가 성령인 까닭입니다. 해방이 도적같이 임했듯이 통일, 아니 분단을 극복하는 그 어떤 체제가 예기치 않게 우리의 현실이 될 수도 있겠습니다. 예수 부활의 날에 우리는 이 민족의 부활을 다시 소망해 봅니다. 이 모두는 우리들 부활이 없으면 이룰 수 없습니다. 어미 뱃속에 다시 들어갔다 나올 수는 없겠으나 부활의 주님과 제대로 만났다면 우리는 경계를 허무는 성령의 사람으로 거듭날 수 있을 것입니다. 더 이상 자신이 쌓아 놓은 성곽 속에 안주하는 것을 '안정'이라 여기지 않을 것입니다.

7.

우리는 앞서 실패한 역사를 구원하지 못하면 우리들 미래는 없다고 말했습니다. 모두가 과거를 잊고, 말살시킨 채 미래만을 이야기합니다. 정치가들이 그랬고 종교가 그런 역할을 도맡아 왔습니다. 하지만 아픈 과거가 치유되지 못하면 미래가 온전할 리 없습니다. 그렇기에 부활은 기억의 학살과 맞서는 일입니다. 부활하신 예수는 제자들에게 '그때 그곳에서 무슨 일이 있었나?'를 환기시켰고 떠나왔던 과거로 생각을 이전시켰습니다. 알다시피 우리들 과거는 실패한 역사입니다. 수많은 희생자들이 억울하게 묻혀 있는 탓입니다. 이들로 하여금 말하게 하는 일이 실패한 과거사를 구원하는 길입니다. 이들이 당당하게 소리칠 수 있어야 우리들 미래가 새롭게 열립니다. 4월 첫날을 부활절로 지키는 우리에게 부활은 4월의 아픈 역사를 구원하라 명합니다. 그러기 위해서 우리들 먼저 정형화된 삶의 틀, 곧 우리들의 율법으로부터 자유한 영의 사람이 될 각오를 다져야 할 것입니다. 불고 싶은 대로 부는 하느님의 영에 우리를 맡기는 삶, 그것이 삶 속의 부활인 까닭입니다. 요한서가 강조한 영의 사람만이 부활을 말할 수 있을 것입니다. 예수 부활을 믿지만 말고 우리들 삶으로 살아내십시다.

가을을 닮은 삶이고 싶다
— 과부가 바친 렙돈 두 닢을 생각하며

누가복음 21:1-4, 마가복음 12:41-44

하루는 예수께서 성전에서 백성을 가르치시며 복음을 전하실새 대제사장들과 서기관들이 장로들과 함께 가까이 와서 말하여 이르되 당신이 무슨 권위로 이런 일을 하는지 이 권위를 준 이가 누구인지 우리에게 말하라 대답하여 이르시되 나도 한 말을 너희에게 물으리니 내게 말하라 요한의 세례가 하늘로부터냐 사람으로부터냐(누가복음 21:1-4).

지난 여름은 참으로 뜨거웠습니다. 여름이 당연히 더워야겠으나 지난 더위는 경험했던 것 이상이었습니다. 중동 카타르 지역 인근에서 느꼈던 그 뜨거움이 기억될 정도였습니다. 시골에 머물면서 풀들이 타 죽고 나뭇잎이 말라 부스러지는 모습을 지켜보았습니다. 나뭇잎이 태양 빛에 타들어갔고 부스러질 정도로 그렇게 말라버렸습니다. 그들의 탄식과 아우성을 지켜보면서도 아무것도 할 수 없어 참으로 미안했고 안타까웠습니다. 이런 여름이 지속되고 강도가 더해갈 것이라니 매해 여름이 걱정입니다. 이런 기후 변화를 보며

학자들은 '홀로세' 시대가 가고 '인간세'(Anthropocene)의 도래를 말하기도 합니다. 자연이 인간 삶을 위해 최적의 조건을 허락한 지금까지의 시기가 '홀로세'라면 '인간세'는 자연에게 가한 폭력 탓에 자연이 더 이상 어머니 품이 될 수 없는 냉혹한 현실을 일컫습니다. 그렇기에 기후붕괴 시대에 인간으로 산다고 하는 의미, 나아가 하느님을 창조주로 고백하는 뜻이 뭔지를 다시 물어야만 하겠습니다.

1.

타는 목마름을 견디며 가을이 은총처럼 저희에게 다가왔습니다. '홀로세'의 시기가 아직 완전히 소멸되지 않아서이겠지요. 하지만 가을이 너무 짧아 아쉽기 그지없습니다. 지난 더위가 아직 생생히 기억되는데, 겨울로 접어들고 말았습니다. 가을이 좋고 감사한 것은 그 땡볕을 견디며 열매를 맺었고 그것들을 아낌없이 내어 주는 까닭입니다. 밤, 감, 대추, 은행, 모과 등을 수확하며 '절로' 내주는 이들의 헌신에 고개를 숙였습니다. 자기 번(생)식을 위하는 일이 겠으나 그로써 모두를 먹이는 이들의 수고가 하늘을 닮았기에 참으로 고마웠지요(自利利他). 올해는 특별히 더 그랬습니다. 시골에서 이 가을을 경험했기에 그런 것이겠지요. 그래서 자크 엘룰이란 프랑스 철학자는 "도시에 살고 있다는 이유만으로 우리는 가인의 후손이다"란 말을 남겼습니다. 한마디로 죄인이란 것이지요. 도시에선 신음하는 자연을 느낄 수 없습니다. 이들이 맺는 열매들도 돈 몇 푼으로 살 수 있는 물건처럼 취급될 것입니다. 한마디로 도시에선 은총의 감각을 지니며 살기가 어렵다는 말이겠습니다. 그렇기에 우리들 감사 역시 'give & take'의 인과율에 종속되기 십상입니다. 이런 삶은 오늘 우리가 지키는 감사절 예배의 취지를 무색하게 할 것입니다.

2.

몇 달 전 김형석 선생께서 고백적 언어로 쓰신 수필집,『백세를 살아보니』라는 책을 단숨에 읽은 적이 있습니다. 철학적 사유를 하는 대신 수필가로 살아온 선생님, 그의 글쓰기는 사춘기 때부터 지금껏 우리들 삶의 감수성을 자극하는 힘을 지녔습니다. 중학교 시절의 수필『영혼과 사랑의 대화』가 그랬듯이 백 세를 앞두고 쓴 금번 책 역시 인생 가을에 접어든 우리들에게 여전한 울림을 주었습니다. 그는 이런 질문을 받은 적이 있었습니다. "혹시 인생에서 돌아가고픈 시절이 있다면 어느 때인가요?" 그 대답에 노교수는 65세 전후라 답하였습니다. 더욱 젊은 시기를 기대하며 물었던 탓에 질문자는 재차 여쭈었지요. "무슨 이유로 65세 전후라 말씀하시는지요?" 저는 이에 대한 대답에서 평생 기독교 신앙을 갖고 살아온 노교수의 삶을 엿볼 수 있었습니다. "60세를 넘기며 살다 보니 욕심이 줄어들었고 움켜쥔 손을 펼 수 있는 힘이 생겼지요. 이렇게 사는 것이 제게는 참 행복이고 즐거움이었습니다." 그렇게 살았기에 그의 삶은 백 세까지 이어질 수 있었고 지금껏 사람들에게 큰 열매를 나눠주고 있다고 믿습니다. 저는 이분의 삶 속에서 가을을 닮은 인생을 보았고 느꼈으며 배우고 싶었습니다.

3.

그의 삶 속에서 혹독한 여름이 없지 않았을 것입니다. 자기 생존을 위해 타는 목마름을 견디며 인생을 버텨낸 적이 부지기수였겠지요. 생각과 현실이 너무 달랐기에 그 역시 갈등과 번민 속에서 글을 써내야 했을 것입니다. 그런 그에게 인생의 가을이 찾아왔습니다. 자연이 온갖 열매를 맺어 그것들을 대지에 떨구듯 노교수 역시 움켜쥔 자기 손을 펼쳐 자기 것이라 여겼던 것을 이웃과 나눌 수 있었습니다. 자연, 땡볕 속에서 생존을 위해 몸부림친 산천초목들이 어찌 열매를 떨굴 수가 있었을까요? 자기로부터 열매를 이격(離隔)시키는 일, 자연은 그 일을 '절로' 하나 사람은 욕심 탓에 잘하지 못하지요. 하지만 선생은 나이 60을 넘기며 욕심을 버렸고 손을 펼쳤습니다. 성서에 '손 마른 자'를 고치신 예수의 이야기가 있습니다. 손을 펼치지 못하고 움켜쥔 채로 있는 병자, 그는 아마도 인생의 가을을 맞지 못한 우리들 모습일 수도 있겠습니다. 동료로 지내는 천주교 한 신부는 최근 이런 글을 썼습니다. "자기 손을 이웃에게 펼치는 사람마다 성직자이며 그 손이 닿은 곳곳이 바로 성소라고 말이지요." 작은 교회 아카데미를 통해 한 강연자로부터 들었습니다. 여성 철학자 한나 아렌트의 말이라 하며 전해준 말입니다. 영어로 선물 'present'와 현재 'presence'가 어원이 같음을 단숨에 알아차릴 수 있습니다. 여기서 '선물'은 '현재'를 살게 하는 힘을 뜻합니다. 주변에는 이/저런 이유로 현재를 살지 못하는 이들이 부지기수입니다. 굶주림, 아픔, 절망, 좌절 등으로 현재를 빼앗긴 이들이 참으로 많습니다. 현재를 빼앗긴 사람은 과거를 기웃거리거나 허망한 미래를 기다립니다. 그렇기에 현재를 되찾게 하는 것이 바로 선물입니다. 가을 나무처럼 자신의 것을 자신에게서 떨굴 때 그것이 선물되어 사람의 현재를 회복시킵니다. 얍복강변 이후의 '절뚝거리는 야곱'의 모습도 떠올려 보겠습니다. 온갖 재능과 술수로 장자권을 비롯한 일체를 얻은 영특한 야곱이었습니다. 참 빠르게 인생을 달려온 성취자였지요. 하지만 모든 것을 얻었으나 그의 가을 인생은 헛헛했습니다. 야곱은 얍복강변에서 자신을 돌아보게 됩니다. 강변에서 하느님 천사와 사투한 것을 우리는 잘 압니다. 심리학자 융은 하느님 천사를 자기 그림자라 했지요. 빠르게 살아왔던 자신의 이면(裏面)의 모습을 일컫습니다. 여하튼 환도뼈를 다쳤기에 이후로 야곱은 '절뚝'거리며 걸어야 했습니다. 하지만 빠르게 질주할 때 보이지 않았던 하느님, 아버지, 형(에서)의 얼굴이 절뚝이는 걸음 속에서 나타났습니다. 지금껏 이들을 보고 피해 숨었으나 야곱은 이제 그들을 향해 주님이라 호칭합니다. 얍복강변에서 비로소 타자의 얼굴을 발견한 것이지요. 자신을 거룩한 존재로, 자신의 공간을 거룩한 곳으로 만들 수 있는 힘이 생긴 것입니다.

4.

오늘 본문 말씀은 마가서와 누가서 두 텍스트에 나오는 이야기입니다. 아주 작은 화폐단위인 렙돈 두 닢을 헌금한 과부의 이야기로서 두 본문 모두 율법학자를 책망하는 이야기 다음에 자리했습니다. 예수는 가장 종교인인 척하는 율법학자들, 하느님 계명을 가르치며 밥 먹고 사는 성직자들을 조심하라고 일렀습니다. 한마디로 경건의 모양만 좋아하고 경건의 능력을 잃었던 까닭입니다. 오늘날에도 조금도 예외 없는 말이라 생각됩니다. 종교인(성직자)들이 그러하니 이들을 비판하는 신앙인들도 점차 이들을 닮아갑니다. 싸우면서 닮는다는 말이 이 시대의 교계 현실입니다. 헌금 내는 것이 자기 과시가 되었습니다. 주보에 헌금 액수가 고지되어야 헌금 액수도 커진다 합니다. 수십 종의 헌금이 생겨났고 헌금의례는 더욱 화려해졌으며 시간도 많이 소요됩니다. 찬양대의 성가도 이에 맞춰 더욱 은혜(?)롭게 펼쳐지지요. 헌금이 단지 교회 유지, 존속 비용으로 이해되는 경우도 많습니다. 어떻게 번 돈인지, 돈의 성격이 문제되지 않습니다. 토색한 일이 있으면 4배나 갚겠다는 삭개오의 고민이 사라진 지 오래되었습니다. 심지어 헌금을 많이 거두려면 더 많이 죄를 짓고 살도록 놔두라는 말까지 목사들 사이에서 회자됩니다. 헌금을 많이 내는 자가 교회 내 힘 있는 사람이 되었습니다. 세상과 교회가 사실인즉 조금도 다름없게 된 것이지요. 우리들 감사도 그렇기에 세상 감사와 차원이 같아졌습니다. 우리들의 감사절 예배에 감사가 퇴색되었습니다.

5.

이 점에서 과부의 헌금이 중요합니다. 사실 감사란 우리들 삶에서 '최상의 것을 거저 얻었다'란 고백의 표현이겠습니다. 삶을 은총이라 여기는 사람의 감정이 감사일 것입니다. 여성, 더구나 과부의 삶은 당시로서 최하층의 사람입니다. 성전에도 들어갈 수 없는 존재였습니다. 그녀 주변에는 그를 불쌍하게 동정하며 멸시하는 사람들로 가득 차 있습니다. 그런 그녀가 적은 돈이었으나 자기 생활비 모두를 바쳤습니다. 내일 일을 걱정치 말라는 말씀을 온전히 믿었기에 가능한 일이었겠지요. 어느 성서학자는 이를 두고 불쌍한 과부의 돈까지 탐하는 당대 종교인들을 비판하는 본문이라 여겼습니다. 하지만 저는 이 차원을 넘어 다른 뜻을 찾고 싶습니다. 여기서 옥합을 깨트린 여인의 이야기를 떠올려 봅니다. 옥합에 향유 모으는 일을 기쁨으로 알고 인생을 버티며 살던 여인이 예수를 만나 그의 발에 향유를 쏟아부었다는 이야기입니다. 자신을 달리 바라봐 주는 예수를 만났기에 그런 행위가 가능했습니다. 지금껏 자신을 향한 눈길과는 전혀 다른 시선, 바로 그것이 그녀의 삶을 송두리째 흔들어 놓았던 것이지요. 삶의 터전의 흔들림(shaking foundation), 이것이 그녀에게 은총이자 감사였습니다. 동전 두 닢을 바친 과부도 그렇지 않았을까요. 이런 여인의 현존에서 예수는 참된 '감사'를 보고 느꼈습니다. 동전 두 닢, 그것은 예수의 눈에 그녀 자신의 전 존재를 바치는 일이었던 것입니다. 추수감사절 기원이 된 첫 번째 예배 역시 아마도 이런 성서의 이야기와 같았을 것입니다. 하지만 어느덧 우리의 감사절은 교회 예산 확보하는 날로 변했고 자신들을 뽐내고 과시하는 옛적 유대인들을 닮았습니다. 자기 전 존재와 연루된 표현을 잃어버렸고 아주 사소한 연례행사로 전락했습니다.

6.

가을은 우리 인생 전체를 생각하는 절기입니다. 그래서 저는 오늘 제목으로 '가을을 닮은 삶'으로 정했습니다. 지독한 여름을 견딘 가을, 정말 그를 닮은 삶을 살고 싶습니다. 자기 것을 자기 것이라 여기지 않고 자신과 모두를 위해 자신에게서 떨구는 가을 나무들처럼 그렇게 살고 싶습니다. 그것이 인생의 가을, 60대 중후반의 시절로 돌아가고프다는 노교수 김형석의 고백과 다르지 않겠습니다. 자신의 일부가 아니라 자기 전 존재와 관계하는 한 분을 만나야 가능한 일입니다. 과부의 동전 두 닢은 그래서 소중합니다. 그것이 자신의 모든 것이었기에 그녀의 행위는 하늘에 솔직한 감사의 표현이 될 수 있었습니다. 혹독한 '인간세'가 아니라 아름다운 '홀로세'를 지속하려면 감사가 인간 삶의 존재양식이 되어야 할 것입니다. 이제 대림절로 이어집니다. 전혀 새로운 인간像이 역사 속에 출현하는 시기입니다. 하늘 뜻과 자신을 일치시켜 자기 것 일체를 내려놓은 이. 예수야말로 우리들 전 존재가 관계해야 할 분이겠습니다. 그를 기다립니다.

실패한 제자, 실패한 교회, 그 以後!

마가복음 10:32-52

그들이 여리고에 이르렀더니 예수께서 제자들과 허다한 무리와 함께 여리고에서 나가실 때에 디매오의 아들인 맹인 거지 바디매오가 길가에 앉았다가 나사렛 예수시란 말을 듣고 소리 질러 이르되 다윗의 자손 예수여 나를 불쌍히 여기소서 하 늘 많은 사람이 꾸짖어 잠잠하라 하되 그가 더욱 크게 소리 질러 이르되 다윗의 자손이여 나를 불쌍히 여기소서 하는지라 예수께서 머물러 서서 그를 부르라 하시니 그들이 그 맹인을 부르며 이르되 안심하고 일어나라 그가 너를 부르신다 하매 맹인이 겉옷을 내버리고 뛰어 일어나 예수께 나아오거늘 예수께서 말씀하여 이르시되 네게 무엇을 하여 주기를 원하느냐 맹인이 이르되 선생님이여 보기를 원하나이다 예수께서 이르시되 가라 네 믿음이 너를 구원하였느니라 하시니 그가 곧 보게 되어 예수를 길에서 따르니라(마가복음 10:46-52)

한 사람이 마음을 달리 먹으니 세상이 변하고 있습니다. 조금 과장하면 숨 쉬는 공기가 달라졌다고들 합니다. 살맛나는 세상을 기대하며 드라마보다 매일의 뉴스를, 달라진 세상 소식을 더 즐겨 듣고 보고 있습니다. 그러나 그 한 사람을 세우기 위해 긴 세월, 수많은 사람들의 열망이 있었습니다. 그 꿈과 기대를 양식 삼아 그 한 사람이 이 땅의 운전키를 잡았으니 이전과는 다른 세상이 열릴 것 같습니다. 세계가 한반도의 변화를 주목합니다. 추운 겨울 석 달 동안 20차례에 걸쳐 1,700만 명이 밝힌 촛불을 가장 멋진 한류(韓流)로 꼽습니다. 탄핵 이후 평화롭게 새 정권을 탄생시켰으니 촛불은 세계가 본받을 입니다. 하지만 이는 오롯이 온갖 수모를 무릅쓴 자식 잃은 세월호 유족들의 절규와 저항 덕분이었습니다. 정부가 '그만하라' 했을 때 그쳤더라면, 교회들이 '천국 갔으니 이젠 됐다' 했을 때 멈췄더라면 촛불도, 탄핵도 금번 장미대선도 존재할 수 없었습니다. 이들과 함께한 시민들의 애도적인 기억(回憶)이 엄청난 변화를 추동했고 메시아 사건을 일으키는 단초가 되었습니다.

1.

아우슈비츠 以後 더 이상 시(詩)를 써 읊조리는 것이 불가능해졌다는 독일 철학자의 말이 있었듯이 세월호 以後 우리도 종래와 같은 기독교인으로 살 수는 없습니다. 유족들을 교회로부터 내몰았던 대형교회 목사들의 막말 탓만은 아니었습니다. 누군가가 자신들을 구하러 올 것이라 믿었기에 세월호 아이들은 어느 순간 농담 대신 엄마/아빠를 불렀고 하늘을 향해 기도했습니다. 침몰하는 배를 보며 부모들도 하느님, 부처님 이름 부르며 살려 달라 했습니다. 하지만 국가도 없었고 하늘도 무심했습니다. 그렇게 아이들은 부모가 지켜보는 중에 배와 함께 물속으로 사라졌습니다. 그래서 사람들은 이게 나라인가를 질문했고 기독교 혹은 교회가 무엇인가를 묻기 시작했습니다. 세월호 以後 우리는 더 이상 자신의 미래, 자식의 축복, 가족의 안정을 위해서 기도하기 어렵습니다. 이들의 기도에 답 없던 하느님이 우리들 기도에 답줄 리가 없는 탓입니다. 그럼에도 우리는 여전히 기독교인으로 살아갑니다. 하지만 전혀 다른 기독교인들이 되어야 할 것입니다. 우리가 속한 기독교 역시 달라져야 마땅합니다. 교회 역시 변해야만 합니다. 세월호가 촛불민심을 만들었고 그것이 나라를 바꿨는데 정작 우리 교회는 조금도 달라지지 않았고 달라질 생각조차 없습니다. 이런 중에 '교회의 날' 행사가 비텐베르크가 지척인 이곳 베를린에서 열리게 되었습니다. 이제 머지않아 종교개혁 500주년을 맞이하게 될 터인데 종교개혁 500년 그 긴 역사는 이제 우리에게 달라질 것을 명합니다. 세월호 참사를 겪은 한국교회에게 세월호 이전과 다른 시간을 맞으라 합니다. 그래서 저는 오늘 말씀 제목을 실패한 제자들, 실패한 교회들, 그 以後라 했습니다.

2.

오늘 말씀은 예수의 마지막 일주일 중 수요일에 있었던 사건입니다. 제자들과 더불어 3년간의 시간을 함께했던 예수께서 예루살렘에 입성하시기 직전에 발생했던 아주 우발적인 사건이었습니다. 별의별 경험을 다 하시며 제자들과 3년이란 긴 시간을 보냈던 예수님, 그 삶의 절정이자 완성으로서 죽음의 현장인 예루살렘으로 발

길을 옮기는 생애 마지막 부분에서 있었던 일이었습니다. 그렇기에 오늘 말씀은 단순히 도덕, 윤리적 차원의 훈계 그 이상의 뜻을 지녔습니다. 자신의 마음을 헤아리지 못하는 제자들에 대한 예수의 탄식 또는 절망의 토로라 할 것입니다. 3년이란 긴 세월 동안 한솥밥을 먹었고 지근에서 자신과 삶을 나눴던 제자들, 가장 사랑했다는 그들 입에서 생애 마지막 순간에 전혀 예상치 못한 토론이 벌어졌습니다. 그들 간 논쟁의 주제는 짐작하시겠으나 '누가 더 높은가'였습니다. 이제 곧 예루살렘에 입성하실 것인데 그곳에 이르러 누가 예수의 좌우편에 앉는 영광을 얻을 것인가가 토론의 골자였던 것입니다. 다른 복음서에는 어떤 제자의 경우 어머니까지 동원하여 자식의 앞날을 부탁하기도 했습니다. 예수의 입장에서는 참으로 기막힌 일이었습니다. 앞서 유명한 베드로의 신앙고백도 있었으나 '누가 높은가?'의 물음 앞에선 일체가 무용지물이 되고 말았습니다. 제자들끼리 분열되기 시작했습니다. 시기와 질투가 일어난 것입니다. 한 마디로 실패한 제자들의 모습을 여실히 드러냈습니다. 하느님나라에 대한 열정 때문에 죽어야 했던 예수를 3년이나 함께 살았음에도 전혀 몰랐던 것이지요. 교회뿐 아니라 우리 사회의 병폐도 결국 '누가 높은가?'의 물음에서 비롯합니다. 권력이 재물을 낳고 재물이 명예를 주며 더 큰 힘을 탐하도록 하는 탓입니다. 교파를 막론하고 한국교회 지도자들 중에서 재판에 걸려 송사 중인 사람이 수십명에 이릅니다. 광야에서 사탄이 '세상'을 주겠다 했으나 하느님을 시험치 말라며 그를 나무랐던 예수 정신을 잃은 결과입니다. 저는 이런 교회를 향해 감히 영적 치매에 걸렸다고 말합니다. 한국교회는 예수가 누군지를 잊었던 것입니다. '나는 너희들 중에 섬기는 자로 왔다'는 예수 말씀을 버렸습니다. 성직자라 하면서 '높아질 것'만을 관심하니 이들의 말을 이제는 누구도 믿지 않습니다. 말에 삶이 실리지 않기에 힘을 잃었습니다. 이를 일컬어 영적 파산이라 해도 좋겠습니다. 말씀했듯이 '섬기는 자로 왔다'는 예수 말씀은 단순한 도덕적 언사가 아닙니다. 죽음과 맞서야 할 예루살렘에로의 여정, 그 본뜻을 알지 못한 채 자신들끼리 다투고 있는 제자들을 향한 피 끓는 절규였습니다. 한국적 상황에서 말한다면 '섬기는 자'로 오신 예수 그분은 세월호의 고통과 함께하시는 분입니다. 세월호 속에서 아이들 고통을 걸머지고 자신도 그들과 함께 버림을 받으실 존재입니다. 이런 방식으로 예수는 아이들을 죽인 세상에 대해 끝까지 저항했습니다. 세월호 이전과는 전혀 다른 세상을 만드는 것을 우리들 과제로 남기시면서 말입니다. 오늘 우리가 크리스천으로 불리는 것은 오로지 세월호 以後의 삶을 살기 위함입니다. 기독교인의 재(再)주체화, 이것이 우리들 과제입니다.

3.

마가는 자기 공동체 사람들이 실패한 제자들의 길을 반복하지 않기를 바랐습니다. 그 以後의 삶을 살아내기를 희망했습니다. 그래서 그는 '누가 높은가?'를 다투는 본문에 이어 소경 눈뜨는 이야기를 전했습니다. 예수 당시 장님 바디매오가 눈을 뜨게 된 사건이 있었을 것입니다. 예수께서 불쌍한 소경을 보게 했던 기적이 분명 있었습니다. 그러나 마가는 50년 전의 그 기억을 자기 공동체에게 설교하면서 '누가 높은가?'를 논쟁하는 제자들 이야기와 함께 엮었습니다. '누가 높은가?'를 관심하는 제자들 그들이야말로 예수가 누구인지를 모르는, 예루살렘 여정이 어떤 것인지를 알지 못하는 장님과 같다고 보았던 까닭입니다. '섬기러 오신 그분'을 알지 못한 채 자기들끼리 '누가 높은가?'를 다투는 제자들이야 말로 또 다른 바디매오란 것입니다. 그렇다면 세월호 以前을 살았던 우리들 교회 역시 장님 공동체라 할 것입니다. 우리들 또한 눈감은 상태에 있었기 때문입니다. 마가서는 이처럼 지금 우리들의 소경됨을 지적하고 있습니다. 아마 우리들도 옛적 유대인처럼 분노가 솟구칠지 모를 일입니다. 멀쩡히 두 눈 뜬 자신들을 장님이라 했으니 말입니다. 그러나 우리들 교회의 모습이, 그 삶의 결과들이 소경의 행태들이 분명하기에 달리 변명하고 싶지 않습니다. 소경되었기에 우리가 지금 이 모양, 이 모습이 되었다고 말해야 할 것입니다. 그럴수록 실패한 제자, 그 이후의 삶이 있었듯이 우리 역시 실패한 교회, 그 以後의 모습을 종교개혁 500주년과 함께 상상해 나가야 하겠습니다.

오늘 본문 끝자락은 눈 뜬 소경 바디매오가 예수를 따라 예루살렘 길에 동행했다고 기록했습니다. 눈을 떠 예수를 옳게 보았기에 그 길을 갈 수 있었던 것입니다. 바디매오 이야기를 통해 마가는 제자들의 실패, 그 以後를 살자고 자기 교우들에게 권면합니다. 오늘 제게는 마가가 세월호 以後의 교회를 꿈꿔 보자고 말을 거는 듯 여겨집니다. 예루살렘의 길에 동행하는 교회가 될 것인가? 아니면 여전히 '누가 높은가?'를 다투며 교회 같지 않은 교회로 머물 것인가를 선택하라는 것입니다. 예수의 길을 믿는 것으로 그치기보다 그 '길을 가다 길이 되는 것'이 우리들 기독교인들의 삶이자 운명이라 믿습니다.

4.

종교개혁 500주년을 맞는 우리 교회는 세월호의 질문을 피해 갈 수 없습니다. '이것이 교회인가? 하느님은 그때 어디 계셨는가?'를 말입니다. 하지만 이제는 우리가 대답해야 할 차례입니다. 침묵하는 하느님을 대신하여 우리가 말해야만 합니다. 우리 안의 하느님이 말씀할 차례입니다. 예수가 말했듯 세상을 섬기고 아픈 이웃들 곁이 되는 공동체를 만들면서 말입니다. 자신들이 행한 것만큼만 아는 것이고 믿는 것이기 때문입니다. 묻힌 진실을 밝혀내겠다고, 끝까지 아픈 이들의 곁이 되겠다고, 패배(억울)한 과거를 구해내겠다고 말해야 할 것입니다. 어느 경우든 진실 편에 서겠다고 골백번 다시 생각하고 말해야 합니다. 그래야 우리는 미래를 향해 한 치 앞으로 나갈 수 있습니다. 하느님이 우리의 희망이었듯이 우리도 하느님의 희망이 되어야 합니다. 하느님의 희망 되는 일, 이것이 종교개혁 以後를 사는 우리들 모습이면 좋겠습니다. 이것이 세월호 以後 시대에 여전히 교회가 필요하며 하느님을 말할 수 있는 길이라 믿습니다. 프랜시스 교종이 말했듯이 교회의 복음화 없이는 세상의 복음화는 요원한 일입니다. 베를린에서 열리는 '교회의 날'(Kirchen Tag) 행사에 새로운 교회상(像)이 실험되길 기도합니다.

종교개혁 500주년에 맞는 감사
─ 은총과 감사, 그것은 혁명적 개념이다

로마서 1:16-17

내가 복음을 부끄러워하지 아니하노니 이 복음은 모든 믿는 자에게 구원을 주시는 하나님의 능력이 됨이라 먼저는 유대인에게요 그리고 헬라인에게로다 복음에는 하나님의 의가 나타나서 믿음으로 믿음에 이르게 하나니 기록된바 오직 의인은 믿음으로 말미암아 살리라 함과 같으니라(로마서 1:16-17).

낙엽 지듯 종교개혁 500주년의 해인 2017년도 저물고 있습니다. 500이란 숫자가 주는 무게감 때문이라도 한국교회가 먹음직한 과실을 맺고 한 해를 마감하기 바랐는데 현실은 반대가 되어버렸습니다. 썩어서 먹을 수 없는 것을 준다고 세상이 교회를 맛 잃은 소금처럼 길가로 던져버린 것입니다. 명성교회 세습에 관한 한겨레 사설, JTBC의 보도로 감사절을 어찌 맞을지 마음이 열리지 않습니다. 예부터 신학자들 사이에서 회자되던 이야기가 앵커 브리핑을 통해 만천하에 공개되었으니 말입니다. "예수가 희랍으로 가서 철학이 되었고 로마로 옮겨가 제도가 되었으며 유럽에선 문화가 되었고 미국은 그것을 기업으로 만들었다. 그런데 이 땅 한국에서는 교회가 대기업이 되었다." 이 기막힌 말을 종교개혁 500주년을 지나는 2017년에 뉴스를 통해 들으면서 감사란 말을 떠올릴 수 없을 만큼 제 머릿속이 하얗게 되었습니다. 이런 상태로 설교를 준비했고 강단에 섰으니 제 속에서 나온 말이 진정 설교가 되는지 모르겠습니다.

1.

그래서 택해 읽은 성서가 루터를 개혁으로 이끌었던 오늘의 말씀입니다. 종교개혁의 화두가 되었던 오늘의 말씀 속에서 감사와 은총의 본뜻을 새기고 싶었던 것이지요. 영국 성공회에 속한 중도개혁적인 신학자 톰 라이트—그는『예수의 의미』란 책을 비롯해 상당히 수준 있는 책을 써낸 학자입니다— 역시 아주 쉽고 간편하게 읽을 수 있는 책『이것이 복음이다』를 펴냈습니다. 사람들이 저마다 자기 식대로 복음을 말하고 전하고 남용하는 현실에 일침을 놓기 위함이었습니다. 우리 역시도 형식을 타파하며 새길을 가기로 작정하여 모였으나 때론 복음의 실종을 걱정할 때가 없지 않습니다. 지난해 겨울 사람들이 거리에서 '이것이 국가인가?'를 물었듯이 오늘 우리도 종종 '이것이 교회인가?'를 다시 묻고 있습니다. 주일마다 이곳에 모이는 이유를 더 잘 알고 싶은 까닭입니다. 그래야 평소 습관처럼 하는 우리들의 감사와 성서가 요구하는 감사의 차이를 감지할 수 있겠습니다.

2.

추수감사절, 이때가 되면 누구나 자연이 주는 은총에 감사하게 됩니다. 집 앞 감나무에 주렁주렁 달린 엄청난 수의 열매를 보면서, 모과나무에서 진한 향기 풍기는 노란 모과를 거두면서 고맙다, 감사하다란 말이 절로 나옵니다. 열매를 위해 땀 흘리지 않았음에도 이처럼 풍성한 과실을 얻는 것이 송구할 뿐입니다. 그래서 우리는 종종 자연이 하느님 마음을 닮았다고 말합니다. 그래서 '은총'을 우리 삶에서 최상의 것을 거저 얻었다는 고백이라 일컫습니다. 모든 것을 자기 노력의 결과로만 생각하며 자기 것을 챙기는 사람들에게 은총, 감사란 말은 결코 가당치 않습니다. 최근 고려대학교 한 학생이 쓴 대자보로 공방이 오가고 있습니다. 중고교시절 열심을 다해 공부하여 고대에 입학했고 여기서도 최선을 다해 학점을 얻었으니 졸업하여 대기업에서 많은 연봉 받는 것이 지당하다. 자기 노력 여하에 따라 차별과 차이가 반드시 존재해야 하며 그것을 유지, 존속시키는 사회가 정의로운 사회라고 썼답니다. 틀린 말은 아니겠으나 이런 사회에는 감사가 없습니다. 은총의 감각도 실종되고 맙니다. 우리가 몸담고 있는 종교도 필요 없겠지요. 자신을 돌본 부모의 공도, 함께 청소년기를 보낸 친구들과의 관계도 그의 마음속에 자리할 수 없습니다. 자기 삶을 개인 노력의 결과로만 알고 스스로 대견해 하며 인생을 살아가는 이들이 적지 않습니다. 혹시 우리도 이런 반열에서 세상을 바라보며 사는 사람은 아닐지 모르겠습니다.

3.

이 지점에서 오늘의 성서말씀을 살펴 읽어봅니다. 복음은 하느님의 의(義)가 나타난 것이라 했습니다. 이 복음으로, 하느님 의로만 사람을 구하고 세상을 구하는 능력이 된다고 하였습니다. 이런 하느님 의를 받아들이는 것이 믿음이며 이 믿음을 지닌 이들을 일컬어 로마서는 '그리스도 안의 존재'(엔 크리스토)라 일컬었습니다. 로마서에 가장 많이 쓰인 말이 '엔 크리스토'(Sein in Christo)입니다. 이런 존재만이 하느님 의(義)를 실현시켜 자신과 세상을 구할 수 있다고 한 것입니다. 성서가 말하는 이것이 단연코 복음, 기쁜 소식입니다. 이것 외에 다른 복음은 없습니다. 이 소식 때문에 기쁘고 감사한 것이 기독교적 실존(엔 크리스토)입니다. 그래서 다시 묻습니다. 우리는 이 말씀 때문에 기쁘고 즐겁고 감사한지 말입니다. 지금껏 이 말씀은 지나치게 배타적으로 오/남용되었습니다. 예수 믿는 것 이외에 세상에 구원이 없다는 기독교적 독점의 교리적 근거였습니다. 루터 역시도 당시에 그렇게 사용했습니다. 법과 제도를 앞세운 로마화된 가톨릭교회, 자연과 이성을 중시했던 가톨릭 신학 그리고 부자된 유대인과 그들의 율법을 부정하기 위하여 오늘 다수 기독교인들처럼 그렇게 사용했습니다. 그러나 그것은 천년의 중세기를 넘고자 했던 루터의 이해였지 바울의 본 생각과는 달랐습니다. 루터는 근대적 기독교를 위한 개혁가였습니다.

4.

　그래서 중요한 것이 로마서에 대한 다른 독해입니다. 폭력적 방식으로 제국이 된 로마적 상황에서 독해해야 그것이 우리 시대의 복음이 될 수 있습니다. 이 경우 중요한 개념이 하느님의 의(義)입니다. 구약시대 예언자들이 거듭 강조하던 공의, 정의로 치환해도 좋겠습니다. 예수의 언어로는 하느님 나라라 할 것입니다. 새롭게 나타난 하느님 의(義)는 길들여진 체제 안에서 살아왔던 우리에게 전혀 낯설 수밖에 없습니다. 해서 이것은 체제 밖의 사유로서 하느님 나라라 해도 틀리지 않습니다. 하느님 나라가 복음 속에 드러난 것입니다. 이 복음을 받아들이는 것이 믿음인 것이고 세상을 구원하는 첩경입니다. 이런 식의 이해가 어찌 가능할까요?

　예수를 새롭게 만난 바울에게 로마의 불평등은 고통스런 현실로 다가왔습니다. 제국주의적 불평등은 자신과 만난 예수의 실재와 너무도 달랐던 까닭입니다. 사실 불평등을 만드는 구조는 로마뿐이 아니었지요. 헬라의 지식도 그랬고 유대인의 율법도 특권의식의 근거였습니다. 그래서 다메섹 사건 이후 바울은 헬라적 지혜도, 유대의 율법도 그리고 로마의 시민권도 버렸습니다. 모두에게 모두가 되어 모두의 방식으로 살겠다는 대 자유의 선언을 하였습니다. 바울이 유대인의 율법을 부정한 것은 루터가 유대인의 율법을 부정한 것과 실질적 내용에 있어 전혀 달랐습니다. 루터의 믿음이 가톨릭적 종교 행위를 염두에 둔 일체 행위를 부정하는 도구였다면 바울의 믿음은 불평등한 체제 속에서 그를 넘는 새 세상을 꿈꾸는 일이었습니다. 목하 사랑의 교회, 명성교회의 경우에서 보듯 개신교의 타락은 '오직 믿음' 탓이란 게 중론입니다. 중세 가톨릭교회의 면죄부보다 오직 믿음이 더 타락했기 때문입니다. 세상 속 일주일을 함부로 살아도, 어떤 방식으로 돈을 벌든지 간에 오직 믿음만으로 구원을 보증하는 개신교회가 되어 버린 것입니다. 바울의 유대교 비판, 그 초점은 그들이 지닌 특권의식에 있었습니다. 오늘날 세금 면피 특권을 누리려는 기독교가 당시 유대교를 빼닮았습니다. 종교적 특권도 불평등을 낳습니다. 기독교의 배타적 절대성은 예수의 '하느님 나라', 바울이 말한 '하느님 의(義)' 속에 존재하지 않습니다. 노예/자유인도 없고 남/여성 차별도 없으며 지식 유무로도 판단 받지 않는 세상, 그런 세상을 만드는 것이 '그리스도안의 존재'의 책무였습니다. 이를 기쁘게 감당할 수 있도록 모여 기도하고 친교하는 장소가 바로 로마에 존재한 교회였습니다. 해서 교회는 체제 속 세상과 전혀 다른 체제 밖을 꿈꾸는 장소여야 합니다. 세례 유무로서가 아니라 하느님 나라 꿈이 살아 움직이는가의 여부가 교회의 존재이유이자 근거입니다. 하늘의 별을 손에 잡을 수 없다 하여 쳐다보지도 않는다면 그리스도 안의 존재가 되기 어렵습니다. 이런 시각에서 예수께서 말씀하신 하느님 나라 비유 중 하나를 살펴보겠습니다. 그것이 어찌 본래적 감사이자 은총이 될 수 있을 것인지를 구체적으로 생각해 볼 것입니다.

5.

거듭 말하지만 저는 예수의 하늘나라 비유를 체제 밖의 사유라 칭합니다. 우리들 체제 안의 생각으론 도무지 납득할 수 없는 탓입니다. 그러나 체제가 당연시하는 가치를 체제 밖 사유로 전복시키려는 것이 하느님 義이자 하느님 나라 사유라 믿습니다. 로마의 힘으로도, 유대인의 율법과 헬라의 지식, 양심으로도 만들 수 없었던 새로운 세상을 이루기 위해 하느님 의가 세상에 나타난 것입니다. 그것은 예수의 십자가였고 십자가의 내용은 하늘나라 비유 속에 담겨 있습니다. 포도원 농부의 비유로 예수는 하늘나라를 묘사했습니다. 포도원 수확을 위해 주인은 이른 아침부터 일꾼을 찾았습니다. 새벽녘에 구한 일꾼도 있었고 오전 10시경에도 일할 이가 있었습니다. 오후에도 심지어 해 질 무렵에도 일꾼을 불러 일을 시켰습니다. 품삯을 나눌 무렵 일찍 온 일꾼들은 자신들에게 더 많은 삯을 기대했습니다. 저녁에 온 자가 자신과 같은 품삯을 받는다는 것은 용납할 수도 없고 정의로운 일도 아니라 생각한 것입니다. 하지만 모두에게 동일 품삯을 준 포도원 농부의 이야기를 빌어 하느님 나라는 이와 같다고 예수는 말씀했습니다. 해서 여러분들에게 묻습니다. 하느님 나라가 이와 같다면 여러분은 이 나라의 사람이 되시겠습니까? 이런 하느님 나라 사유는 분명 체제 밖의 사유입니다. 우리들 체제 안에서는 더욱이 자본주의 틀하에서 가당치도 않습니다. 그러나 예수는 이들 모두에게 하루를 살 돈이 필요한 것을 알았습니다. 늦게 불렸을 뿐이지만 늦은 이 역시 하루를 살아야 할 존재였던 것이지요. 이들에 대한 배려, 평등한 먹거리, 주기도문의 언어로는 '일용할 양식'을 위해 예수는 체제 밖 사유가 필요함을 역설했습니다. 체제 밖 사유로서 하느님 나라, 하느님의 의가 이 땅에 나타나 체제를 달리 만들기를 원한 것입니다. 그것도 로마와는 다른 비폭력적 방식으로 말입니다. 체제 밖의 사유로 체제를 달리 만드는 것, 불평등이 아니라 평등한 세상을 이루는 것, 이것이 로마제국 시대를 살던 바울의 꿈이었습니다. 그래서 역사적 예수 연구가들은 로마서를 한 개인을 위한 칭의(稱義)의 책이 아니라 모두(公共)를 위한 정의(正義)의 책으로 읽어야 한다고 역설합니다. 세상 속에 세상과 전혀 다른 것이 침노해 세상을 달리 만드는 사건—그것을 성서는 누룩이라 했지요— 이것이 은총이고 감사의 절대 조건입니다. 그래서 은총과 감사는 배부른 사람들이 주고받는 일상의 언어 그 이상입니다. 하늘의 사건을 세상 속에서 경험한 이들이 고백하는 언어이지요. 오늘 우리가 하느님의 의를 중히 여긴다면 그리고 하느님 나라 사유를 우리 삶 속에 수용할 경우, 비로소 그때 감사와 은총의 고백이 우리의 것이 될 수 있습니다.

6.

하느님 나라에 대한 다른 비유도 있습니다. 큰 잔치를 벌인 주인은 하인들을 불러 이렇게 말합니다. 나가서 되갚을 능력이 없는 사람들을 불러 초대하라고 했습니다. 그들이 오히려 되갚을 것을 염려하면서 말이지요. 이것이 하느님 나라 비유라면 우리들 일상은 하느님 나라와 너무도 거리가 있겠습니다. 항시 되받을 것을 헤아리며 인간관계를 맺고 사는 까닭입니다. 되로 주고 말로 받으려는 욕심이 우리들 일상을 추동하며 이런 관계 속에서 은총과 감사를 말하며 살고 있습니다. 오른손이 하는 것을 왼손도 모르게 하라는 말이 있듯 우리는 체제(세상)적 정당성을 일탈하도록 요구받습니다. 그것이 사랑이고 은혜이며 감사이고 행복이기 때문입니다. 바로 여기에 종교의 자리가 있습니다. 그리스도 안의 존재란 하느님 나라 비유가 말하듯 체제 속에서 체제와 다른 삶을 살도록 불린 존재들입니다. 그 일로 고통을 받는 것조차 감사하는 것이 복음, 기쁜 소식을 얻은 사람들의 삶의 모습이자 태도이겠습니다. 얼마 전 시상식에서 최고의 여배우 메릴 스트립은 배우를 이렇게 정의했습니다. "우리들과 전혀 다른 사람들의 삶 속으로 들어가 그들 삶에 연민하며 공감을 느끼는 사람"이라 했습니다. 훌륭한 배우의 멋진 말이었습니다. 그러하면 그리스도인이란 가면(person)을 쓰고 연극하듯 인생을 사는 우리들 역시 배우들입니다. 하느님 나라란 각본에 의거하여 낯선 이들의 삶 속에 침입해 맘껏 연민하고 공감하며 사는 것이 우리들의 삶이어야 합니다. 무의식적으로 계급의식에 젖어 유유상종하며 더 큰 것을 바라며 인간관계를 맺고, 한 고대생의 대자보가 말하듯 제 몫만을 챙기려 하며 체제 속에 안주하고 길들여지는 것으로 만족한다면 교회에서의 감사절을 지낼 자격이 없을지도 모릅니다. 이곳, 교회에 없더라도 세상 속 누구든지 그런 감사를 말할 수 있는 까닭입니다. 하느님 나라 사상은 우리들 교회에서 얼마든지 무용지물이 될 수 있습니다. 이미 그런 생각 자체를 지우고 부순 교회들이 부지기수로 많다는 것이 종교개혁 500주년을 맞는 지금 우리의 비극적 현실입니다. 이런 상황에서 우리의 감사는 비극적 상황을 전복시킬 수 있는 만큼 혁명적이 되어야 옳습니다. 동일한 교우들 앞에서 10년 이상 절기 설교를 하고 듣는 일이 쉽지 않건만 이렇게 기회를 주어 생각을 정리해 봤습니다. 이후 우리는 대림절과 성탄절을 향해 신앙의 길을 걷게 됩니다. 무엇을 기다려 어떤 탄생을 원하고 이룰 것인지를 생각하며 대림절을 향해 나아가십시다.

미완의 과제로서의 종교개혁
— 이제는 하느님 나라를 말하라

누가복음 9:57-62

길 가실 때에 어떤 사람이 여짜오되 어디로 가시든지 나는 따르리이다 예수께서 이르시되 여우도 굴이 있고 공중의 새도 집이 있으되 인자는 머리 둘 곳이 없도다 하시고 또 다른 사람에게 나를 따르라 하시니 그가 이르되 나로 먼저 이르시되 죽은 자들로 자기의 죽은 자들을 장사하게 하고 너는 가서 하나님의 나라를 전파하라 하시고 또 다른 사람이 이르되 주여 내가 주를 따르겠나이다 마는 나로 먼저 내 가족을 작별하게 허락하소서 예수께서 이르시되 손에 쟁기를 잡고 뒤를 돌아보는 자는 하나님의 나라에 합당하지 아니하니라 하시니라 (누가복음 9:57-62).

이곳저곳에서 종교개혁 500주년이 되었다고 축하하는 소리가 들립니다. 유럽인들이 지난 일천 년 동안 가장 위대한 사람으로 루터를 꼽았으니 그가 행한 종교개혁이 우리 개신교인들에게 자랑거리인 것이 틀림없습니다. 지난 5월 종교개혁 500주년을 기념하며 독일 베를린에서 열린 '교회의 날' 행사에서 오바마와 메르켈 독일

총리가 이런 말을 나눴습니다. 유럽과 미국을 연결시킨 역사적 두 인물, 콜럼버스와 루터가 있는데, 전자가 지배와 착취의 대명사였다면 후자는 이를 치유하고 회복하는 새로운 이름이 되어야 한다고 말입니다. 그렇다면 루터의 종교개혁은 미완의 과제를 남기고 있는 셈입니다. 그의 종교개혁이 교회뿐 아니라 이 세상을 바꾸는 동력이 되어야 하는 까닭입니다.

1.

종교개혁 500주년을 맞아 루터에게로 돌아가자는 말이 회자됩니다. 하지만 그것은 제삿날 기억하듯 그날을 숭상하고 추모하는 것 이상이어야 합니다. 이날이 우리에게 의미 있는 것은 '종교개혁은 계속되어야한다'는 과제를 안겨주기 때문입니다. 그러나 한국교회가 이날을 기념하는 방식에 문제가 많습니다. 수많은 목회자들이 개혁자의 유적을 좇아 앞다퉈 여행을 다녀왔고 루터에로의 회귀를 말하나 정작 변혁에로의 노력이 없기 때문입니다. 500이란 숫자가 주는 의미 탓에 다소 관심이 커졌으나 올해도 겉치레 행사로만 치러질 것 같습니다. 교회 안팎에서 뭇매를 맞고 있는 교회 현실을 대하는 목회자들의 태도가 너무 안일한 것 같아 걱정이 많습니다. 루터의 종교개혁 원리, 3개의 '오직'(sola) 교리가 중세기의 가톨릭 면죄부보다 더 타락한 상태로 교회 안에서 오용되고 있다는 소리도 들리는바, 2017년 올해의 종교개혁일이 치열한 반성과 성찰 속에 지났으면 좋겠습니다. 정말 기독교가 믿기만 하면 구원받는 종교인지도 되물어야 할 때가 된 것입니다.

누가서의 본문 앞에는 다음처럼 표제어가 적혀 있습니다. "예수를 따르는 사람은 이렇게 해야 한다"라고 말입니다. 그렇다면 이 본문이야말로 오늘을 사는 이 땅의 기독교인들이 가장 성의껏 받들어 읽고 그렇게 살아야 할 가르침이라 믿어야 할 것입니다. 주기도문이 예수가 가르친 기도의 방식이라면 이 본문은 기독교인이 살아낼 삶의 실천 강령이라 해도 좋습니다. 이 본문 속에서 우리는 종교개혁이 계속될 이유를 찾아 풀어내야 할 것입니다. 본문 첫 부분에서 길 가던 예수는 예수가 가는 길 어디라도 함께하겠다는 사람을 만났습니다. 그런 그에게 예수는 이렇게 대답합니다. 여우도 새도 자기 보금자리가 있건만 사람의 아들(人子)인 나는 머리 둘 곳조차 없는데 그래도 나를 따르겠냐고 말입니다. 여기서 어떤 사람은 교회 안에서 만나는 익숙한 우리들 모습일 수 있겠습니다. 우리는 곧잘 예수를 잘 믿는다 생각하며 살아왔습니다. 교회가 요구하는 크고 작은 의무를 감당했을 것이고 그 보상으로 세상에서도 잘되고 하늘 나라도 상급으로 받을 수 있다는 말도 들었습니다. 교회는 그리 가르쳤겠으나 정작 머리 둘 곳 없는 예수는 우리에게 십자가의 길을 제시하고 자신과 더불어 그 길을 가겠냐고 엄히 묻고 있습니다. 우리들 가운데 섬기는 자로 오셨기에 그는 우리에게도 평생 그 길을 살라고 하실 것입니다. 여기서 루터 신학을 비판했던 본회퍼의 말이 떠오릅니다. "예수의 제자를 만들지 못한 채 교인과 신도만을 양산하는 교회는 예수를 한갓 신화나 이념으로 전락시키는 것"이라고 말입니다. 이런 기독교는 하느님이 인간이 된 성육신의 종교가 아니란 것입니다. 초기 기독교가 비판했던 영지주의 종교로의 변질을 염려할 때가 되었습니다. 머리 둘 곳 없는 종교가 화려한 성전을 꿈꾸고 자랑하는 모습으로 타락했습니다. 그것을 성장이라 했고 축복이라 가르치면서 말입니다. 경영학의 원리로 교회를 치리했고 목회자를 경영자(CEO)로 부르기도 했으니, 이는 복음을 선포하는 교회 안에 정작 복음이 사라진 실상일 것입니다.

2.

이어지는 본문에서 예수는 이렇듯 고독한 자신의 길에 함께 동참할 것을 사람들에게 권유했습니다. '나를 따라오라'고 말씀하신 것입니다. 그렇습니다. 지금도 예수는 우리에게 자신의 길을 함께 가자고 손을 내밀고 있습니다. 우리들 교회는 예수를 따르고자 하는 사람들이 모이는 곳이어야 합니다. 예수의 마음을 알아채고 그 마음과 합하는 것이 그를 믿는 일보다 중합니다. 하지만 성서 속 어떤 이는 이 일을 우선하지 않았습니다. 예수와의 동행보다 더 중요하고 긴급한 사안이 많았던 탓입니다. 오늘 본문은 죽은 자의 장례를 치른 후 그 길을 따르겠다는 사람의 이야기를 전합니다. 이 경우 장례란 살아있는 미래가 아니라 죽은 과거를 우선하는 사람의 심리 상태를 총칭합니다. 살아있는 '지금'을 중시하는 것이 아니라 죽은 것에 대해 집착하는 태도라 해도 좋습니다. 죽음, 그를 의례화하는 장례란 그렇기에 물질숭배와 한 몸처럼 얽혀 있습니다. 부르고 대답하는 생명력(관계성) 대신 대상, 사물들에 마음을 빼앗기고 숭상하는 까닭입니다. 프로이드는 대양(大洋), 곧 어머니로부터 분리된 인간의 자기소외를 연구한 심리학자입니다. 인간은 소외 극복을 위해 소유에 집착하게 되는 바, 그를 죽음의 본능(타나토스)이라 불렀습니다. 일상적인 우리들 삶의 양식인 소유에 대한 집착이 곧 죽음의 본능이란 것이지요. 본문이 전하는 장례란 소유에 대한 집착 곧, 죽음의 본능으로 사는 인간상(像)을 전하는 기표라 해도 좋겠습니다. 현실 교회를 보아도 그렇습니다. 나를 따르라는 예수의 부름은 실종되었고 물질에 대한 축복, 가족의 안위, 사사화된 개인의 행복 추구가 신앙의 목적이자 신앙생활의 보상으로 여겨지고 있습니다. 이 와중에서 세상에 대한 우환의식, 예언자적 에토스는 교회 내에서 설 자리를 잃었습니다. 하지만 이런 교인들에게 예수는 거듭 촉구합니다. 그런 것에 마음 빼앗기지 말고 나를 따르라고 말입니다. 그러나 따를 생각조차 않고 있는 것이 이 땅 교회의 실상입니다. 교회란 간판을 달고 있어도 기독교이길 포기했다고 말해도 지나치지 않을 만큼 그렇습니다.

3.

본문에서 예수를 따르는 것과 하늘나라를 선포(증거)하는 것이 동일하게 언급됩니다. "누구든지 쟁기를 잡고 뒤를 돌아보는 자는 하느님 나라에 적합지 않다"라고 말씀하셨습니다. 농부가 쟁기와 하나 되어 움직이듯 예수 따르는 이들 역시 하느님 나라만 생각하고 살아야 한다는 것입니다. 물론 어려운 일이겠으나 이것은 기독교인들의 운명이자 사명입니다. 이것을 감당하는 것이 바로 성서가 말하는 수고하고 무거운 짐을 지는 일입니다. 하지만 이런 짐을 지운 예수만이 무거운 멍에를 가볍게 할 수 있다는 것 또한 성서의 가르침이지요. 여기서 중요한 것은 하느님 나라에 대한 예수의 확신입니다. 주지하듯 성서 곳곳에 하느님 나라 비유가 많이 산재해 있습니다. 밭에 묻힌 보화로 비유된 하느님 나라, 예수는 다른 모든 것을 팔아 그 밭을 사야 한다고 말했습니다. 하느님 나라보다 앞선 가치, 더 중요한 대상은 없다는 것입니다. 그러나 여기서의 하느님 나라는 죽어서 가는 그런 낯선 공간을 뜻하지 않습니다. 인습적으로 생각하는 내세적 사유와 무관합니다. 오히려 하느님 나라 사유는 일종의 '체제 밖'의 사유로서 체제 속의 가치와는 양립할 수 없는 가치체계를 뜻합니다. 체제 안의 가치에 매달려 사는 사람들은 예나 지금이나 하느님 나라를 수용할 수 없습니다. 예수를 따르겠으나 집안 식구들에게 먼저 작별인사를 청하는 어떤 사람에게도 예수는 하느님 나라가 그에게 해당 없다고 단호하게 말씀합니다. 체제 속 가치는 사람을 물질과 인습의 노예로 만들 뿐입니다. 예수가 전한 하느님 나라는 세상 안에서 세상 밖을 사는 새로운 길을 일컫습니다. 하느님 나라에 대한 예수의 비유 두 곳을 찾아 생각해 보겠습니다.

4.

먼저 포도원 주인 이야기가 있습니다. 농장에서 일할 일꾼을 찾아 나선 주인은 하루 품삯을 정합니다. 일꾼들 중에는 아침에 온 자도 있었고 점심경에 그리고 심지어 황혼 무렵에 불린 자도 있었습니다. 종료 후 주인은 일한 시간에 관계없이 누구에게나 처음 약속한 품삯을 나눠 주었습니다. 이른 아침부터 수고한 일꾼들이 불평했으나 주인은 처음 약속을 위반한 것이 아니었지요. 주인의 심중에는 모두가 하루 살 돈이 필요한 사람들이었던 까닭입니다. 예수는 이 말씀을 전하면서 '하느님 나라는 이와 같다'고 했습니다. 천민 자본주의가 기승을 부리는 오늘의 현실에서 이런 하느님 나라 사유는 교회도 거부할 것입니다. 이렇듯 체제 밖 사유를 갖고 세상과 다른 방식의 삶이 예수가 전한 하느님 나라였습니다. 체제 밖 사유로서 하느님 나라가 우리 곁에 있다는 것이 은총입니다. 전혀 다르게 살 수 있는 세상이 존재한다는 것, 바로 그 선포가 희망입니다. 이것이 '오직 은총'의 뜻이겠습니다. 당시 '땅의 사람'으로 내몰린 이들에게 하느님 나라 운동이 친근했던 것도 이런 연유일 것입니다. 되로 주고 말로 받으려는 인과적 욕심이 지배하는 세상에서 그 사슬을 끊고 가난한 자, 능력이 없는 자, 소수자들을 맘껏 품는 넉넉한 포도원 주인의 모습에서 하느님과 그의 나라를 봅니다.

5.

예수를 따르는 것은 바로 체제 밖 사유로서 하느님 나라를 선포하는 것이자 그 가치를 따라 사는 일을 뜻합니다. 세상 안에 살고 있으나 세상과 다른 가치관을 갖고 뒤돌아보지 않는 것, 이것이 예수를 따르는 길이자 하느님 나라 종교로서 기독교를 옳게 믿는 길입니다. 종교개혁자들이 말하는 '오직 믿음'은 이런 하느님 나라에 대한 믿음입니다. 예수 살기 없는 예수 믿기란 처음부터 불가능한 말입니다. 체제 밖 사유만이 세상을 구원할 수 있는 바, 이런 예수의 가르침이 있기에 우리는 '오직 성서'란 원리를 중히 여깁니다. 그렇다면 우리는 지금과는 다른 기독교인이 되어야 옳습니다. 지금의 모습으론 많이 부족하고 잘못될 수 있습니다. 우리들부터 종교개혁을 다시 시작하십시다.

다시 프로테스트: 시월의 프로테스탄트

누가복음 24:5-6

여자들이 두려워 얼굴을 땅에 대니 두 사람이 이르되 어찌하여 살아 있는 자를 죽은 자 가운데서 찾느냐 여기 계시지 않고 살아나셨느니라 갈릴리에 계실 때에 너희에게 어떻게 말씀하셨는지를 기억하라(누가복음 24:5-6).

자연이 주는 혜택, 조상들의 은덕을 맘껏 생각하며 긴 연휴를 보내고 일상으로 돌아왔습니다. 이제 우리의 시계는 어느덧 한해 최고의 계절인 10월을 향하고 있으나 일상과 주변 현실은 우리를 편안케 놓아두질 않습니다. 청산되지 못한 친일로 인해 식민지 근대화론이 다시 고개를 쳐들고 있고 국정원의 정치개입이 전례가 될 수 없다는 판단하에 백성들이 다시 거리로 나서고 있으며 수없이 제 목숨을 버렸음에도 누구도 귀 기울여 주지 않기에 죽기를 각오하고 굶고 있는 남은 자들의 절규가 하늘을 찌르는 상황입니다. 이런 현실을 보고 들으면서도 홀로 자족하거나 아무리 자기 문제가 중하다 하더라도 이에 함몰되어 있을 수는 없는 노릇입니다. 지금 서울에는 이 시대 최고의 철학자 두 사람이 사자후를 토하고 있지요. 지젝과 바디유, 이 두 철학자는 의외로 사도바울을 좋아하는 학자들로서 체제를 벗어난 불온한 사유를 이 땅의 젊은이들에게 전하고 있습니다. 새로운 질서(체제)를 상상하고 창조하는 것이 철학의 실천적 과제라 토로합니다. 10월은 또한 우리 자신을 교회의 현실 앞에 정직하게 맞닥트리게 할 것입니다. 어느덧 자기 모순적 천덕꾸러기가 되어 버린 교회들이 자신을 향해 다시 프로테스트해야 될 때인 것이지요. 오늘의 말씀대로라면 더 이상 하느님을 죽은 자(무덤)들 속에서 찾지 말고 공생애를 시작했던 갈릴리를 기억하라는 것입니다. 사실 오늘 교회는 하느님의 무덤처럼 변해 버렸습니다. 살아계신 분을 만나는 곳이 아니라 죽은 분을 제사 지내는 형세입니다. 이런 이유로 우리도 10월 첫날에 한국교회 현실을 언급하지 않을 수 없습니다. 교회의 현실을 같이 아파하고 그에 프로테스트하기 위함입니다. 오늘 설교는 이런 문제의식하에 '작은 교회가 희망'이라는 메시지를 선포하는 자리에서 며칠 전 읽었던 글을 재구성한 것입니다. 아시듯 우리는 '작은 교회가 희망이다'란 주제하에 신학적 입장을 달리해온 목회자, 신학자들과 함께 한국교회의 미래를 걱정하며 대안을 모색 중입니다. 10월 19일 하루 온종일 이런 가치를 지향하는 교회들의 박람회가 개최될 것입니다. 대략 60여 개의 참여 교회들이 탈(脫)성장, 탈(脫)성직, 탈(脫)성별 등 3개의 '脫'을 공유하며 함께할 예정입니다. 이는 다가올 종교개혁 500주년이 되는 2017년을 옳게 대면코자 함이겠지요. 그렇다면 먼저 하느님 무덤이 되어버린 교회가 아닌 성서적이고 복음적인 교회의 역사적 형태부터 알아야겠습니다.

1.

일반적으로 교회는 하느님 나라와 등가는 아니나 상응하는 가치와 권위를 지닌 세속기관이라 불립니다. 따라서 세상과 구별될 필요는 있겠으나 방주와 같은 고립된 이미지를 벗겨내는 것 역시 빠를수록 좋은 일입니다. 그래서 혹자는 교회의 존재 이유를 일컬어 세상 안에 있되 세상 밖을 사는 사람들의 공동체라 부르기도 하지요. 이 땅에서 불가능한 가능성(새로운 체제)을 실험하는 공간, 새로운 수도원 운동이 되기를 바라고 있습니다. 그렇기에 종종 신앙은 불가능한 것에 대한 열정과 같게 이해됩니다. 하지만 자신들 만의 문법(언어)에 갇혀 정작 세상(속)적 가치를 선호하는 것이 오늘의 교회의 모습이지요. 거듭 강조하지만 일찍이 본회퍼는 이런 삶을 살지 못하는, 제자 없는 현실 교회를 일컬어 기독교를 이념 혹은 신화로 만들고 있다고 비판했습니다. 요즘 영성이란 말이 회자되나 그것 또한 기존 틀하에서 실용적 차원에서 요구될 뿐 삶 자체를 달리 만드는 것(제자 되기)과는 유관치 않습니다. 제자가 실종되었듯 하느님 나라를 닮아있는(유비적) 교회의 부재 역시 당연한 결과이겠지요. 향후 10~20년 안에 개신교 인구가 지금의 절반 수준인 400만으로 줄 것이란 경고도 몇몇 대형 교회에게는 낯설게 들리는 것 같습니다.

2.

언제부터인가 예수 삶을 강조하는 '역사적 예수'에 대한 관심이 교회들의 따가운 눈총을 받으면서도 점차 확산되고 있습니다. 예수 삶의 구체적(역사적) 형태를 발견하는 것은 중요한 일입니다. 그렇지만 현실 교회들은 이를 불편하게 생각합니다. 역사적 예수는 오늘날 교회가 지키려는 교리적 차원과 상당히 다른 까닭입니다. 교회에서 선포되는 신앙의 그리스도가 잘못된 것은 아니되 믿음과 은총의 '오직'(Sola)의 논리가 오히려 중세기의 면죄부보다 더 타락한 것도 또 다른 이유가 될 것입니다. 소위 목사의 크기를 교회의 크기에 견주는 것만큼 교회 공동체를 모독하는 일은 없습니다. 이는 역사적 예수의 인격과 그의 삶 자체를 무시하는 처사일 것입니다. 하지만 역사적 예수만으로 교회 공동체 문제가 해결될 수 없는 것도 사실입니다. 신앙의 눈(전승)이 있을 때 비로소 역사적 예수와의 관계가 성립되는 까닭이지요. 그렇기에 우리에게 신앙을 가르친 역사적 공동체로서 초대교회 모습이 더욱 중요합니다. 하지만 먼저 초대교회에 대한 오해부터 종식시킬 필요가 있습니다. 그것은 초대교회가 단일한 형태였다는 생각과 그것이 오늘 우리가 믿는 것과 같은 교리와 신조의 공동체라는 교회적 가르침입니다. 오히려 초대교회는 다양한 신학과 삶을 지닌 공동체였고 당시 로마 체제가 감당하기에는 가치관적으로 전혀 달랐고, 전혀 다른 삶의 양식을 창출하였습니다. 특별한 교리를 갖고 세상과 달라졌던 것이 아니라 그들이 만든 새로운 체제를 통해 변별되었던 것이지요. 당시 교회들의 형태도 무수히 달랐고 저마다 전혀 다른 삶을 기획하였으나 오로지 예수 삶을 따르는 것이 그들의 '공통감'(共通感)이었기에 가능했던 일이었습니다.

3.

한 신학자는 이런 역사적 공동체를 언더그라운드 교회라 통칭하였습니다. 오늘까지 지속되는 로마의 국교가 된 교회 형태와 구별하기 위해서입니다. 제국의 종교가 되어버린 기독교가 예언자적 삶을 포기했듯 오늘 대다수 교회들 역시 세례받는 것(예수 믿기)을 평화주의자가 되고 가난한 자들을 환대하는 삶을 사는 것과 무관하게 여기고 있습니다. 기독교가 로마의 국교가 된 당시 교회처럼 지금 여기서도 획일적 교리, 신조들만이 강조되고 있습니다. 이제는 교회에 가는 것이 불가능한 것을 향한 열정(하느님 나라) 때문이 아니라 몸과 마음의 안정과 개인적, 내적 평화를 위해서인 것도 부정할 수 없는 현실입니다. 영육의 차원을 분리시켰고 정치를 교회로부터 추방시켜 버린 것도 로마 시대 기독교와 닮아 있습니다. 하지만 언더그라운드 교회에서는 이와 달랐고 달라야 했습니다. 그곳에는 소위 복음의 정치학이란 것이 있었던 까닭입니다. 부활 이후의 예수 공동체는 예수를 따름(행동)으로서만 그를 알 수 있다고 믿었던 탓이지요. 초기 예수 공동체에선 무엇을 믿을 것인가가 아니라 무엇을 할 것인가에 대한 말뿐이었고 그 기록이 바로 우리 앞의 복음서였습니다.

4.

복음의 정치학은 당시 체제를 불편하게 했고 그들의 존재를 위협하기도 했습니다. 천국을 겨자씨로 비유한 것은 가장 작은 것이 모든 것을 품을 수 있는 까닭이지만 그의 빠른 성장이 사람들을 불편하게 했던 탓이라 보는 성서학자들도 있습니다. 되갚을 수 있는 능력이 없는 사람을 초대하여 잔치를 베풀었고, 일한 시간에 관계없이 누구에게나 하루 살 품삯을 주었으며, 성전을 무너지라 했고 안식일 법을 무력화시킨 예수는 분명 체제가 요구하는(Status quo) 존재는 아니었지요. 당시 종교체제에 있어 예수는 낯설고 불편했고 거추장스러운 존재였을 뿐입니다. 하지만 복음의 정치학은 주기도문이 말하듯 하늘의 정의를 이 땅에 심고자 했기에 때론 과격했지요. 기독교 체제를 유지, 지탱하는 것이 최대의 관심사가 된 현실 교회의 예수상과 크게 달랐습니다. 신앙의 시대(H. 콕스)로 불리는 초대교회는 실상 오늘날 통용되는 사도직이란 개념도 없었습니다. 남녀를 막론하고 주어진 은사(카리스마)들만이 존재할 뿐 수직적 성직제도는 아주 후대의 산물이지요. 또한 당시 교회는 예수 운동으로 존재했기에 반제국주의적 색채가 짙었고, 그래서 정치적일 수밖에 없었습니다. 예수 추종자들은 로마가 멸망할 것을 굳게 믿고, 그와는 다른 삶의 방식을 택할 수밖에 없었습니다. 로마의 폭압에 대해 버티고 견디며 참는 것만이 자신들이 감내할 부분이었던 것이지요. 이들을 지탱한 것은 일치된 신조가 아니라 예수를 추종하는 진정한 제자도였습니다. 그들에게 예수가 주님이란 고백은 단순한 신조(교리)적 차원의 지적 승인이 아니었고, 로마(세상)가 세상의 주인이 아니라는 것이자 그들 삶의 양식과 전혀 다른 대안적 삶의 실천이었습니다.

바로 이런 역사 공동체의 모습에서 우리는 '작은 교회가 희망'일 수 있는 이유를 다시 프로테스트의 실상으로서 세 종류의 '脫' 속에서 찾고자 합니다. 무엇보다 '脫'성장은 획일성이 아니라 다양성과 유관하며 '믿기'가 아니라 '살기'의 차원을 중시합니다. 또한 '脫'성장은 성숙을 이름하는바, 오늘과 같은 소수의 획일적 대형 교회가 아닌 다수의 다양한 카리스마 공동체를 지향합니다. 초대 공동체 안에서부터 시작된 해석(공동체)의 다양성은 결코 부정될 것이 아니라 더욱 긍정되어야 할 사안이지요. 언제든 '하나'의 획일적 가치를 추동한 것은 제국주의적 기독교였습니다. 문제는 저마다 다른 해석 공동체 안에서 보편적 가치, 곧 예수 삶의 에토스를 실현시키는 일 ―'제자 되기'―입니다. 따라서 카리스마 공동체는 필연적으로 '脫'성직으로 귀결될 것입니다. 종교개혁의 원리 중, 지나쳐서 문제가 된 것도 있지만 '만인 제사직론' 같은 것은 아직 시작도 하지 못했습니다. 이는 역으로 평신도에게 성직자의 자각을 요청하는 무거운 주제가 될 수 있습니다. 일찍이 함석헌은 이 땅에 들어온 교회가 성직자 중심의 종교로 변질된 것을 깊이 우려하였지요. 우리 사회 속에 종교의 이름을 걸고 생활하는 성직자의 수가 너무 많은 것이 큰 문제입니다. 저마다 경쟁이 되다 보니 스스로를 거룩하다 하며 신비화하고 권위적으로 변질되고 있지요. 그렇게 되어야 신도들을 권위에 종속시킬 수 있다고 믿는 까닭입니다. '脫'성별 역시 기독교 성숙의 잣대이자 민주사회의 역량을 반영합니다. 우리는 지금 중세가 아닌 기독교 이후 시대를 살고 있습니다. 특정 종교인으로 사나 뭇 타자를 존중하며 그들과 평화롭게 공존함을 배우는 시민사회의 구성원이기도 한 것이지요. 그러나 아직까지 기독교는 종종 여성을 자신들이 보유한 최후 식민지처럼 관계하고 있습니다. 어느 교단을 막론하고 여성 목회자(전도사)들에 대한 인식이 일천하며 교회 내 잡일은 여신도들의 몫인 경우가 많지요. 바울의 동역자들 중에서 과반수에 가까운 이들이 여성이었다는 사실은 깊이 숙고할 주제입니다.

5.

결국 세 형태의 '脫'은 '다시 프로테스트'를 위해 오늘의 예수 제자들이 걸머져야 할 과제가 되었습니다. 이것은 오늘 이곳에 모인 우리들에게 작은 교회로서 존재해야 할 이유를 제공합니다. 대형 교회는 脫지역화된 세몰이 '조직'으로 기능하나 작은 교회는 지역 안에서 가치 지향적 삶을 선택할 수 있기 때문입니다. 지역에서 뿌리 뽑힌 모습, 이것은 우리 겨자씨교회의 현실 문제이기도 하지요. 당시 교회가 세상과 다른 기준으로 삶을 살았고 그래서 그들을 불편하게 만들었듯이 오늘 우리들도 스스로의 삶에 대해 다시 프로테스트를 해야 마땅한 일입니다. 평등적 질서로 세상을 위협했던 예수운동이 어느덧 위계질서를 지닌 폐쇄적 조직, 신조를 강조하는 율법화된 공동체로 변질되어 세상(제국)에 길들여져 있는 것에 면저 소스라치게 놀라야 가능한 일일 것입니다. 교회가 세상을 불편하게 하기는커녕 이/저세상을 두루 잘 살 수 있다는 종교적 탐욕을 전하고 있음을 프로테스트해야 할 것이지요.

6.

오늘의 교회상이 이렇듯 변질된 것은 기독교가 이 땅에 잘못된 방식으로 정착된 것에서도 원인을 찾을 수 있겠습니다. 이 땅의 종교 문화와 제대로 만났더라면 한국교회가 서구적 형태와 변별될 수도 있었을 터인데 그리되지 못한 것입니다. 어느 종교든 긍/부정적 측면이 있는 것인데 불행히도 제도화된 교회의 부정적 측면과 이 땅의 부정적 종교현상이 접목되고 말았습니다. 주지하듯 한국교회 안에는 성서적 그리스도인상(像)보다는 제각기 무속적, 유교적 그리고 불교적 기독교인들이 많은 듯 보입니다. 저마다 명시적 기독교들이긴 하지만 우리들 내면엔 다(복수)층의 종교성이 자리한 이치입니다. 좋은 것들도 많으나 불행하게도 그들 내면을 지배하는 것은 부정적인 이 땅의 종교성들이었습니다. 예컨대 무속적 기독교인들은 대단히 기복적(현세 지향적) 특성을 지녔고, 유교적 기독교들인 경우 기독교의 가부장적 가치를 강화시켰으며 불교적 성향의 기독교인들은 현실을 초연하고 부정하는 탈정치적 신앙 양식을 표출하고 있음을 봅니다. 혹자는 이것을 한국적 기독교의 모습이라 폄하하고 제 종교들과의 단절 내지 투쟁을 기독교 본연의 과제라 인식하나 이것은 잘못된 평가입니다. 이런 부정성은 기독교에도 비

(非)본질성이 있듯 본래 이 땅의 주인이었던 종교들의 일면일 뿐 전부가 아니며 오히려 이들 종교들에서 우리는 초대교회 가치를 강화시킬 수 있고, 새 시대에 필요한 누룩과 같은 요소를 찾을 수 있어야 할 것입니다. 이런 가치 지향적 만남을 위해 우리는 향후 또 하나의 '脫'을 지향해야 할 것인바, 그것은 바로 '脫'서구입니다. 그 바탕에서 교회론의 '한국적' 의미를 생각하는 것이 다시 프로테스트의 마지막 과제라 생각합니다.

7.

지난해 가톨릭교회는 바티칸공의회 50주년 기념하였습니다. 한국 천주교에서도 바티칸공의회의 개혁적 의미를 반추하며 오늘의 상황에서 그 뜻을 잇고자 노력한 것입니다. 제가 알기로 이들의 주된 관심사가 교회의 복음화였습니다. 교회가 먼저 복음화되지 못한다면 세상의 복음화는 생각조차 할 수 없다는 것이 이들의 생각이었지요. 어느덧 프로테스탄트의 의미를 상실한 우리 개신교에게 '교회 복음화'를 주제화한 가톨릭교회는 우리에게 타산지석입니다. 역사적 공동체로서의 교회의 본 모습을 되찾아 그에 근거 3개의 '脫'을 시도할 수 있을 때 비로소 '프로테스탄트'의 위상이 다시 생겨날 것입니다.

이제 10월을 맞아 민족과 교회의 역사를 생각하며 우리 자신에 대해서부터 '다시 프로테스트'하는 삶이 생겨나기를 기대해 봅니다. 그로부터 두 번째 종교개혁의 여명이 떠오를 것을 믿습니다. 끝으로 다음 두 말을 남기며 오늘 설교를 마감하겠습니다.

만일 그리스도께서 이곳에 계신다면 그가 하지 않을 것은 기독교인이 되는 것이다(마크 트윈).

거룩한 것에 대한 충성을 포기할 때, 우리는 우리의 존엄성을 잃게 된다. 우리의 존재는 사소한 것으로 전락한다(아브라함 헤셸).

위로와 용서를 구할 때

누가복음 2:25-35

예루살렘에 시므온이라 하는 사람이 있으니 이 사람은 의롭고 경건하여 이스라엘의 위로를 기다리는 자라 성령이 그 위에 계시더라 그가 주의 그리스도를 보기 전에는 죽지 아니하리라 하는 성령의 지시를 받았더니 성령의 감동으로 성전에 들어가매 마침 부모가 율법의 관례대로 행하고자 하여 그 아기 예수를 데리고 오는지라 시므온이 아기를 안고 하나님을 찬송하여 이르되 주재여 이제는 말씀하신 대로 종을 평안히 놓아 주시는도다 내 눈이 주의 구원을 보았사오니 이는 만민 앞에 예비하신 것이요 이방을 비추는 빛이요 주의 백성 이스라엘의 영광이니이다 하니 그의 부모가 그에 대한 말들을 놀랍게 여기더라 시므온이 그들에게 축복하고 그의 어머니 마리아에게 말하여 이르되 보라 이는 이스라엘 중 많은 사람을 패하거나 흥하게 하며 비방을 받는 표적이 되기 위하여 세움을 받았고 또 칼이 네 마음을 찌르듯 하리니 이는 여러 사람의 마음의 생각을 드러내려 함이니라 하더라(누가복음 2:25-35).

종교개혁 500주년도 지났고 추수감사절 절기도 이미 과거가 되었습니다. 크리스천을 정의하는 방식이 여럿 있겠으나 이처럼 절기가 주는 뜻을 지켜 성찰하는 삶 역시 그중 하나라 할 것입니다. 사는 대로 생각하지 않고 생각하며 살 수 있는 기독교적 방식인 까닭입니다. 이런 이유로 우리는 숫자가 주는 의미 때문에 종교개혁 500주년을 내심 크게 기대했습니다. 하지만 기대와 달리 개혁에 역행한 결과, 교회에 대한 희망을 거두는 이들이 늘었습니다. 세상 범죄를 능가하는 추한 교회의 실상이 이/저곳에서 터져 나왔기에 감사절을 지내는 마음도 편치 않았습니다. 이런 상태에서 다시 대림(대강)절을 맞습니다. 그리스도를 기다리는 특별한 절기를 축하하며 살라고 합니다. 이렇듯 떠밀리듯 새로운 절기를 맞고 있는 바, 실상 오늘이 어제와 다르지 않듯 내일에 대한 기대 역시 없습니다. 내일도 어제와 같은 날이 될 것 같아 두려울 뿐입니다. 하지만 절망의 끝자락이기도 한 2017년의 끝머리에서 여전히 '기다릴 것'을 지닌 우리인 것에 감사하며 용기를 얻습니다. 기다림이 절실했기에 그 '때'가 이르렀다는 것이 대림절 묵상의 요체입니다.

1.

지난 주말로 젊은 연극인들의 창작집단인 Creative VaQi 공연이 막을 내렸습니다. 파주로부터 시작하여 강원도 고성까지 DMZ를 따라 20여 일 걸으면서 경험한 것을 연극으로 풀어낸 것입니다. 대지에 뿌려진 피 탓에 밥맛이 좋다는 철원 쌀 이야기부터 하루에 6천 명씩 죽으며 뺏고 빼앗는 전투를 벌인 인제 인근의 금성전투, 양공주가 있던 시절이 풍요로웠다고 말하는 파주의 늙은 마을 이장님 그리고 군 생활 중 어둠침침한 참호 속에서 경험한 뭇 폭력에 대한 배우들의 기억, 이름 없이 묻힌 수많은 북한군 묘소들, 어느 날 갑자기 일상으로부터 뿌리 뽑혀 몸에 맞지 않은 군복을 입고 하루를 버텨내는 DMZ 군인들 모습 등이 연극의 소재였습니다. 30대 중반의 연출가는 본 연극을 올린 이유를 이렇게 말했습니다. "촛불과 태극기가 충돌하는 현실에서 이 땅, 우리 민족의 의식 속에 뿌리내린 증오와 반감의 근원이 분단에 있다는 것을 알았습니다. 전후 세대인 우리에게 본래 낯선 것이었으나 어느새 6.25전쟁의 상흔들이 학습되어 우리 세대들까지 영향을 미치고 있습니다. 연령, 계층, 성별을 막론하고 민족 전체가 거대한 벽, DMZ의 사슬 속에 갇혀 사는 현실을 있는 그대로 생생하게 표현하고 싶었습니다."

2.

그렇습니다. 젊은 연출가의 말처럼 6.25의 아픈 경험은 지난 세월동안 서로에게 증오의 원천이었고 분단의식을 고착화시켰습니다. 지울 수 없는 상처였기에 한(恨)이 되어 이 땅 전체를 거대한 감옥으로 만들어 버렸습니다. 그리고는 자신들마저 의/무의식적으로 그 속에 감금시켰습니다. 시공간적으로뿐 아니라 심리적으로도 분단된 영토를 만들어 스스로를 분리, 왜곡시켜 온 것입니다. 지리적 공간을 나눴고 마음을 분리시켰으며 역사를 절단, 왜곡하여 미래마저 빼앗는 방식으로 현실을 온통 감옥으로 만들었습니다. 그러면서도 잘살고 있다고, 배부르다고, 구원받았다고 하면서 자의식을 더욱 무디게 했습니다. 종북/좌빨이란 정치 이데올로기는 이런 무딘

의식, 자기 감옥 속에서 생산된 비극적 언어입니다. 다수를 자랑하는 이 땅의 기독교인들, 이들이 쌓은 이념의 벽은 더욱 높고 튼튼했으니 교회는 실상 철옹성 같은 감옥이었습니다. 용서할 수 없는 북의 이념과 체제 그리고 사람들(공산당원), 이들의 만행을 6.25 전후를 통해 명백히 기억하는 탓에 분노와 원한을 지울 수 없었던 결과입니다. 그렇기에 이들은 신앙이 요구하는 '용서'를 처음부터 인정할 수 없었고 그럴수록 자기 분열을 겪고 있습니다. 북에서 내려온 신앙인들의 집단적 레드 콤플렉스가 현실을 피(적)/아(동지)로 구별하고 재편하는 심각한 질병이 된 것입니다. 촛불혁명으로도 해결할 수 없는 것이 바로 분단 이데올로기입니다. 신앙과 분단 이데올로기는 동전의 양면이라 하겠습니다. 동족상잔의 비극적 한(恨)을 오/남용하는 적폐 정치가들의 야욕과 난동도 이런 배경에서 발원합니다. 이처럼 끊임없이 학습되는 한(恨)의 기억들, 이것의 표출을 탓하고 욕하기 전에 이에 대한 위로와 치료가 필요할 것입니다. 이런 점에서 저는 2017년 대림절을 기리며 지나고 싶습니다. 우리 민족에게 임하는 하늘의 은총을 간구하며 오늘의 본문 말씀을 읽어보겠습니다.

3.

오늘 본문은 예루살렘에 사는 한 지혜로운 노인, 시므온의 이야기입니다. 그에게는 꿈이 하나 있었습니다. 자기 민족 이스라엘에게 하늘의 위로를 받는 날이 오기를 바란 것입니다. 너무도 고통 속에서 허우적거리며 살았던 민족이었습니다. 벌써 500년 이상을 이방 민족의 속민(屬民)이 되어 정치적 자유를 잃었습니다. 당시 로마 체제하에선 하수인을 자처한 유대 왕 헤롯의 광기와 그를 지지하는 종교지도자들의 횡포로 고통이 극에 달했습니다. 로마와 유대 성전에 이중으로 세금을 바쳐야 했기에 백성들의 삶이 바닥까지 피폐해졌습니다. 종교세를 바치지 못하는 민중들을 제사장들과 서기관들이 율법 밖의 사람(암하레츠), 곧 죄인으로 내치기도 했으니 말입니다. 그럴수록 이스라엘 백성들 마음속엔 이방 국가에 대한 미움, 유대 왕에 대한 저주 그리고 타락한 제사장들에 대한 적개심이 가득했습니다. 이 모두는 500년간 나라를 잃은 뿌리 뽑힌 삶에서 비롯했습니다. 그럴수록 이(異)민족에 대한 분노와 적개심으로 삶을 버텨왔습니다. 이런 민족에게 하늘의 위로가 임하기를 바라는 것은 당연한 일이겠습니다. 시므온은 바로 이런 소망을 품고 그 역시 죽지 못해 삶을 살고 있었습니다. 그런 그에게 아기 예수가 나타났습니다. 성전에서 우연히 만난 갓난아기 예수, 그가 이스라엘 민족을 위로할 자인 것을 그는 단박에 알아보았습니다. 그를 품에 안은 시므온은 '이제 죽어도 좋다'는 말을 합니다. 아기 예수를 통해 주님의 구원을 봤기 때문입니다. 그러나 그의 구원은 백성들이 원하는 것과 달랐습니다. 백성들처럼 이민족 원수를 저주하는 것이 아니라 그들에게도 구원의 빛이 비치기를 바랐기 때문입니다. 이스라엘을 괴롭힌 뭇 이방 족속 역시 치유와 회복의 대상인 것을 선언한 것입니다.

4.

　그렇습니다. 시므온이 보았던 구원자 예수, 그의 위로는 피/아, 이방 민족과 이스라엘을 구별을 넘어서는 사랑이자 용서였습니다. 이스라엘에게 필요한 위로, 곧 이스라엘의 구원은 시므온에게 있어 가해자인 이방 족속마저 아우를 때 가능한 일이었습니다. 그렇기에 많은 사람들, 예수 부모들 역시 시므온의 말을 낯설어했습니다. 어찌 예수가 이방 사람의 구원을 입에 올리고 그들에게도 위로자가 될 수 있는가를 질문했습니다. 가해자인 이방인들은 적대자일 뿐 결코 위로 받을 자가 아니었기 때문입니다. 이런 의혹과 질문에 대해 시므온이 다시 말을 잇습니다. 이 땅과 땅에 사는 이들의 신음소리를 듣고 위로하러 온 이, 예수는 '비방 받는 자의 표증'이 될 것이라고 말입니다. 이 말뜻이 무엇이겠습니까? 이스라엘 민족의 위로와 구원자가 오히려 비방 받을 것이란 말입니다. 이스라엘 백성들의 통념에 따르면 구원과 위로는 오로지 이스라엘의 몫이어야만 했습니다. 500년 포로 세월, 학습된 기억에 의할 때 고통에 대한 보상은 이스라엘만의 배타적인 것이어야 옳습니다. 그래야 죽은 조상들의 한(恨)이 풀릴 수 있다고 여겼습니다. 백성들 입장에선 충분히 이해할 만합니다. 그러나 시므온이 보았던 예수는 적까지 포함하는 구원자십니다. 당연히 백성들은 낯설게 생각했고 분노했습니다. 이런 생각은 지금 한국교회에 그대로 답습되고 있습니다. 당시 유대인의 생각은 종북(從北)은 결코 허용할 수 없으며 공산주의 치하의 북은 망해야 한다는 기독교인들의 통념과 맥락이 같습니다. 신앙보다 앞선 것이 이들 모두에게 자신들의 한(恨)의 경험입니다. 이런 정황 속에서 시므온은 위로자로 온 예수가 항차 '비방 받는 자의 표증'이라 예언했습니다. 피아를 아우르는 예수, 적까지 위로하는 예수가 유대인에 의해 그리고 오늘의 크리스천들에 의해서도 비난의 대상이 될 것이라 예고한 것입니다. 선한 자와 악한 자에게도 햇빛과 비를 내리는 하느님 마음을 닮은 예수는 실제로 이스라엘 사람들에게 비난받아 십자가에 달렸습니다. 오늘 한국교회도 6.25의 상흔, 집단적 기억을 벗지 못한 탓에 거듭 예수를 죽이고 있습니다. 그를 예배하나 실상은 비난하고 조롱하며 십자가에 매다는 것이 한국교회의 일반적 모습입니다. 자신들 한(恨)의 경험, 분단이념 탓입니다. 사랑해야 하나 미워하고 용서해야 하지만 증오하는 우리들 속의 이율배반, 바로 그것이 예수 죽음의 실상입니다. 촛불 시민이 원하는 것을 이 땅 교회가 부정하고 거부하고 있으니 예수가 비난받고 있습니다. 하지만 성서는 그런 예수가 우리들 마음을 찔러 아프게 할 것이란 말을 덧붙였습니다. 그렇듯 협소하게 예수를 생각하지 말라고 합니다. 한국교회에게 만연된 레드 콤플렉스, 그것으로 신앙을 덧입혀 살지 말 것을 충언합니다. 용서해야 함에도 미워하고 원수로 여기는 이율배반을 그치라고 말씀합니다. 이것이 치유되지 않는 한 예수는 지속적으로 우리들 마음을 아프게 할 것입니다. 이율배반된 모습, 그것은 결코 신앙의 길이 아닌 까닭입니다. 위로자 예수가 우리들 마음을 거듭 아프게 하실 것입니다. 하늘의 진실한 위로와 구원을 위해서 말입니다. 레드 콤플렉스에 빠져 교회를 감옥으로 만들고 있는 한국교회들의 마음을 후벼 파실 것입니다. '이념'으로 신앙을 대신해온 우리들 가슴을 도려내시길 바랍니다. 자기 경험을 갖고 신앙을 포장했던 과오를 뉘우치게 하실 것을 기도합니다.

5.

2017년 대림절 첫 주를 지나면서 우리 역시 위로자 예수를 기다립니다. 민족의 집단적 기억(恨)을 치유하는 사랑의 주를 만나기 원합니다. 민족의 미래를 발목 잡는 뿌리 깊은 악, 분단이념, 전쟁의 상흔을 치유하기 위함입니다. 과거의 증오 위에 미래를 세울 수 없습니다. 동족을 미워하면서 하느님을 사랑할 수는 없는 노릇입니다. 나를 용서해달라 하면서 그들의 용서에 눈감는 일은 없어야 하겠기에 말입니다. 신앙을 지키다 순교한 사람들 때문에 신앙의 이름으로 또다시 형제를 죽일 수 없습니다. 과거를 반복하기 위해 과거를 기억하는 것이 아니라 과거를 넘기 위해 그것을 잊지 않을 뿐입니다. 이 일을 위해 '비방 받는 표증'으로서 예수가 이 땅에 오셨습니다. 우리들 마음을 아프게 하시기 때문입니다. 한 맺힌 이스라엘 백성들처럼 예수를 대망해서는 아니 될 일입니다. 분단의 벽(감옥)에 갇혀 예수를 기대해서는 아니 될 것입니다. 2017년 대림절과 성탄절을 지나면서 한국교회에게 '비방 받는 예수'가 새로운 위로자로 태어나실 것을 기대합니다. 이 시대를 위로하실 예수는 역시 '비방 받는 자의 표증'으로 오실 것입니다. 이념의 감옥에 갇혀 사는 우리 기독교인들을 진정으로 구원하기 위해서 말입니다. 그런 대림절이 될 것을 기대하며 기도합니다.

헤롯의 성탄도 있었다!

마태복음 1:1-2:23

야곱은 마리아의 남편 요셉을 낳았으니 마리아에게서 그리스도라 칭하는 예수가 나시니라 그런즉 모든 대 수가 아브라함부터 다윗까지 열네 대요 다윗부터 바벨론으로 사로잡혀 갈 때까지 열네 대요 바벨론으로 사로잡혀 간 후부터 그리스도까지 열네 대더라(마태복음 1:16-18).

말의 어감도 좋지 않은 병신년이 저물고 있습니다. 이 해가 품었던 어둠과 적폐를 빨리 거두라고 거리에는 수백만 개의 촛불이 켜졌습니다. 촛불을 켜는 우리들 마음은 과거 목자들, 동방박사들의 심정과 다르지 않을 것입니다. 예나 지금이나 새 세상을 바라는 사람들에게만 성탄은 사건이 되고 축하할 일인 까닭입니다. 등 따습고 관념적 신앙에 젖은 사람들은 이 촛불을 지속적으로 폄하했습니다. 어느 목사는 거리의 촛불을 보며 분노의 영이 표출된 것이라 했고 한 원로 역사학자는 공산당을 보는 것 같다며 몸서리쳤습니다. 예수 당시에도 성탄을 방해했던 헤롯이란 인물이 있었듯이 2016년 지금도 하늘이 허락한 기회를 부정하는 어둠의 힘이 존재합니다. 2017년 정유년 새해에는 오히려 헤롯처럼 성탄, 곧 빛을 부정하는 세력들이 창궐할 것 같아 걱정입니다. 그럴수록 어둠이 빛을 이길 수 없다는 진리가 현실이 되도록 가장 큰 빛, 꺼지지 않는 빛의 탄생을 기리는 우리들 마음이 더욱 단단해지기를 바랍니다.

1.

성탄 주일을 맞아 우리는 예수의 족보로 시작된 마태복음서의 긴 본문을 읽었습니다. 마태는 이 족보를 통하여 예수가 자신의 민족, 유대인의 해방을 이루기 위한 존재인 것을 강조하고자 했습니다. 믿음의 조상이라는 아브라함부터 민족의 전성기를 이룬 다윗까지가 14대에 걸친 역사였듯이 다윗으로부터 BC 586년 바빌론 포로 시까지도 14대에 걸친 역사라 하였습니다. 믿음의 조상인 아브라함의 공덕으로 다윗왕조의 전성기를 이뤘으나 이후 14대를 지나면서 정치는 물론 종교적 자유마저 잃은 민족 최악의 상태인 바빌론 포로기를 살게 되었다는 것입니다. 하지만 '여고냐'로부터 시작되는 포로기의 조상들로부터 14대 후손이 바로 예수인 것을 마태는 힘껏 강조했습니다. 믿음의 후손인 유대민족의 해방을 위한 카이로스적인 때가 예수와 함께 시작된 것을 말할 목적에서였습니다. 예수의 탄생과 함께 다윗 시대의 명예를 회복할 수 있다고 믿었기 때문입니다. 따라서 마태복음서에서 예수는 믿음의 세상을 되찾기 위해 당대 로마제국의 식민지배로부터 민족을 해방시킬 구원자로 고백

되었습니다.

2.

이처럼 포로기 이후 자기의 족보 14대를 마감하는 예수는 다윗보다, 아니 그 이전의 어떤 조상들보다 더 큰 존재여야만 했습니다. 믿음의 민족인 유대족속이 거지반 600년간 여러 제국들의 종노릇한다는 것이 납득되지 않았던 탓에 이들은 예수가 과거의 수치를 떨쳐내고 다윗 이상의 현실을 가져다줄 것이라 확신하며 족보 이야기에 이어 예수 탄생의 새 신화를 쓰고 있습니다. 동정녀 탄생 이야기가 바로 그것입니다. 남자를 몰랐던 한 여인이 성령으로 잉태하여 낳은 아기가 바로 예수라고 하는 것은 로마라는 당대 제국에 맞설 위대한 존재임을 뜻하는 것이었습니다. 로마의 제국적 위상이 클수록 새로운 사명을 지닌 예수의 출생은 그만큼 특별나야만 했습니다. 예수의 이름이 임마누엘이란 것도 자신들 삶의 근거인 하느님이 언제든지 늘 자신들 곁에 있음을 의미했습니다. 특별나게 태어난 예수로 인해 하느님이 자기들 곁에 함께하게 되었으니 이제 새로운 역사를 시작할 수 있다고 마태는 자기 공동체 사람들에게 선포했던 것입니다. 오늘 우리들처럼 어둠이 아닌 빛의 세계에 한 걸음 걸어 들어갈 수 있다는 희망의 메시지가 바로 족보와 탄생의 이야기라 하겠습니다.

3.

그러나 이전 설교에서도 말했듯이 족보와 탄생 이야기에 부언 설명될 부분이 있습니다. 42대에 걸친 예수 족보 속에 5명의 여인들이 등장한다는 사실입니다. 가부장제하에서 여성이 거명되는 것도 이례적이나 이들 여성들 모두가 당대 기준으로 비(非)정상인들이었다는 것이 놀랍습니다. 자기 생존을 위해 시아버지를 속여 관계를 맺은 다말, 여리고성의 염탐꾼 기생 라합, 사람 취급받지 못했던 이방 여인 룻, 우리야의 아내로서 다윗의 첩이 된 이름 없는 여인이 바로 그들입니다. 예수 족보에 누(累)가 될법한 이 여인들을 마태가 기록한 것에는 목적이 있었습니다. 마리아 역시 이런 부류에 속하는 존재였음을 간접적으로 말하고 싶었던 것입니다. 성서는 마리아에 대해 구체적인 말을 쓰지 않았습니다. 성령으로 잉태했다고 말하고 있을 뿐입니다. 착하고 어진 요셉의 이야기를 덧붙이면서 말입니다. 이에 대한 여러 신학적 견해가 있는 것도 사실이나 이를 상세히 언급할 이유는 없을 것 같습니다.

4.

저는 여기서 성령의 잉태와 당시로선 기구한 운명을 지닌 여성들의 삶의 상관성을 생각해 보고 싶습니다. 모두가 과부, 기생, 이방인, 첩이었으나 자기 생존을 위해 실정법(율법)을 어기면서까지 지혜로웠던 여인들, 이들이 예수의 족보에 이름 올려진 것은 결코 예사로울 수 없습니다. 이들의 용기와 판단을 어찌 성령과 무관타고 말할 수 있겠습니까? 한없이 부끄러운 존재들을 살려냈고 기록으로 까지 남긴 하느님의 마음이 바로 성령이 아닐까 싶습니다. 초월적 이고 형이상학적이며 신비한 존재로서가 아니라 새로운 세상을 간 절히 바라고 원하는 이들의 '곁'이 되어 그들과 함께했던 존재—임 마누엘—가 바로 성령이기 때문입니다. 그렇기에 마태복음이 본래 족보와 성탄을 갖고서 유대민족의 해방을 전한 이야기였으나 오늘 우리들, 이 땅의 사람을 위해서도 뜻있는 복음이 될 수 있는 것입니 다. 특정 민족의 이야기가 아니라 힘없는 이들의 삶의 이야기이기 때문입니다. 오늘 우리가 마태복음을 빌어 우리들 이야기를 힘껏 하는 행위를 설교라 하겠습니다. 최근 제가 번역하여 출판을 기다 리고 있는 해방신학자 L. 보프의 책 *Come, Holy Spirit*에서도 성령이 최초로 여성(마리아)에게 임한 것에 주목하며 이것을 족보 속 여인 들과의 연속선상에서 성찰하고 있는 것을 보면 제 생각이 잘못되지 않았습니다.

5.

그런데 우리들 역사 속에는 이런 성령의 활동을 방해하고 역행 하는 이들이 존재합니다. 새 세상을 꿈꾸며 기다리는 사람들이 수 없이 많은데 이런 사건을 무효화시키려는 집단들이 있었고 그런 행 위를 반복해 온 것입니다. 저는 이를 오늘 제목이 말하듯 '헤롯의 성 탄'이라 일컫고 싶습니다. 거리의 촛불을 꺼지기만을 바라는 사람들이 있다면 바로 그들이 헤롯의 성탄을 추종하는 자들이겠지요. 이들이 분노의 영 운운하며 교회 안에 머물고 있다 할지라도 제 생각엔 믿음의 계보에 속할 수 없을 듯싶습니다. 성탄의 사건이 있은 후 헤롯의 행태를 보십시오. 그는 유대인의 왕이란 자였습니다. 로마의 지배하에서 분봉왕이란 직책에 만족하며 백성을 속였고 착취했으며 화려한 자태를 뽐내며 지냈던 존재였습니다. 민족의 해방이 시대적 과제였고 믿음의 계보를 되찾는 길이었건만 헤롯은 오히려 로마제국을 후견인 삼았습니다. 그렇기에 그는 자기 권력을 지키려 태어난 아이들 수만 명을 학살했습니다. 성서는 자식들을 잃고 우는 소리가 땅을 뒤덮었다 증언합니다. 304명의 아이들을 수장시켰고 그 진실을 묻고자 한 것도 결국 권력 때문일 것입니다. 새 세상을 가져올 한 아기의 성탄은 이렇듯 거센 저항과 마주해야만 했습니다. 헤롯에게 성탄은 긍휼하신 하느님 마음의 표현이 아니라 어느 목사가 말했듯 분노의 영이 작동하는 사건이었던 모양입니다. 그렇기에 당시의 제사장들이 헤롯에게 빌붙었듯이 지금 대형교회 목사들 역시 이 땅의 헤롯을 위해 구국기도를 준비하고 있다니 참으로 기막힙니다.

6.

2016년과 2017년, 병신년과 정유년이 교차되는 시점에서 우리가 맞는 성탄은 마태가 증언하듯 자유를 박탈당한 그래서 없는 이들이 이중고(二重苦)를 당하는 현실로부터 해방되는 아주 절박하고도 절묘한 시점입니다. 이 시기를 어떻게 넘어서는가에 따라 우리들 운명이 달라질 것입니다. 빛이 어둠을 이길지, 어둠이 빛을 삼킬지가 성탄을 지나는 우리에게 달려있습니다. 푸른 집에 거하는 우리 시대의 헤롯과 그를 돕는 법조인들 그리고 그를 여전히 최고 지도자라 칭하며 연민하는 뭇 교회 목사들의 저항과 반발이 참으로 거셀 것입니다. 동시대에 태어난 수만 명 사내아이들이 희생되었듯이 어쩌면 더 큰 소용돌이가 촛불의 후폭풍으로 다가올지도 모르겠습니다. 정치계는 물론 기독교 안에서도 얼마나 갈등이 증폭될지 예상할 수 있습니다. 이 민족의 해방자로, 약자들의 위로자로 오신 임마누엘의 하느님을 얼마나 욕되게 할지 걱정이 큽니다. 그럴수록 수백만의 촛불과 함께 찾아온 성탄, 큰 빛의 절기를 보내면서 우리는 새로운 나라를 만들겠다는 그리고 기독교를 믿음의 체계가 아니라 삶의 양식으로 여기겠다는 다짐이 필요합니다. 그래야 우리는 헤롯의 성탄을 대적할 수 있습니다. 예상되는 그의 횡포에 맞서 새로운 세상을 시작할 수 있습니다. 이승만, 박정희, 전두환, 이명박, 박근혜로 이어진 시대를 마감하고 김구가 꿈꿨던 문화의 나라, 진정한 광복(光復), 빛의 회복을 이룰 수 있겠습니다.

7.

지금 우리 모두에게 필요한 것은 동방박사의 지혜입니다. 태어난 아기께 경배한 박사들이 헤롯왕께로 돌아가지 않고 다른 길로 갔다는 사실입니다. 지금 우리에겐 다른 길이 필요합니다. 익숙한 길, 강요된 길, 이익 되는 길이 아니라 새로운 세상을 만드는 길로 가야 하는 것이지요. 거리의 촛불은 그 길을 요구하고 있습니다. 가 보지 않았던 그 길을 만들어 내는 것이 종교개혁 500주년의 해인 2017년 기독교의 과제입니다. 미국 월스트리트 저널은 오늘의 촛불이 부패한 지도자를 만들 수 있는 정경유착의 고리를 끊지 않으면 그 숱한 시위 중 하나로 머물 수 있다고 충언했습니다. 한국 거주 외국인도 우리나라를 이렇게 말했더군요. "법하는 이들은 정의를 파괴하고 대학은 앎(지식)을, 정부는 자유를, 언론은 정보를, 종교는 도덕을 그리고 은행들은 경제를 파괴하고 있다"라고 말입니다. 그렇기에 우리에겐 다른 길을 찾아가야 할 지혜가 요구됩니다. 그 지혜를 얻는 날이 2017년을 앞둔 성탄절입니다. 오늘 성탄일을 종교적 축제로서만이 아니라 다른 길을 가겠다는 다짐으로 'A Child is newly born'을 맘껏 노래하십시다.

역지사지의 신비
: Homo Empathicus의 길

예레미야 33:14-18, 고린도전서 9:19-23

여호와의 말씀이니라 보라 내가 이스라엘 집과 유다 집에 대하여 일러 준 선한 말을 성취할 날이 이르리라 그 날 그 때에 내가 다윗 에게서 한 공의로운 가지가 나게 하리니 그가 이 땅에 정의와 공의를 실행할 것이라 그 날에 유다 가 구원을 받겠고 예루살렘 이 안전히 살 것이며 이 성은 여호와는 우리의 의라는 이름을 얻으리라 여호와께서 이와 같이 말씀하시니라 이스라엘 집의 왕위에 앉을 사람이 다윗 에게 영원히 끊어지지 아니할 것이며 내 앞에서 번제를 드리며 소제를 사르며 다른 제사를 항상 드릴 레위 사람 제사장들도 끊어지지 아니하리라 하시니라(예레미야 33:14-18).

어느덧 한해의 끝자락인 12월에 접어들었습니다. 이 시기에 성탄절을 기릴 수 있다는 것은 저희 기독교인들에게는 기쁨이요. 축복입니다. 한 해의 끝에서 새 아기의 출생(A child is newly born)을 기뻐하며 새로운 시작을 꿈꿀 수 있기 때문이겠지요. 그렇기에 12월은 기독교 신앙을 지닌 우리에게는 끝이 아니라 새로운 출발의 시기이겠습니다. 이 경우 새 출발은 한 개인만이 아니라 세상, 우리 시대를 전혀 달리 희망하는 일일 것입니다. 과거 이스라엘 민족이 새 세상을 바랐듯이 3.1 선언 100년을 앞둔 이 땅 한반도에게도 평화의 새 기운이 절실하기에 말입니다.

1.

2018년 대림절을 맞아 저는 예레미야서를 택했습니다. 흔히 대림절과 성탄의 본문으로 이사야서가 구약 중에서 단골로 언급됨에도 말입니다. 이사야가 그랬듯이 예레미야도 메시아 탄생의 약속을 인류에게 남겼습니다. 하지만 그의 약속은 유대 땅의 멸망을 예견하며 슬픔을 가슴에 품은 채로 선포되었지요. 그래서 그는 눈물의 예언자로서 알려져 있습니다. 그렇기에 조국에 절망하면서 선포한 그의 메시아 탄생 약속이 가슴에 크게 남습니다. 우리가 읽지 못한 앞선 본문에 따르면 북왕국 이스라엘은 이미 멸망했지요. 이들이 망한 것을 보고도 남 왕국 유다는 하늘 향해 마음을 열지 않고 주변 강대국들의 하수인 역할을 자초하며 거짓 평화에 안주하고 있었습니다. 유대 땅 전체가 거짓투성이로 변한 것을 예레미야는 아프게 지적했고 돌이키지 않는 백성들, 정치가들에게 절망했기에 남왕국 유다 역시 멸망할 것을 선포했고 그는 백성들로부터 '죽일 놈' 소리를 들어야 했습니다. 예레미야의 메시아 탄생 약속이 이런 배경에서 선포된 것을 주목할 일입니다.

2.

하늘을 잊은 사람들에게 오늘의 안주는 내일의 평화보다 소중
했습니다. 그들은 거짓 선지자들의 위로에 환호했고 민족의 미래를
고민치 않았습니다. 북이스라엘의 멸망은 그들과 무관한 일이었습
니다. 주변 강대국들의 품에 안겨 그들 눈치 살피는 외교적 처세에
능할 경우 자신들의 운명이 북이스라엘과 다를 것이라 여긴 것이겠
지요. 그럴수록 예레미야는 가짜뉴스를 만들어 회자시키는 성전,
그의 몰락을 예고했으며 백성들에게 거짓 위로를 주는 성직자들과
맞서 싸워야만 했습니다. 이 일이 너무 힘겨웠기에 예레미야는 홀
로 있을 때마다 이젠 그만하게 해달라며 하늘에 기도한 적도 많았
습니다. 하지만 예언자란 자신의 소리가 아니라 하늘의 소리를 내
는 자였기에 그는 자기 운명을 받아들여야 했습니다. 예레미야 같
은 이가 역사상 존재했다는 것이 하느님을 믿을 수 있는 이유이겠
습니다. 바람의 존재는 나뭇가지 흔들리는 것을 통해서만 알 수 있
는 탓입니다. 예레미야의 메시아 탄생 예고(약속)는 이런 정황에서
생겨났습니다. '지금'(현재)이 좋은 사람들은 예나 지금이나 미래가
필요치 않습니다. '지금'이 '내세'까지 이어지길 바라며 '처치
맨'(church man)으로 살면 그뿐입니다. 이것이 당시 사람들 속에 내
재된 뿌리 깊은 악이었습니다. 그렇기에 예언자는 사람들의 '지금'
을 흔들었습니다. 종교와 정치가 짝을 이뤄 거짓 삶을 지속시키는
것을 용납지 않은 것입니다. 그들의 '지금'을 황폐한 것으로 보았고
이를 인정할 때 하늘이 새로운 미래를 선물한다고 선포한 것입니

다. 이것이 예레미야의 약속이자 성탄의 예고였습니다. 오늘 본문에 따르면 거짓된 '지금'을 사는 우리들 죄책 고백과 평화의 왕의 도래는 동전 양면과 같습니다. 메시아가 익은 감 떨어지듯 도래하는 것이 아니란 말씀이지요. 그렇기에 예레미야는 하늘을 향한 예배, 성전 제사보다도 인간의 '돌이킴'을 눈물로 호소했던 것입니다.

3.

이렇듯 예레미야의 '약속' 선포는 2019년을 맞는 이 땅의 현실을 그대로 비추는 거울처럼 느껴집니다. 평화기운이 넘쳐나는 오늘의 현실이지만 이 땅은 100년 전 서세동점의 시기를 빼닮은 까닭입니다. 지금껏 우리는 원심력에 휘둘려 제대로, 홀로 서는 국가가 못되었습니다. 북을 먹잇감 삼고자 미국과 중국 간 치열하게 싸움이 벌어지고 있는 중입니다. 이런 현실에서 북이 핵으로 망하든 경제로 망하든 알 바 아니라 여기며 이곳 남쪽에서 자신들의 '지금'만을 즐기는 이들이 적지 않습니다. 모두가 자신들의 안주, 평안만을 관심하는 부유계층들입니다. 평당 37만 원 땅이 370만 원되기를 기도하며 교회 생활을 하는 이들입니다. 이런 사람들을 일컬어 우리는 졸부(拙夫)라 일컫습니다. 대형 교회 성직자들이 이들을 축복했고 하늘이 이런 나라를 지킬 것이라 허튼 메시지를 전하고 있습니다. 먹을 것, 잘 곳 없어 사람들의 목숨이 헛되이 스러지는 곳곳의 현실에 조금도 마음 쓰지 않으면서 말입니다. 결국 이들로 인해 남남갈등이 한없이 깊어지고 있습니다. 이 땅에 만연된 어떤 갈등보다 계층

갈등이 단연코 우세합니다. 자본의 이익확대를 위해 비정규직을 양산했고 가정에 있어야 할 어머니들을 일터로 내몰기까지 했습니다. 하지만 가난의 대물림이 그쳐지질 않습니다. 이들 졸부들을 배경 삼아 분단체제에 편승해온 정치인들도 허다합니다. 가진 자들 편에 서서 그들을 대변했기에 이들은 하늘이 준 평화의 기운조차 무익하게 만들고 있습니다. 의외의 인물 트럼프의 등장으로 분단체제가 허물어 질 듯하니 이젠 경제를 앞세워 민심을 양분시키고 있습니다. 평화체제 이행의 길이 아직도 험난한데 뉴스는 온통 정적(政敵) 죽이는 기사로 도배 되었습니다. 진실을 밝혀야 할 언론 역시 6천억을 60조로 둔갑시킨 분식(扮飾)회계 사건을 덮고자 혈안입니다. 이처럼 영혼을 빼앗긴 졸부들의 문화, 자신들 정치생명을 우선하는 소탐대실의 정치인들, 자신들 밥벌이를 위해 진실을 덮은 뭇 언론들, 이들 탓에 이 땅은 예레미야 당시처럼 황폐해졌습니다. 이토록 땅이 폐허되고 있음에도 걱정하는 사람이 적으니 참으로 걱정입니다. 이런 걱정조차 색깔을 덧입혀 불온시하니 3.1 선언 100년 되는 시점을 맞기가 두렵습니다.

4.

우리는 이런 정황에서 2018년 성탄을 맞고 3.1 독립선언 100주년의 해를 기다립니다. 누구도 예기치 못한 공감의 사회, 홀로 슬프거나 외롭지 않은 나라, 우는 자와 함께 울라 가르치며 그렇게 하는 교회를 간절히 소망합니다. 황폐한 땅이지만 다윗의 그루터기에서 새싹이 나서 새로운 미래가 탄생되듯 함께 예배하는 우리들 마음 역시 새 아기를 탄생시키는 그루터기가 되었으면 좋겠습니다. 오늘 성서는 말라비틀어진 나무 밑동에서 새싹이 돋듯이 황폐한 인간 세상에서 한 아기가 탄생하여 다른 세상을 만들 것이라 예언했습니다. 오늘 저는 이 예언을 교리적 차원을 넘어 이런 약속을 선포할 만큼 강퍅했던 시대 정황을 헤아리며 약속이 지닌 오늘의 의미를 생각해 보고 싶습니다. 무엇보다 2019년을 눈앞에 둔 시점에서 제게 성탄은 역지사지의 신비를 가르치고 있습니다. 약속이 성취되려면 단단해진 인간 마음이 풀어져야 한다고 예레미야는 가르쳤습니다. 자기만 생각하고 자기의 '지금'만 중시하는 돌덩이 같은 마음을 풀어내라 했습니다. 이를 위해 하느님은 종전과 전혀 다른 방식으로 이들을 이끌어야 했습니다. 그렇기에 하느님은 급기야 종전의 방식과 달리 인간의 몸을 입고 스스로 세상 속에 오겠다고 약속한 것입니다. 스스로 사람 몸 되어 사람처럼 살면서 사람을 사랑하고 그들을 이해하겠다는 것이지요. 인간 되어 인간의 방식으로 그들의 굳은 마음을 온전히 풀어내고자 한 것입니다. 인간의 믿음을 요구하지 않고 하느님 스스로가 사람 되는 방식으로 사랑의 길을 보였습니다. 사람에게 사랑을 가르칠 목적에서입니다. 우리말의 '사람'과 '사랑'의 관계도 이를 적시합니다. 사람은 사랑으로 완성된다는 것이 'ㅁ'이 'ㅇ'으로 변하는 이치입니다. 신(神)이 인간 되어 우리들 굳은 마음을 녹였다면 우리 역시 저마다 다른 삶을 선택하고 지향할 필요가 있습니다. 이 땅에 사나 난민 된 예맨 사람처럼, 남에 사나 북의 입장이 되어, 건강하나 그것을 잃은 사람의 상태로, 젊었으나 노인의 처지에서, 남자이나 여성의 시각에서, 목사이지만 신도의 자리에서 역지사지해보는 것입니다. 이런 과정에서만 서로 간의 통할 이치를 얻을 수 있습니다. 비록 피리를 불어도 춤추지 않고 슬픔을 슬픔으로 느끼지 못하는 황폐함이 우리들 일상이고 우리 마음이 사막처럼 죽은 땅이 되어 버렸지만, 성탄은 우리에게 역지사지의 마음을 회복시켜줍니다. 인간 몸을 입은 하느님이야말로 정신적 황폐함을 구원할 주체인 것입니다. 그것이 바로 한 아기가 역사 속에서 새롭게 태어났다(A Child is newly born)는 의미이겠습니다. 그래서 'Homo Empathicus', 즉 '공감하는 인간'이란 말이 회자됩니다. 인간을 정의하는 뭇 개념이 있겠으나 이 시대를 위해 필요한 인간상을 바로 이 말에서 찾고자 하는 것이지요. 우리가 성탄을 기다리는 것은 이런 사람이 되겠다고 다짐하는 일과 다름이 없습니다. 이것이 바로 예레미야가 깨끗한 마음을 회복하라고 외쳤던 이유이겠습니다.

5.

사도바울은 다메섹 체험 이후 이런 공감의 사람이 되었습니다. 혹자는 다메섹 사건을 바울의 부활 체험이라 하나 제겐 그에게 '새 아기가 탄생'한 사건처럼 보이기도 합니다. 그의 마음 밭, 그루터기처럼 말라비틀어진 그곳에서 새싹이 돋아난 것이겠습니다. 그래서 그의 부활 체험과 성탄 사건은 다를 수 없다고 생각됩니다. 본래 바울은 자신의 '지금'에 안주한 기득권자였습니다. 당대의 특권을 모두 지닌 자였던 것이지요. 헬라의 지혜를 소유했고, 로마 시민권 소유자였으며 유대 율법을 가르치는 자였으니 그야말로 세상 부러울 것 없는 사람이었습니다. 자신의 잣대를 갖고 세상을 쥐락펴락했던 바울, 그의 눈에 예수 믿는 무지렁이들이 들어올 리 만무했습니다. 자기 동족인 유대인들이 예수를 믿는 것에 몹시 자존심 상해하던 그였습니다. 그런 그에게 다메섹 체험이 생겼습니다. 이것을 철학자들은 '사건'이라 하고 우리는 '계시'라 합니다. 불교인들은 각(覺), 깨달음이라 할지 모르겠습니다. 누구는 이를 부활 체험이라 하나 저는 이것을 '새 아기의 탄생'이라 부르고 싶습니다. 무엇이 되었든 그의 삶에 이전/이후가 명백히 나뉘어졌습니다. 그는 자기 특권 일체를 버렸습니다. 하느님 의(義)가 나타나서 이를 모두 무용지물로 만들었다고 고백하였지요. 지금껏 자신이 지녔던 것은 세상 고통과 자신을 단절시킨 감옥과 같은 것이었습니다. 자신의 기득권이 자신을 세상으로부터 고립시킨 도구였음을 여실히 자각한 것입니다. 그래서 그는 '누구에게 누구처럼' 되는 삶을 택했습니다. 가난한 자에게는 가난한 자 되고, 종에게는 종 되며, 배운 자에게는 배운 자로서, 유대인에게는 유대인 방식으로, 부자에게는 당당한 부자의 마음으로 마주할 것을 선포했습니다. 이런 삶을 일컬어 그는 '그리스도 안의 존재'(en Christo)라 말했습니다. 이것이 성서가 말한 그리스도의 자유이겠습니다. 이로써 바울은 제국 로마에 거주하나 그와는 다른 삶을 살고자 했습니다. 하느님 의(義)라는 체제 밖 사유를 갖고 제국 로마를 넘어서고자 한 것이지요. 바울이 교회를 세운 것도 이런 삶을 유지, 존속시키기 위함입니다. 오늘 우리 교회도 이런 선상에서 이해되면 좋겠습니다. 최근 조현 기자의 『우리는 다르게 살기로 했다』라는 책이 널리 읽히고 있는 모양입니다. 세상 안에서 세상 밖을 사는 공동체들의 이야기가 많이 소개되어 있습니다. '홀로는 외롭고 같이는 불편하나' 그래도 더불어 사는 삶을 택한 사람들의 이야기입니다. 이런 삶이야말로 공감력 없이는 유지되기 어렵겠지요.

6.

『축(軸)의 시대』란 책에서 저자 암스트롱은 BC 900~200년 사이에 동시다발적으로 생겨난 종교들의 공통점으로 '고통의 공감'을 들었습니다. 저자는 예레미야 선지자를 공감의 사람이라 보았고 그의 연장선상에서 예수를 이해했습니다. 그렇기에 기독교인으로 사는 우리가 대림의 절기에 예레미야서를 읽고 예수를 생각하며 바울까지 언급하는 것은 조금도 무리가 없습니다. 21세기를 한참 지나, 진화를 말하고 4차원 시대를 언급하나 인류의 정신상태는 아직 3천년 전의 축(軸)의 종교들의 통찰을 넘어서지 못하고 있습니다. 만약 이 시대 종교들 간의 선의의 경쟁이 있다면 누가 더 고통과 공감하는 영성을 소유하고 펼친 것인가 여부에 달려 있습니다. 기독교에게서 이를 기대하는 사람이 그리 많지 않습니다. 기독교가 우리 시대의 적폐가 된 탓입니다. 100년 전 민족대표로서 독립선언서를 쓰고 읽었던 선열들 영전에 부끄럽지 않게 서기 위해서라도 돌짝밭 같은 우리 마음속에서 '새 아기'를 탄생시켜야 할 것입니다. 오늘 우리가 예레미야서를 읽고 바울 이야기를 나눈 것도 이를 위함이겠습니다. 우리 모두 자신 속에서 'A child is newly born'을 기대하십시다.

예수의 새 계명,
그것은 최후 유언(遺言)이었다

요한복음 13:31-35

그가 나간 후에 예수께서 이르시되 지금 인자가 영광을 받았고 하나님도 인자
로 말미암아 영광을 받으셨도다 만일 하나님이 그로 말미암아 영광을 받으셨
으면 하나님도 자기로 말미암아 그에게 영광을 주시리니 곧 주시리라 작은 자
들아 내가 아직 잠시 너희와 함께 있겠노라 너희가 나를 찾을 것이나 일찍이
내가 유대인들에게 너희는 내가 가는 곳에 올 수 없다고 말한 것과 같이 지금
너희에게도 이르노라 새 계명을 너희에게 주노니 서로 사랑하라 내가 너희를
사랑한 것 같이 너희도 서로 사랑하라 너희가 서로 사랑하면 이로써 모든 사람
이 너희가 내 제자인 줄 알리라 (요한복음 13:31-35).

지금으로부터 100년 전인 1919년이 기미년(己未年)이었다면 지
금은 기해년(己亥年)으로서의 새해를 맞았습니다. 양의 해가 황금돼
지의 해로 바뀌어 찾아온 것입니다. 기독교인들에게 양은 희생의
상징입니다. 돼지는 예부터 복을 가져온다 하여 조상들은 그 꿈조
차 소중하게 여겨왔습니다. 기미년의 큰 희생, 이념 및 종교 차(差)

를 막론한 선열들의 희생 덕분에 우리는 빼앗긴 조국에 임시정부라도 세울 수 있었고 독립(스스로 섬)을 꿈꿀 수 있었습니다. 백 년이 지난 지금, 이 땅에서는 돼지가 상징하는 복된 꿈이 이뤄져야겠습니다. 아마도 그것은 남북이 다시 연합하는 새로운 세상이 아니겠는지요. 종교 차를 넘고, 이념 차를 극복하며 독립을 위해 함께 만세를 불렀고 자주민인 것을 죽음 무릅쓰고 선언했던 조상들이 있었다는 것이 자랑스럽습니다. 이를 자랑으로 여긴다면 오늘을 사는 우리 역시 '독립'의 소중함을 가슴에 품어야 옳습니다. 아시는 대로 예수는 자기 동족 유대인에게 진리가 너희를 자유케 할 것이라 말한 적이 있습니다. 그러자 유대인들은 우리가 언제 종 된 적이 있었던가를 반문하며 예수께 분노하였지요. 이 시점에서 독립을 말하면 우리 중에도 분노하는 이들이 적지 않습니다. 해방되어 주권국가로서 잘살고 있는데 무슨 독립을 다시 말하는가를 반문합니다. 하지만 하나였던 나라가 둘로 나뉘었고 이념을 달리하여 서로 적대한 역사가 70년을 훌쩍 넘어섰습니다. 처음 상태로의 회복은 어렵겠으나 그렇게 되기를 열망하는 것이 3.1 선언을 역사로 지닌 우리가 품을 꿈입니다. 불행하게도 우리 사회는 이 사안을 놓고 심각하게 불화하고 있습니다. 기해년 돼지해의 복을 우리 것이 되게 하려면 남남 갈등으로 불리는 우리들 간의 대립을 종식시켜야 옳습니다. 이것이 3.1 선언 백 년을 맞는 우리들의 과제라 하겠습니다.

1.

이런 맥락에서 저는 요한복음 13장의 말씀을 택해 읽었습니다. 개인적으로 기해년에 만난 첫 말씀이기도 했습니다. 저는 이 말씀을 예수의 마지막 유언이라 생각하며 다시 마음에 새겼습니다. 더욱이 3년을 따랐던 제자, 제일 신임하여 돈 자루를 맡겼던 가룟유다에게 배신당할 것을 알면서도 쓰라린 가슴 부여잡고 하신 말씀이었기에 새해 첫머리에 나누고 싶었습니다. "이제 너희에게 새 계명을 준다. 서로 사랑하여라. 내가 너희를 사랑한 것 같이 너희도 서로 사랑하여라. 너희가 서로 사랑하면, 모든 사람이 그로써 너희가 내 제자인 줄을 알게 되리라." 너무도 익숙한 말씀입니다만, 이것이 예수의 마지막 유언이라 생각하면 결코 쉽게 생각되지 않습니다. 죽음의 길을 작정한 예수는 제자들이 자신과 같은 삶을 선택할 수 없음을 알았습니다. 하여 자기 있는 곳에 올 수 없다고 말한 것입니다. 우리와 낯선 곳, 죽음을 선택하면서 예수는 남겨진 제자들이 어떻게 살아야 할지를 말씀하셨습니다. 그것이 바로 '서로 사랑하라'는 새 계명입니다. 그런데 과연 우리는 이 말씀을 지키고 사는 것일까요. 이 말씀이 본디 어떤 의미인지를 깊게 생각해 본 적이 있었던가요. 자기 것 일부를 갖고 자선하는 행위로 만족하며 사는 것이 이 말씀에 부합되는 것인지도 살필 일이겠습니다. 경제가 어렵다는 이유로 밖을 향한 마음을 거둔다면 우리가 행했던 자선은 결코 사랑일 수 없겠습니다. 부모의 유지(有志)를 받들며 사는 사람을 일컬어 효자라 하듯이 예수의 유언을 지켜 살아내는 사람만이 제자가 될 수 있습니다. 예수는 우리에게 신자가 아니라 제자 될 것을 바랐던 것임을 명심할 일입니다. '길을 가다 길이 되라' 했지 그 길을 단지 '믿으라' 말씀하지 않았던 것입니다. 하지만 이 말씀이 너무도 가볍게 다뤄지고 있는 듯싶습니다. 그렇기에 예수가 우리 현실에서 한없이 초라해졌습니다.

2.

여수에서 목회하는 학식과 영성을 겸비한 제자가 최근 『공동체로 사는 이유』란 작은 책을 번역해서 보내주었습니다. '브루더호프' 공동체를 창시한 에버하르트 아놀드가 저술한 책입니다. 1920년대에 시작된 본 공동체는 전 세계 20여 곳에서 뿌리를 깊게 내리고 있습니다. 창시자 아놀드는 신학 영역에서 최고 학력을 소유했으나 교회의 본질을 고민하면서 아카데미의 길을 떠나 공동생활의 길로 들어섰습니다. 오늘 본문과 관련된 그의 생각을 정리하면 다음과 같습니다. "예수가 말한 사랑이란 공동체의 삶을 이루라는 말씀이다. 하느님은 공동체를 원하신다. 하지만 공동체로 사는 것은 대단히 어려운 길이다. 성령이 함께하시지 않을 경우, 사람 힘만으로 공동생활을 이룰 수 없다. 공동체가 존재하는 것으로 우리는 성령의 역사를 경험할 수 있다." 예수의 유언이 된 '서로 사랑하라'는 말씀을 자/타 분리된 상태에서의 자선이나 연민이 아니라 함께 더불어 살라는 명령으로 이해한 것입니다. 그는 초대교회가 오늘과 같은 이런 모습이 아니라 자신의 것 일체를 나누는 원시 공산제의 특성을 지녔다는 것에 주목했습니다. 저마다 자기 권리와 처지, 능력을 앞세우면 공동체는 성립되기 어렵습니다. 그렇기에 공동체는 인간 본성만으로는 이룰 수도, 설명될 수 없는 일이었습니다. 이런 이유로 이념으로서 공산주의는 현실 역사 속에 존재할 수 없겠지요. 초기 교회는 이런 공동체를 갖고서 당시 사회와 맞섰습니다. 이들 공동체가 바로 당대 사회, 정치 문제에 대한 해답이었던 것입니다. 세상을 부끄럽게 했고 불편하게 만들기도 했습니다. 공동생활, 바로 이것이 서로 사랑하라는 말씀의 내용이었습니다. 이들에게 믿음은 공동체를 형성할 수 있는 힘이자 능력이었지요. 주지하듯 기독교 역사 속에는 이런 공동체들이 무수히 존재했습니다. 수도원들이 생겨났고 아싯시의 탁발공동체, 모라비안 형제단 그리고 최근 우리들에게까지 영향을 미친 퀘이커공동체 등이 그것들입니다. 그렇기에 이 땅의 교회들이 '초대교회로 돌아가자' 하면서 이런 공동체를 열망하지 않는 것은 하느님께 거짓을 행하는 일이자 예수정신(유언)에 대한 배반일 것입니다.

3.

최근 'SKY 캐슬'이란 드라마가 주말에 방영되고 있습니다. 자식들을 최상급 대학에 입학시켜 최고 의사로 만들기 위한 이 나라 1%에 해당되는 부유층의 삶에 대한 이야기입니다. 잠시 스쳐 지나가는 한 영상에서 상징적인 장면을 보았습니다. 최고, 1등만을 고집하는 법학교수인 아버지, 그가 애지중지했던 피라미드를 자식들이 던져 산산조각 깨버리는 영상입니다. 그러면서 한 자식이 말합니다. "오를수록 좁아지는 피라미드는 현실이 아니고, 지구는 둥글다"라고 말입니다. 사람들은 세상을 피라미드 구조로 만들며 꼭대기에 이르고자 안달합니다. 정도 차가 있겠으나 그 구조 속에서 정상에 오르는 것을 성공이라 생각하면서 말이지요. 이 구조 속에 몸담고 사는 한 우리는 '서로 사랑하라'는 예수의 유언을 지킬 수 없습니다. 어쩔 수 없는 일 아니냐고 항변하고 타협해도 이는 분명한 사실입니다. 이런 구조를 깨트리는 것이 바로 공동생활이고 공동체의 삶입니다. 이 땅에 교회가 존재하는 것도 이런 구조와 다른 세상이 있다는 것을 알리기 위함입니다. 하지만 오늘의 교회는 꼭대기, 정점에 서고자 하는 이들을 축복하는 교회가 되었으니 그 죄가 너무도 중하고 깊습니다. 강남 대형 교회들이 거짓 뉴스를 생산하고 남남 갈등을 부추기는 것도 이런 지향성을 지녔던 까닭입니다. 우리는 교회를 한 '몸'의 비유로서 이해합니다. 약하고 강한 것들이 한 몸속에 공존합니다. 그것들이 모두 협력하여 선을 이루는 곳이 바로 교회입니다. 오히려 아프고 상처난 곳이 몸의 중심이 될 때가 많습니다. 교회는 다양할수록 좋습니다. 약한 사람들이 있어야 교회가 더욱 생명력을 갖습니다. 힘 있고 가진 것 많고 배움이 큰 사람들만 모여 있다면 그것은 종교 서클, 동류집단이지 공동체라 말하기 어렵습니다.

4.

함석헌 선생만큼 살아생전 공동체를 만들고자 애쓴 분이 없습니다(씨올의 소리, 2019년 1.2월호 신년호, 특집 '씨올 공동체'). 그는 '같이 살기 운동'을 펼치며 4~5번씩이나 공동체를 일구고자 심혈을 기울였습니다. 천안, 속초 그리고 부천 등지에서 말입니다. 지금도 그 흔적들은 남아있고 그 정신을 따르려는 이들이 여전합니다. 당시 기성교회는 함석헌과 그를 따르는 사람들을 교회로부터 추방했으나 이들이야말로 예수의 제자들일 것입니다. 확언컨대 '같이 살기 운동'이란 자기가 먼저 죽을 때 가능합니다. 자기 살기를 끝까지 고집할 때 '다 같이'란 말은 성립될 수 없습니다. 하지만 자기가 죽을 때 자신도 새롭게 살아납니다. '다 같이'에 자신도 포함되기에 말입니다. 이것이 공동체의 신비이자 역설이고 부활신앙이겠습니다. 정부의 힘만으로 이 나라가 새롭게 될 수 없습니다. 온통 '제 살기'에 분주한 사람들이 세상 곳곳에 너무도 가득 차 있는 탓입니다. 우리들 촛불혁명은 함께 살고자 자신을 깨친 시민들의 자각을 통해 성취될 것입니다. 한 거리 예배에서 찢긴 자식의 몸을 두 눈으로 보았던 어머니는 이렇게 증언했습니다. "가진 것 없는 청년들을 죽음으로 내모는 이 나라를 저주한다. 그러나 억울한 죽음이 없는 나라를 위해 이후 나의 생을 바치겠다"라고 말입니다. 아시는 대로 '씨올'로서의 사람은 부분이면서 전체입니다. 함석헌은 '같이 살기' 운동을 예수 정신에서 찾았습니다. '옷 두 벌 있다면 한 벌을 벗어 나누자는 운동'이라 한 것입니다. 예수 정신으로 세상을 살고자 한다면 이런 '함께'

를 위해서 자기 삶을 던져보라고 했습니다. 기독교 신앙이 자신 속에서 전체를 보지만 동시에 전체 속에서 자신을 보는 눈(觀)을 선물할 것이라 믿었기 때문입니다.

5.

온통 주변에는 경제가 파탄 났다는 말들이 회자됩니다. 그럴 수도 있겠습니다. 하지만 같이 살고자 하는 의지는 잘 드러나지 않습니다. 버스를 타고 가다 옆 사람들이 하는 이야기를 들었습니다. "이제 이 나라는 희망이 없네요. 더 이상 기대할 것 없으니 벌어 놓은 것 잘 쓰고 갈 생각이나 하십시다." 행여 이런 생각들이 조금이라도 우리 속에 있다면 우리는 예수란 이름과 무관한 사람이 될 것입니다. '서로 사랑'하라는 말씀은 소유 차(差), 이념 차, 신앙(종교) 차, 능력 차, 교육수준 차에도 불구하고 공동체를 일구라는 명령입니다. 거듭 말하지만 기성 교회가 공동체일 수 없습니다. 이런 공동체를 일구는 것 자체가 우리들 정치적 행위이기도 할 것입니다. 세상을 거스르면서 그것을 견인하는 힘을 지닌 까닭입니다. 향후 우리 사회는 더욱 피라미드 구조로 변할 것 같습니다. 기울어진 운동장에서 죽음의 외주화로 내몰리는 그들에게도 살만한 세상이 되어야 하지 않겠습니까? 예수를 만났던 삭개오를 떠올려 보십시다. 로마인의 주구(走狗)되어 살았으나 예수와 만났던 그는 동족에게 토색한 것 있으면 4배나 더 갚겠다고 말했습니다. 그렇게 말한 이유를 한 신학자는 자본주의 체제하의 경제활동에서 찾았습니다. 물론 이 체제하에서 다수 개인들은 선한 양심으로 최선을 다해 살았을 것입니다. 하지만 우리가 속했던 회사, 대학, 기업체는 많은 것을 토색했습니다. 시간 강사들을 희생양 삼아 대학이 비대해졌고 비정규직의 희생을 통해서 기업이 돈을 벌었으며 환자들을 과잉 진료하여 돈벌이 수단 삼은 병원들이 주변에 존재합니다. 바로 이런 구조 속에서 우리가 살아왔습니다. 그렇기에 예수와 만났던 삭개오의 고백이 우리를 더욱 아프게 합니다. 이 점에서 교회도 예외 아니겠습니다. 과부의 동전 두 닢보다 이들이 바친 돈을 축복하며 자신도 거대해 졌기 때문입니다. 하지만 이제는 세상도 교회도 달라져야 합니다. 남북이 연합하여 함께 살아야 할 세상을 피라미드처럼 만들 수는 없는 노릇입니다. 임시정부 시절부터 제헌국회를 거쳐 오늘에 이르기까지 우리나라는 '민주공화국'을 표방했습니다. 공화국이란 말 속에 '공동체'란 뜻이 함축되어 있습니다. 이를 교회가 견인해 가야만 합니다. 교회가 크기(규모)를 지향하면 이룰 수 없는 일이겠지요. 이런 의미에서 교회는 가난해져야 합니다. 본회퍼 목사는 그래서 교회 건물을 팔아 가난한 자를 도우라 했었지요. 그래야 '서로 사랑'하라는 예수의 유언을 지킬 수 있습니다. 언젠가도 말씀드렸듯이 우리 시대 성령의 역사는 물질적인 것을 통해 드러납니다. 가장 물질적인 것이 동시에 가장 영적인 시대가 된 것입니다.

6.

기해년, 이 나라, 우리 민족에게 큰 행운이 임했으면 좋겠습니다.

그런 마음으로 우리는 새해를 맞았고 대통령의 기자회견을 들었습니다. 독립선언 100주년, 우리는 무엇으로부터 독립할 것인지를 다시 물어야 할 때입니다. 분단체제 속에서 우리는 독립할 수 없습니다. 경제 논리를 앞세워 세상을 보는 한 우리들 의식은 자유로울 수 없을 것입니다. 남남갈등이 지속되는 한 스스로 설 수 없는 국가가 되어 버릴 것 같아 두렵습니다. 기미년 선열들의 희생으로 얻은 독립선언서에 대한 큰 자부심이 우리에게 있습니다. 약소국, 더구나 남에게 주권을 빼앗긴 나라의 사람들이 자주국임을 선언하고 세계평화를 걱정했다는 것이 참으로 놀랍습니다. 그로부터 100년이 지난 오늘 우리는 이곳을 평화의 공간으로 만들 책임이 있습니다. 이 땅, 한반도를 최소한 전쟁이 불가한 나라로 만들어야 할 것입니다. 남북이 힘을 합해 새로운 정치, 경제체제를 만들면 좋겠습니다. 우리들 의식 구조가 피라미드를 지향하는 한 남북은 하나가 될지라도 결코 행복할 수 없을 것입니다. 이를 위해 우리들 교회가 먼저 진정한 공동체로 거듭날 수 있기를 바랍니다. 세상의 정치를 견인할 만큼 도덕적, 영적 힘을 갖기를 소망합니다. 그를 위해 예수는 우리에게 '서로 사랑하라'는 새 계명을 유언으로 남겼습니다. 이 말씀의 청종(聽從) 여부에 따라 나라의 미래가 결정될 것입니다. 겨자씨교회, 참으로 작은 교회입니다. 지난 세월 유지, 존속을 위해 참으로 애를 써왔습니다. 신년 첫 주 교회의 앞날을 두고 많은 대화하셨을 것입니다. 우리의 과거가 우리들 뜻으로 인한 것이 아니라 성령의 역사로 인함이라면 겨자씨교회는 공동체로서 지속될 것입니다. 본뜻에 충실할 때 힘도 솟고 함께하는 이들도 생겨날 것이며 흩어졌던 이들이 다시 돌아올 것입니다. 바라기는 초대교회가 그리했듯이 이 땅의 교회가 그 자체로 세상을 향한 정치적 표현이 되었으면 좋겠습니다.

주기도문으로 본
'一雅 변선환의 종교해방신학'
― 책임적 실존, 세계 개방성 그리고 종교 해방에 이르기까지

마태복음 7:6-13

거룩한 것을 개에게 주지 말며 너희 진주를 돼지 앞에 던지지 말라 그들이 그 것을 발로 밟고 돌이켜 너희를 찢어 상하게 할까 염려하라 구하라 그리하면 너희에게 주실 것이요 찾으라 그리하면 찾아낼 것이요 문을 두드리라 그리하면 너희에게 열릴 것이니 구하는 이마다 받을 것이요 찾는 이는 찾아낼 것이요 두드리는 이에게는 열릴 것이니라 너희 중에 누가 아들이 떡을 달라 하는데 돌을 주며 생선을 달라 하는데 뱀을 줄 사람이 있겠느냐 너희가 악한 자라도 좋은 것으로 자식에게 줄 줄 알거든 하물며 하늘에 계신 너희 아버지께서 구하 는 자에게 좋은 것으로 주시지 않겠느냐 그러므로 무엇이든지 남에게 대접을 받고자 하는 대로 너희도 남을 대접하라 이것이 율법이요 선지자니라   좁은 문으로 들어가라 멸망으로 인도하는 문은 크고 그 길이 넓어 그리로 들어가는 자가 많고(마태복음 7:6-13).

종교개혁 500주년 신앙축제에 참여하게 된 것을 고맙게 생각합니다. 새길교회가 기획한 종교개혁 강좌는 흙탕물 구덩이 속에서 솟는 한줄기 샘물과 같게 여겨집니다. 개인적으로 저는 한국교회의 개혁은 1901년에 출생한 네 사람의 생각으로 돌아갈 때 가능하다고 믿어 왔습니다. 함석헌, 김재준, 김교신 그리고 이용도가 그들입니다. 그리고 이들의 선생격인 多夕 유영모가 이에 더해져야 할 것입니다. 바로 이들의 후예가 서남동이고 안병무이며 오늘 말하고자 하는 변선환입니다. 금번 신앙 강좌에서 빠졌으나 이용도는 김교신과 함께 짝을 이뤄 다뤄질 신앙개혁자이기에 어느 순간 다시 재론되기를 희망합니다. 오늘 제게 맡겨진 주제, 변선환의 종교해방신학은 이용도에서 시작하여 유영모(김흥호)를 거쳐 안병무, 서남동과의 만남을 통해 형성된 신학적 결과물이라 할 것입니다. 본래 변선환의 학창시절을 기억하는 분들은 그가 신앙부흥사가 될 것이라 기대할 정도였답니다. 종교다원주의 신학자로 감리교단에서 출교될 것으로 생각한 사람은 아무도 없었을 것입니다. 이제부터 제 스승인 변선환에 대해 제가 배우고 느낀 것을 소박하게 진술하겠습니다. 하지만 객관적일 수는 없을 것 같습니다. 개인적 차원에서 주관이 개입될 수밖에 없음을 양해 바랍니다.

1.

변선환 선생님과 저와의 관계를 한마디로 정의하자면 '멍에와 명예 사이에서'라고 말할 수 있습니다. 유교적 가치와 무속적 신앙 배경에서 자랐으나 신앙을 접해 부모를 속이고 신학교에 갔던 저를 신학의 길로 옳게 인도한 이가 바로 변선환이었습니다. 당시로서는 심각한 결단이었겠으나 달리 보면 무모할 정도의 열성을 지녔던 까닭입니다. 그런 열심을 갖고 신학교에 입학했지만 그곳은 제가 기대하던 그런 공간이 아니었습니다. 목사, 장로 가정의 아이들이 다수인 상황에서 저의 배경은 초라했고 때론 배척의 대상이었습니다. 옛 종교성을 품고 사는 제 부모의 구원문제가 늘 걸림돌이었습니다. 힘겨워 학교를 그만두려 했던 순간이 수차례 있었습니다. 그때 저에게 다른 신학, 다른 기독교의 길도 있음을 알려준 이가 바로 스위스 바젤에서 막 귀국한 변선환이었습니다. 가정의 종교 배경을 수치스럽게 느끼지 않고도 기독교인이 될 수 있는 길을 알려준 것입니다. 이 점에서 그가 없었다면 오늘의 이정배도 없었습니다. 신학의 길을 포기했을 터이기 때문입니다. 그렇기에 변선환은 제게 명예입니다. 하지만 출교 후 그의 제자란 것은 동시에 멍에였습니다. 많은 이들이 선생에게서 떠났으나 저는 그럴 수 없었습니다. 그 멍에를 명예로 만드는 것을 제 소임으로 여겼습니다. 마지막 고별강연에서 그가 "내 제자들을 건드리지 말라"(No touch)고 했던 말씀을 기억했기 때문입니다. 오늘 제가 이 자리에 선 것도 '멍에와 명예 사이에서' 살았던 흔적 때문일 것입니다.

2.

1927년 신의주 진남포 인근에서 출생한 그는 평소 자신이 신석구 목사에게서 세례 받은 것을 자랑스럽게 여겼습니다. 아시는 대로 신석구 목사는 독립선언서에 서명하는 것을 마지막 순간까지 망설였던 분이었으나 모진 옥살이 감내하며 변절치 않았다고 전해집니다. 당시 선언서 서명을 망설인 이유는 당대 선교사들의 가르침 탓이 컸습니다. 신앙인은 정치 문제에 관여할 수 없고 기독교 이외 낯선 종교인들과 마음을 섞을 수 없다는 선교사들의 지침 때문이었습니다. 이 점에서 선언서 서명은 정치적 문제였고 이웃 종교인들과 협력하는 사안이었습니다. 당시 이 가르침은 강제성을 띠었기에 무시하기 어려운 족쇄였지요. 하지만 고민 끝에 신석구는 결단하였습니다. 정치, 종교(신학)적 이유를 들어 민족의 자유를 방해하는 선교사들을 의심하여 저항한 나머지 마지막으로 서명에 참여한 것입니다. 변선환은 이 이야기를 강의 중 종종 침을 튀기며 말했고, 감신의 얼이 바로 이런 것이라 가르쳤습니다. 종교해방신학이란 말은 오랜 후에 생겨났으나 제 생각에는 이것이 신석구 목사에 대한 그때의 경험과 중첩될 수 있다고 여겨집니다. 기독교는 민족 독립을 위해서 얼마든지 이웃 종교와 함께 일할 수 있다는 신석구의 자발적 깨침이 세례 시부터 변선환 영혼 속에 자리했던 까닭이겠지요.

3.

이북서 감리교 계통의 성화(聖化)신학교에 다니다 감신대와 한신대 대학원, 뜨루 신학교 그리고 늦은 나이로 바젤 신학부를 졸업하고 교수로 활동하던 초창기 변선환은 자신을 '3B's Kind' 즉 Barth, Bultmann 그리고 Buri의 신학적 유산을 먹고 자란 자녀라 칭했습니다. 한신대 대학원 시절 바르트를 만났고 미국 뜨루대학에서 불트만 신학을 연구했으며 바젤에서 부리의 지도로 박사논문을 썼기 때문입니다. 감신 학부에서 배운 웨슬리 신학이 한신대 박봉랑 선생을 만나 바르트식으로 기울었지만 불트만을 통해 웨슬리 정신을 회복했고 부리와 만남으로 선불교와의 대화로까지 진일보시킬 수 있었습니다. 변선환이 이웃 종교, 특히 선불교에 눈을 떠 박사논문 주제로 삼았던 것은 자유의지 및 선행은총을 강조한 웨슬리 신학, 비(非)신화화를 주장한 불트만의 실존주의 신학 그리고 그를 넘어선 부리의 비(非)케리그마화 프로젝트 덕분이었습니다. 이로써 변선환 신학은 스승 부리를 따라 칼바르트 계시신학과 대척점에 서게 되었습니다. 바르트 신학이 예수의 유일회적 계시를 실증적으로 강조했다면 변선환 역시 그리스도(케리그마)를 비신화시켜 실존적으로 이해했던 결과입니다. 바르트의 경우 예수가 기독교를 포함하여 여타 종교를 능가한 유일무이한 신적 계시였다면 변선환에게 그리스도는 기독교 전통에 있어 (초월 관계된) 무제약적 책임 존재에 대한 실존적 상징이었습니다. 세계 속 악(惡)에 대해 사람들이 저마다 상대적 관계를 맺을 때 그에 대해 무제약적인 책임을 감당한 십자가상의 예수, 그가 바로 초월 관계된 존재로서 그리스도란 것입니다. 이런 그리스도를 변선환은 '거용(巨龍)살해자'라 불렀습니다. 기독교 서구 전통에서 용(龍)이 악의 상징이었던 탓입니다. 이런 그리스도 이해로써 변선환이 목적한 것은 다음 세 가지였습니다. 첫째는 바르트처럼 기독교 서구가 동양과 이곳의 종교를 부정할 수 없다는 것입니다. 역사를 일점에 고정시켜 이전과 이후를 어둠과 빛으로 나누는 도식을 거부했던 것입니다. '거용살해자'로서 그리스도는 서구 전통에서만 통용되는 상징이라 했습니다. 둘째는 동양, 특히 유교와 불교에서도 무제약적 실존의 상징이 있을 수 있다고 보았습니다. 붓다, 공자 역시 아시아적 전통 속에서 자기실현을 위한 무제약적인 실존적 상징으로 여겼습니다. 서구 그리스도 상징이 이들 아시아적 상징을 임으로 부정할 수 없다고 강조했습니다. 이들 상징 역시 초월 관계된 자기 이해의 표현이기 때문입니다. 그럼에도 불구하고 변선환은 셋째로 소외(疎外) 동기의 부족으로 악의 문제에 소홀했던 아시아 전통에 거용살해자로서 그리스도 상징이 미칠 영향이 크다고 했습니다. 현실 세계 속에 만연된 악과의 싸움을 위해 기독교적 공헌이 많다고 여긴 것입니다. 이 점에서 변선환은 아직 충분히 종교 다원주의적이지 못했고 동양의 구원은 서구로부터 온다는 명제에 갇혀있었습니다. 아직도 동양은 주객 미분의 마술 동산에 갇혀 있다는 암묵적 전제하에 새로운 형태의 기독교 성취론을 설(說)한 것입니다.

4.

이처럼 바젤 유학에서 돌아온 초기 변선환은 악과 투쟁하는 책임적 실존이란 말로써 그리스도 상징을 이해했고 한국 신학계에 나름 새로운 사조를 만들어냈습니다. 이것은 이후 민중신학과 만날 수 있는 씨앗이었습니다. 하지만 당시 상황에서 변선환은 바르트 유형의 사고와는 달랐으나 여전히 서구 중심적 틀에서 벗어날 수 없었기에 본격적으로 종교다원주의를 전개시키지 못했습니다. 하지만 변선환은 아시아 신학자들과 교류하며 자신의 신학적 견해를 수정해 갔습니다. 자신이 아직도 서구 신학의 포로였음을 자각한 것입니다. 이때 만난 대표적인 아시아 신학자 두 사람이 중요합니다. 스리랑카의 A. 피에리스 신부와 인도의 R. 파니카가 그들입니다. 먼저 파니카의 사유는 변선환을 종교재판에 이르게 할 만큼 한국교회는 과격하게 여겼습니다. 예수는 그리스도지만 그리스도만이 예수는 아니라는 이론을 펼쳤던 까닭입니다. 즉 예수는 하나의 그리스도(a Christ)이지 유일한 그리스도(the Christ)가 아니라 한 것입니다. 또한 그는 세계관 차(差)에 따라 종교 역시 달리 생성되는 것이기에 종교 간에는 옳고 그름을 판단하는 변증법적 대화가 아니라 상호 배우려는 대화적 대화가 필요하다 하였습니다. 변선환은 이점을 적극 수용하였습니다. 기독교 서구가 초지일관 강조했던 그리스도 중심주의를 벗고 신중심주의라는 새 패러다임하에서 종교다원주의자가 된 것입니다. 변선환에게 있어 종교다원주의는 세계 개방성과도 일맥상통합니다. 기독교에 있어 코페르니쿠스적 전회라 하겠습니다. 기독교 이후 시대를 살게 되었다는 고백이기도 합니다. 이 시기에 "하느님은 우리들 구원을 위해 예수에게서 충분히 계시되었으나 하느님의 전체는 알려지지 않았다"는 J. 힉(Hick)의 말도 변선환의 단골 인용문이 되었습니다. 이렇듯 신중심주의적 틀로서 동서양을 회통했고 다원주의 신학자가 되었으나 변선환은 차이만 강조하는 포스트모던주의와는 달랐습니다. 현상적으론 차이가 있겠으나 종교들 간의 공통 본질 역시 존재한다고 믿었기 때문입니다. 그러나 이 본질은 실재론적이지 않았고 실천적인 내용을 담았습니다. 스리랑카 신학자 피에리스와의 만남이 그를 파니카와 다른 길을 가게 한 것입니다. 피에리스는 다음과 같은 멋진 말을 남겼습니다. "예수께서 공생에 시작 전, 요단강에서 세례 받으셨듯이 서구 신학 또한 아시아에 발 들여 놓기 전에 아시아란 요단강에서 세례를 받아야 한다"라고. 이때 아시아의 요단강은 아시아적 종교성과 민중성을 일컫습니다. 그래서 아시아의 민중성과 종교성에 몸을 담그지 못한 신학을 사치라 여겼습니다. 종교성 속에 함의된 민중성, 이들 간의 불이(不二)성이 바로 변선환 신학의 골자였던 것입니다. 민중을 해방시키지 못하는 종교는 종교라 칭할 수 없다고 말했습니다. 이것이 바로 서구적 종교다원주의자에서 종교해방신학자로서의 변선환의 변신을 일컫습니다. 종교들 간의 다름이 문제가 아니라 종교 자체가 무슨 역할을 하는가가 중요해진 까닭입니다. 이전 시기 논했던 악(惡)에 대한 이론적 책임성이 민중의 해방과 실천적으로 접목된 결과라 생각합니다. 변선환이 니터(P. Knitter)의 『오직 예수이름으로만』이란 책을 번역한 것도 90년대 초반 바로 이때의 일이었습니다. 니터 역시 신(神)중심적 틀에서 실천(해방)적 혹은 기독론을 말했던 까닭입니다. 그러나 한국교회는 변선환의 이런 변신을 주목하지 못했습니다. 그의 다원주의를 포스트모던주의로 매도하여 신학 토론 한 번 없이 교회 밖으로 내쳤습니다. 교회의 크기로 목사의 크기를 가늠하는 교권주의자, 종교지도자들에 의해 예수처럼 그렇게 성문 밖 존재가 되었습니다. 교회 밖 구원 없음을 말하기 전에 교회 안에 구원이 있는가를 물었던 그를 교회들이 불편하게 여긴 탓입니다. 하지만 지금 우리는 '교회 안에 구원이 있는가?'를 심각하게 물어야 할 때입니다. 가톨릭 교종 역시 "교회의 복음화 없이는 세상 복음화 없다"라고 말하지 않았습니까? 늘 복음을 선포하며 구원을 제도적으로 보증하고 있으나 정작 자본 종속적인 그 교회들은 붕어 없는 붕어빵처럼 복음을 잃었기 때문입니다.

5.

사실 변선환의 이런 전환은 민중신학의 도전을 창조적으로 수용한 결과였습니다. 토착화신학자로 알려진 유동식, 윤성범의 신학의 길을 걸었으나 이들 속에서 종교의 민중 해방적 기능을 찾을 수 없다고 판단한 것입니다. 언젠가 저는 유동식 교수께 이런 물음을 던진 적이 있었습니다. "군부독재가 시작되고 민주화 투쟁이 시작되던 1960년대 선생님은 어찌 민중신학과 대별되는 토착화(문화)신학을 시작하셨는가?"라는 질문입니다. 이에 대해 선생님은 "36년간 우리 것을 빼앗긴 경험을 한 입장에서 우리 안에서의 다툼이 사소한 것으로 보였다"라는 답을 주었습니다. 일면 긍정이 되었으나 토착화신학이 시대(상황) 적합성을 잃은 것이라 반문했던 적이 있습니다. 이 점에서 변선환은 감시의 토착화 전통에 민중성을 수용하여 종교해방신학으로 진일보시켰다고 생각합니다. 그러면서도 민중신학자들에게 충고도 잊지 않았습니다. 민중성만 알고 아시아의 종교성을 논외로 하는 것도 절름발이 신학이라고 말입니다. 이때부터 변선환은 박사논문의 한 축이었던 선불교 대신 민중불교에 관심했고 원불교를 공부했으며 여성신학이 한국 신학의 꽃인 것을 강변하기 시작했습니다. 여성이 해방되어야 할 또 다른 민중, 마지막 민중인 것을 자각한 결과이겠습니다. 노(老)신학자가 여성들 모임에 발을 들여놓는 것이 쉽지 않았을 터인데 여성신학회에 찾아와 응원해 주었습니다. 결국 변선환은 한국 신학의 두 산맥인 토착화신학과 민중신학을 종교해방신학의 이름으로 합류시켰던 독보적 위치를 확보했습니다. 저는 이를 신석구 목사로부터 세례를 받은 변선환 삶의 열매라 생각합니다.

6.

누구나 그렇듯이 변선환의 신학은 특히 동시대를 살았던 많은 신학자들에게 신세를 진 결과였습니다. 그렇기에 한 신학자는 변선환을 가리켜 자기 것 없는 '안테나 신학자'라 비판한 적도 있습니다. 그러나 변선환을 마음으로 느낀 가톨릭 신학자 심상태 신부는 달리 이해했습니다. 자신의 길이 너무 외로웠기에 동·서양 이웃 신학자들의 생각을 빌어 자신의 말을 대신 한 것이라고 말이지요. 어느 경우가 되었든 변선환은 지극히 외로운 길을 갔습니다. 학창시절 도드라졌던 부흥사의 열정을 학문하는 데 쏟았고, 교회를 향한 비판에 썼으며, 제자들을 기르는 데 소진했습니다. 대학원생들 다수가 그의 지도하에 논문을 쓰고자 했기에 교수 한 사람이 여섯 명 이상을 지도할 수 없다는 내규가 만들어질 정도였습니다. 그의 배움을 얻은 제자들, 거지 반 30명 이상이 신학박사 학위를 얻고 귀국한 것도 주변에서 찾을 수 없는 사례라 하겠습니다. 그러나 그는 정말 외로웠습니다. 출교 이후는 더욱 그리했습니다. 불러주는 교회도 없었습니다. 아시는 대로 홀로 책을 읽다가 고독하게 돌아가셨습니다. 교회는 그를 내쳤으나 이웃 종교인 원불교에서는 그를 추모했습니다. 그야말로 참 목사라 칭하며 추모의 시간을 가져 주었습니다. 예수의 죽음을 그의 제자들마저 외면했을 때 이방인인 로마 백부장만이 유일하게 그의 죽음을 알아보고 고백했다지요. "저가 바로 하느님의 아들이었다"라고 말입니다. 이웃 종교인에게서 참된 목사로 인정받은 변선환, 그이야말로 복음을 증거했던 참된 신학자가 아니겠습니까? 죽음을 몇 년 앞둔 시점부터 변선환은 우리에게 두 가지 걱정이 있다고 말씀했습니다. 신학하는 이들의 영혼의 크기가 한없이 작아진 현실과 신학대학이 교단 정치의 희생양 되는 것에 관한 것이었습니다. 이 둘은 동전의 양면처럼 상호 얽혀 있었습니다. 그래서 변선환은 교단과의 싸움을 위해 키에르케고어가 말했듯 자신의 자화상을 순교자로 그렸습니다. 이 시대가 순교자를 필요로 한다는 것입니다. 당시 주변 사람들이 교단과의 적당한 타협을 통해 출교만은 막자고 수차례 권유했었으나 그는 그 길을 가지 않았습니다. 당시 감신 이사장은 그의 절친 중 한 사람이었고, 감리교단의 연회감독은 학창시절 그를 형이라 부르며 따랐던 변선환의 4년 후배였습니다. 얼마든지 다른 길이 있었습니다. 타협도 가능했습니다. 그러나 변선환은 스스로 죽고자 했습니다. 종교개혁 500주년을 맞아 이 시대가 지금도 순교자를 요구하는지 모르겠습니다. 그러나 누구든 고독을 두려워하기에 순교자를 꿈도 꾸지 못합니다.

별을 손에 넣을 수 없다 하여 별 보기조차 거부하는 지극히 현실주의자들로 변질된 탓입니다. 본래 하느님 나라가 '체제 밖'을 꿈꾸는 일이었거늘 모두가 체제 안에서 허우적거릴 뿐입니다. 변선환의 외우(畏友)이자 초현실주의 신학자인 이신(李信)이 말했듯 상상력이 부패, 타락된 소치입니다. 한마디로 믿음(信)이 없는 것입니다. 이 점에서 변선환의 출교는 영혼의 크기가 한없이 작아진 이 시대의 목사, 신학생 그리고 기독교인 모두에게 신학자란 무엇인지, 믿음을 지닌 사람의 선택이 어떠한 것인지를 명백히 보여주었습니다. 그래서 우리는 종종 그를 영혼이 궁핍했던 시대의 신학자라 부릅니다. 횔더린이 궁핍한 시대의 시인이었고 하이데거가 궁핍한 시대의 철학자였다면 그는 신학 영역에서 주저 없이 그렇게 불릴 수 있습니다.

7.

이제 오늘의 본문과 연관시켜 종교해방신학자로서 변선환의 삶과 사상을 풀어내야 할 마지막 지면에 이르렀습니다. 아시듯 예수께서 알려준 기도문은 마태와 누가 복음서에만 수록되었습니다. 첫 번째 복음이라는 마가에는 없습니다. 그러고 보면 주기도문은 의당 원천(Quelle)이라 불리는 예수 어록 중심의 Q 자료에서 비롯한 것이겠습니다. 이것 역시 바울의 첫 번째 서신들만큼이나 오래된 자료이기에 오히려 마가서보다도 이른 시기의 문서라 할 것입니다. 공생애 3년 동안 예수는 무수한 말을 쏟았으나 주기도문만큼 명확한 가르침은 그리 많지 않습니다. 예수께서 '구하라' 하셨고, 바울이 '기도하라' 한 것은 실상 주기도문을 떠나서는 생각할 수 없는 일입니다. 이 기도를 드리고 있는 한 누구도 홀로 부자일 수 없고 누구도 홀로 슬퍼할 수 없습니다. 하늘을 누가 홀로 독점할 수 없듯이 말입니다. 주기도문은 크게 두 부분으로 나누어 생각할 수 있습니다. 첫 부분은 하늘 아버지를 생각하는 예수의 시각입니다. 하느님이 예수고 예수가 하느님이란 교리가 생기기 전의 예수의 하느님 생각이 담겼습니다. 예수에게 하느님은 하늘 부모로서 근원적 존재입니다. 누가서의 족보 이야기가 말하듯 조상의 끝은 하늘, 곧 하느님이란 것이지요. 이 하느님을 거룩하게 하는 일이 우리들 인생에서 가장 크고 중요한 일인 것을 가르치셨습니다. 하지만 하느님을 거룩하게 하는 일은 발 딛고 사는 현 세상 속에서 이룰 과제와 결코 무관치 않습니다. 하늘의 거룩함은 이 땅에서 이룰 과제라 생각했던 것입니다. 하나는 아니지만 둘도 아닌 탓에 이를 동양적으로 불이(不二)적 관계라 말해도 좋습니다. 이 땅에서 이뤄야 할 하늘의 거룩함, 그 실상은 용서하고 화해하는 일, 잘못을 인정하는 일 그리고 무엇보다 누구나 일용할 양식을 얻는 일입니다. 이 일은 종교적일 뿐 아니라 정치 경제적 사안과도 깊이 연루되었지요. 그래서 경제적인 것은 종교적이며 물질적인 것이 영적인 것일 수밖에 없습니다. 우리는 정치, 경제가 제대로 서지 못하면 거룩함의 실상이 헛된 염불이 되는 것을 너무도 잘 압니다. 남미 해방신학이 물질을 중요하게 여긴 것도, 민중신학이 빵의 문제로 고통받는 민중의 우선성을 말한 것도 그리고 변선환이 민중성과 종교성의 하나 됨을 강조한 것도 모두 이런 선상에서 이해될 일입니다. 신학자 李信 역시 신이 인간이 되고 인간이 다시 신이 되는 것을 성육신의 본질이라 여겼습니다.

8.

이 점에서 저는 주기도문 속의 이런 가르침이 변선환의 신(神) 중심적 종교 해방신학에서 구체화되었다고 생각합니다. 신(神)중심적이었기에 그의 신학은 '다원적'일 수 있었고 종교 해방적이었기에 '현실'을 품을 수 있었습니다. 변선환에게 신(神), 곧 하늘은 모두를 품으며 모두를 거룩케 하는 근원적 일자(一者)입니다. 땅의 사람들 모두가 일용할 양식을 얻는 방식으로 이 땅이 거룩해질 때 비로소 거룩할 수 있는 존재입니다. 홀로 거룩하고 홀로 완전해지기를 바라지 않았고 땅과 하늘, 신(神)과 인간이 함께 거룩해지기를 바라는 'Pro me'적 존재라 하겠습니다. 이 경우 'me'는 개인이 아니라 인류 혹은 땅 전체가 되겠지요. 그래서 신학자 이반 일리치는 "기독교의 골자인 성육신의 신비는 오로지 현장(現場)에서만 재현되는 것"이라고 말했습니다. 초월을 초월한 것이 성육의 본뜻이기에 성육신의 종교인 기독교를 이 땅의 종교라 본 것입니다. 변선환의 종교해방신학 역시 결국 땅을 위한 땅을 사랑하는 신학일 뿐입니다.

9.

금번 종교개혁 500주년을 맞으며 변선환의 제자 된 저희는 '선생이 살아 계셨다면' 하는 가정 아래 살아생전 기독교에 대한 그분의 염려와 우환을 기억하기에 1년의 세월을 투자하여 소위 『종교개혁 500년 '以後' 신학 ― 루터 밖에서 루터 찾기』를 펴냈습니다. 루터에게로의 회귀가 아니라 루터 밖에서 새로운 루터를 찾을 목적에서였지요. 처음의 루터가 역사적인 비텐베르크의 루터라면 나중 루터는 이 시대를 개혁할 우리들 모습이라고 생각했습니다. 마지막 순간까지 자기 제자들을 '노 터치'하라 선언한 변선환, 기독교의 무너지는 소리를 들으며 홀로 순교자의 길을 갔던 변선환, 우리는 그를 잊지 못하여 사후 20여 년 동안 한해도 거르지 않고 해마다 8월 8일을 전후하여 용인 묘소를 찾았습니다. 어느 날은 너무 더웠고 어느 날은 폭우를 만나야 했습니다. 어떤 때는 제 제자들과 그들의 학생들을 묘소에 데려가기도 했었지요. 묘소에 누우신 선생님까지 4대에 걸친 학문의 인연들이 함께했던 것입니다. 여하튼 20여 년간 묘소를 참배했던 그 힘으로 우리는 600페이지 되는 책을 함께 만들 수 있었습니다. 두 번째 종교개혁은 아시아에서 나와야 한다는 변선환의 사자후(獅子吼)를 기억했기 때문입니다. 그가 그토록 사랑했던 웨슬리의 감리교단은 그를 버렸으나 이런 변선환을 종교개혁자로 중히 여겨 이 시공간을 허락해준 새길교회는 로마 백부장처럼 그를 하느님의 아들로 불러주었으니 많이 고맙습니다.